CB051626

UM JOVEM OBSESSOR – a força do amor na redenção espiritual

Copyright © 2019 by Adriana Machado
1ª Edição | Maio de 2019 | do 1º ao 5º milheiro

Dados Internacionais de Catalogação Pública

JEFFERSON (Espírito)
  Um Jovem Obsessor – a força do amor na redenção espiritual
  pelo espírito Jefferson, psicografado por Adriana Machado
  DUFAUX : Belo Horizonte / MG : 2019

    392 p. : 16x23 cm

    ISBN: 978-85-72190-02-2

    1. Espiritismo   2. Psicografia
    I. MACHADO, Adriana   II. Título

CDU 133.9

Impresso no Brasil   Printed in Brazil   Presita en Brazilo

EDITORA DUFAUX
Rua Henrique Burnier, 60
Bairro Grajaú | Belo Horizonte | MG | Brasil
CEP: 30.431-202
(31) 3347-1531
comercial@editoradufaux.com.br
www.editoradufaux.com.br

Conforme novo acordo ortográfico da língua portuguesa ratificado em 2008.

Adriana Machado
ESPÍRITO JEFFERSON

UM JOVEM OBSESSOR

A força do amor
na redenção
espiritual

Dufaux

Apresentação

Estava eu em casa e, do nada, ouvi a seguinte frase: "Oi, meu nome é Jefferson e eu sou um obsessor."

Claro que eu, de início, estranhei aquela mensagem, principalmente porque não a escutei uma, mas algumas tantas vezes. Porém, fiquei mais tranquila porque senti a presença de Ezequiel ao meu lado. Acreditei que seria o "seu" novo livro e, quando pude, o convidei para iniciarmos a nova tarefa. Fiquei bastante tensa ao perceber que Ezequiel não estava sozinho e que o próprio protagonista, aquele que tinha afirmado, ao pé do meu ouvido, que era um obsessor, iria psicografar comigo!

Meu primeiro receio foi não saber como trabalhar com outro autor espiritual, mas, para o meu alívio, Ezequiel estava lá, comigo, me dando todo o apoio para compreender a história narrada.

Admito, também, que desde o início tive uma certa dificuldade de colocar no papel a história de Jefferson, porque como primeira reação, infelizmente, veio o preconceito de acreditar que um obsessor nada poderia saber sobre as verdades divinas. O que ele poderia ensinar de valoroso para nós?

Engano de minha parte. Quanto mais eu me envolvia na história, mais Jefferson tomava conta da narrativa, fazendo questão de me mostrar a sua experiência e o seu saber, e, através de nossa ligação mediúnica, o que ele sentiu naquele momento narrado de sua vida: as suas frustrações, raivas, emoções e sentimentos que, concomitantemente, alimentavam as suas esperanças de conseguir superar a sua "maldade", suas dores, o seu orgulho exacerbado.

Sendo Jefferson o próprio narrador, ele conseguiu nos apresentar, cristalinamente, a visão de um obsessor frente aos seus obsidiados, os seus dilemas, a sua falta de consciência quando tinha de atingir os seus objetivos, mas também nos mostrou o quanto ele não deixou de ser humano, com os seus medos, com a sua vontade de ser amado e amar, apesar de, há séculos, estar trilhando caminhos escurecidos pela sua ignorância moral.

Por tudo o que eu aprendi,

* Quero agradecer a Deus, que, em razão de sua Soberana Magnitude, nos dá a oportunidade de viver sem nunca perder sequer um momento de aprendizados valiosos, mesmo quando não conseguimos percebê-los imediatamente. Também, em razão de tantas informações vindas do outro lado da vida, termos consciência de que nunca estamos sós para enfrentar as experiências que nos chegam.

* Quero agradecer ao Jefferson, por acreditar em mim para ser sua parceira na concretização desta obra magnífica e ter tido paciência comigo para que eu superasse as minhas próprias dificuldades.

* Quero agradecer ao meu amigo Ezequiel, que nos auxiliou desde o início para que mais uma obra consoladora possa chegar a quem dela necessite.

* Quero agradecer à minha família, que me alimenta de amor e generosidade para que eu possa continuar nesta tarefa.

Desde o início, muitos foram os aprendizados que essa história verídica de Jefferson me trouxe, e acredito que cada um de vocês que nela se aventurar também os terá.

Adriana Machado

Capítulo 1

— Oi! Meu nome é Jefferson e eu sou um obsessor!

Foi assim que me apresentei para as pessoas na reunião mediúnica daquela casa espírita. O impacto da minha chegada não atingiu a todos, mas aos meus alvos, sim, para a minha satisfação. Percebi o susto e o medo tomarem conta deles. Parecia até que eu tinha falado que os devoraria vivos no jantar.

O coordenador dos trabalhos se aproximou do médium, por meio do qual eu me comunicava, e disse:

— Seja bem-vindo, meu irmão! Por que você veio até nós?

Ao contrário dos demais, ele não me temia e me tratava com respeito, talvez pela minha condição de líder do meu grupo.

Para entenderem melhor o que estou descrevendo, voltarei um pouco no tempo para contar sobre minha vida e como cheguei àquela casa espírita. Neste meu relato, colocarei situações que não eram de meu conhecimento na época, mas que darão a vocês um melhor entendimento de toda a história vivenciada por mim.

Eu já havia morrido e trabalhava numa organização no além. Em um dia normal de trabalho, fui convocado pelo meu chefe imediato para executar uma tarefa. Algo o estava preocupando e precisávamos neutralizar as ações de um carinha que se tornara alvo de nossa organização.

Nem sempre eu tomava conhecimento imediato do tipo de serviço que era contratado. Eu era apenas um pau mandado e pouco me era explicado. Quando a tarefa chegava, eu simplesmente a executava e, naquele caso, não seria diferente.

O chefe me disse apenas:

— Jefferson, foi determinado que a gente neutralize as ações de um sujeito que está nos dando dor de cabeça. Alguém influente o quer deste lado da vida, completamente derrotado. Então, esta será a sua missão.

— E o que foi feito contra ele até agora, chefe?

— Já enviamos um grupo de influenciadores para que ele se enfraqueça, mas não tivemos sucesso. O pior é que, enquanto os nossos estavam na tarefa, ele ainda conseguiu socorrer dois jovens viciados que, cada um ao seu tempo, teriam partido do plano físico para as nossas garras – esbravejou, com raiva.

— Mas ele é forte? Não possui fraquezas ou vícios ocultos?

— Claro que possui. Ele é um garoto normal, mas, pelo que sabemos, ele não deve estar sozinho. Parece que ele recebe proteção dos *da luz*, esses malditos, sempre nos atrapalhando. Enfim, nosso líder superior exigiu que eu mandasse exatamente você para descobrir o ponto fraco do garoto, neutralizá-lo e nos trazer a sua cabeça.

— Ah, chefe, isso será moleza. Aposto com você que ele cai nas minhas armadilhas em pouco tempo – eu disse, querendo mostrar competência.

— Bem, pelo que nos informaram e eu pude verificar pessoalmente, não vai ser fácil. Mas sei que você pode dar conta do recado, até porque se não der, você já sabe, não é?

Dei um sorrisinho sem graça, desconfortável, pois sabia exatamente sobre o que ele estava falando. Quando comecei a atuar naquela organização, falhei em algumas tarefas e fui submetido a punições pelas quais não desejo passar novamente, de jeito algum.

— Tudo bem, chefe, você sabe que pode contar comigo. Mas, como os que foram enviados antes de mim falharam, quero escolher os obsessores que trabalharão comigo nesta tarefa.

O chefe coçou a cabeça – parecia incomodado com algo –, mas disse:

— Vou deixar você escolher desta vez. Você sabe que não gostamos de dar tanta independência assim para o segundo escalão, mas sei que o caso exige isso e, sendo assim, vou abrir uma exceção.

Confirmei quais homens eu queria naquela tarefa, me despedi do chefe e fui para o meu alojamento. Em pouco tempo, lá estavam o Beto, o Firmino e o Boca à minha disposição. Eu gostava muito de comandar esses homens, pois eram obedientes e, principalmente, muito bons no que faziam.

Não era muito comum os chefes deixarem integrantes dos níveis mais baixos acostumarem-se uns com os outros. A experiência deles os levava a acreditar que, em relacionamentos muito próximos, criam-se laços de amizade e possíveis subgrupos, que poderiam se unir contra as suas lideranças e o seu poderio.

Naqueles poucos anos desencarnado, por várias vezes me uni a cada um daqueles que havia escolhido como parceiro de trabalho para prejudicar a vida alheia, e tivemos sucesso em nossas missões. Acredito que, por isso, os chefes se arriscaram, deixando-nos trabalhar juntos novamente.

Beto e eu já éramos parceiros, quase irmãos. Estávamos inclusive acostumados a trabalhar juntos desde a nossa última vida no plano material. Lembro-me que éramos os bonitões do pedaço, e eu era, modestamente, bem mais bonito que ele: cabelos pretos, olhos verdes e um sorriso cativante, segundo as *minas*. Beto também era um rapaz bonito, só que magro, alto e de olhos medrosos. No caso dele, no entanto, aplicava-se o provérbio que dizia "quem vê cara, não vê coração", porque ele era, e ainda é, audacioso quando bem comandado e o melhor braço direito que poderia existir.

Nossa beleza, no entanto, já não era mais como antes. Parece que ela havia sido tragada para o lodo do ambiente onde vivíamos, assim como todos os nossos sentimentos mais dignos.

Desencarnamos com, mais ou menos, dezenove anos, numa troca de tiros com a polícia, por causa do nosso envolvimento com o tráfico de drogas. Começamos, eu primeiro, como mula, mas quando desencarnei já era o dono da boca, comandava uma boa parte da área leste da cidade e muitos moradores da comunidade me conheciam e me temiam.

Logo depois que morri, descobri que alguns dos meus homens tinham me entregado para *os canas* e que, com a minha morte, fui rapidamente substituído por um daqueles traidores. Beto, lógico, como era o meu braço direito e fiel a mim, também foi eliminado.

Quando percebi o que havia acontecido, fiquei tomado pelo ódio e, apesar das companhias espirituais que os traidores já possuíam, eles não contestaram minha perseguição e vingança quando me reconheceram. Inclusive, com a ajuda desses mesmos espíritos malfeitores, consegui fazer com que aqueles que me traíram tivessem um fim perturbador. Nesse período, eu me esqueci completamente de Beto, porque eu só pensava em vingança.

Porém, quando tudo acabou, a minha satisfação durou pouco. Eu não sabia, mas, antes mesmo de eles me ajudarem, eu já estava com o meu destino comprometido ao escolher, na carne, o caminho do crime. E não só eu, mas todos aqueles antigos comparsas que persegui. A cada desencarne, um grupo forte das trevas os capturava e os levava, afirmando que já tinha lhes dado muito e que agora era hora da retribuição. Comigo não foi diferente. Quando tudo terminou, eles me disseram que era hora de eu pagar a ajuda recebida[1], e tive de me juntar à organização deles.

Assim, fui obrigado a participar de um treinamento pesado nas artes de influenciar, dominar e manipular mental e energeticamente outros espíritos, tanto nas regiões aterrorizantes do plano espiritual quanto do plano físico. Quando nossos chefes entenderam que eu estava pronto, comecei a trabalhar, sem descanso, nos grupos de desequilíbrio e desarmonização, influenciando negativamente a todos. Foi aí que reencontrei Beto.

Nosso trabalho era satisfazer os interesses de nossa organização. Com isso, atendíamos aos pedidos que eram feitos a ela por encarnados ou desencarnados que desejavam obter favores suspeitos, e que, por ignorarem as consequências de suas ações, se veriam vinculados a nós no futuro.

Por causa desses pedidos atendidos por nós, vi inúmeras famílias se desestruturarem porque alguém achou que merecia o marido ou a esposa do outro; vi empresas fechando porque alguém achou que merecia a sua clientela; vi jovens se perdendo porque alguém sentia inveja suficiente para não aceitar a felicidade deles... Esses alguéns, possivelmente, seriam nossos companheiros de trabalho num futuro muito próximo.

Como um bom influenciador, aprendi que, quando um encarnado vivencia as suas crenças com fé, ele dificulta muito o nosso trabalho, mas, nesses casos narrados aqui, as pessoas que eram nossos alvos já tinham, há muito tempo, desistido de Deus. Algumas diziam-se portadoras de uma fé religiosa, mas não vivenciavam as suas próprias crenças; outras viviam as suas vidas guiadas somente pelos interesses da matéria, em uma rotina alienante fortemente abraçada por eles; e outras mais, até ironizavam os que tinham um ideal ético e moral em suas vidas.

Nada diferente do que eu era em minha última existência!

Felizmente, para nós, muitos encarnados são muito vulneráveis aos nossos conselhos e, quando eles chegam no plano imaterial e se deparam conosco, são quase sempre ridicularizados por nós, em razão de suas visões equivocadas de poder. Eles se acreditam fortes e não são nada além de cascas vazias, desejando somente o que não poderiam levar após a morte.

Com pouco tempo de trabalho, fui ganhando espaço e confiança dos chefes e, pelo meu perfil, comecei a comandar pequenos grupos de influenciação. Acho que, por isso, fui convocado para este trabalho.

---

[1] Há diversos indícios e relatos de que sempre que um espírito encarnado ou desencarnado recebe ajuda de algum grupo vingador do plano espiritual, após o processo, tendo sucesso ou não, ele fica devendo esse favor a essas organizações, que se dão ao direito de submetê-los a uma vinculação forçada aos interesses das trevas. (N.E.)

Mas a verdade é que, se logo após o meu desencarne eu me satisfazia com cada trabalho a mim determinado; se achava que todos mereciam as dores sofridas e o destino que tinham; e a minha maldade exalava de mim por cada poro do meu ser, já há algum tempo me sinto estranho e nada disso tem me dado prazer. Tento fazer o meu trabalho e alimentar o ódio e o desprezo que antes sentia com intensidade por cada uma de nossas vítimas, para não falhar em minhas missões, e neste trabalho não será diferente.

Após dar as primeiras orientações ao meu grupo, Beto, eu e os demais fomos à casa daquele que seria o nosso alvo principal, um tal de Rodrigo.

Já chegamos sabendo que ele morava com os pais e dois irmãos. Rodrigo era o filho do meio de uma família comum, sem nada de especial e com as mesmas questões de qualquer família brasileira, inclusive o seu irmão mais velho, outro alvo nosso, já estava seguindo pelo mundo das drogas.

Ficamos aguardando do lado de fora, até que um dos nossos aparecesse para nos dar mais informações. Segundo fiquei sabendo, todos os demais comparsas que estavam atuando contra aquela família tinham sido dispensados após a nossa convocação, com exceção de Cadu, um ex-viciado, agora desencarnado, que atuava na organização. Ele, porém, não estava ali, algo que, inclusive, estranhei.

Não precisamos aguardar muito até que Cadu chegasse, vindo logo atrás de Marcos, o irmão mais velho de Rodrigo. Fixei a minha atenção no rapaz encarnado e senti um leve incômodo, talvez um reconhecimento de minha parte, mas não dei muita importância a isso. Também percebi que os efeitos das drogas que ele havia consumido já estavam passando.

Desde a minha última encarnação, sempre me questionei como alguns pais podiam não notar o estado de decadência pelo qual passavam seus filhos viciados. Imaginava que, para demorarem tanto a perceber, eles precisavam ser muito ingênuos ou não conhecer seus próprios filhos.

Somente quando entrei para aquele trabalho de influenciação, entendi que a demora dessa percepção se dava em razão de várias questões. As mais frequentes são: o orgulho exagerado dos pais em admitir que pode haver algum problema com o filho; o medo da decepção, do sofrimento e das possíveis mudanças em função do trabalho para lidarem com o problema, tirando-os de uma zona de conforto; a nossa presença e influência sobre a família e seus dependentes, distorcendo a realidade e justificando o injustificável; e, por incrível que pareça, a ingenuidade desses mesmos pais, que não acreditam que seus filhos os enganariam.

Tudo isso contribui para ajudar no acobertamento e possibilita perpetuar o vício entre os jovens.[2]

Ao pensar nas atitudes dos pais, sem mais nem menos, meu pensamento buscou a minha avó, aquecendo o meu coração por alguns segundos. Era estranho como essas lembranças estavam ficando repetitivas. Entretanto, eu não podia pensar nisso agora.[3]

— E aí, Cadu? Como estamos hoje? – perguntei, jogando para longe o meu último pensamento.

— Nada diferente, chefe – respondeu, com dificuldade.

Percebendo o estado debilitante de Cadu, gritei:

— Cadu! Você sabia que eu precisaria de você inteiro para me passar as informações que ainda não tenho. Como se atreve a chegar aqui neste estado? Vá agora à Mama Boa para que ela possa desintoxicar você. Depois, volte aqui o mais rápido possível, e que isso não se repita, senão eu mesmo lhe aplicarei o castigo merecido.

Cadu sentiu minha raiva irradiando e penetrando em cada fibra de seu ser. Ele sabia do que eu era capaz. Eu podia ser até considerado um líder pé-rapado, mas minha fama já era bem conhecida dentro de nossas rodas. Ele percebeu o quanto tinha sido descuidado em se entregar ao vício[4], por isso, partiu rapidamente.

Mama Boa era uma de nossas colaboradoras, sempre chamada quando era preciso alimentar o vício[5] ou desintoxicar alguns dos nossos. Fiquei sabendo que ela foi enfermeira em uma das grandes guerras e que, por pena, matava os soldados que estavam sofrendo, quando percebia que não conseguiriam sobreviver. Ela, no entanto, gostou de ter em suas mãos o poder sobre a vida e a morte, começando a matar qualquer um que acreditava não merecer a vida.

---

[2] Nos quatro pontos abordados a família está presente. Na pergunta 208 de O livro dos espíritos, Kardec pergunta se os pais devem exercer influência sobre o filho e os espíritos respondem que é bem grande essa influência e que é uma missão.

[3] Quando um espírito está próximo do seu ponto de saturação daquele caminho equivocado por ele percorrido, começa a estar mais receptivo às emanações de amor de seus afetos, bem como a receber, inconscientemente, lembranças de vínculos afetivos e experiências positivas do passado que possam ajudá-lo a sair da situação. Por estar apegado às experiências que elegeu, o espírito resiste a essas lembranças até o dia em que, extremamente esgotado em suas energias, se rende ao processo regenerativo do bem.

[4] Ao desencarnar com a dependência química, o espírito ainda mantém a necessidade da droga. Não tendo acesso a ela no plano espiritual, procura usufruir do vício dos encarnados em um regime de vampirização. O efeito magnético e etéreo das drogas causa em seu perispírito o mesmo efeito que causaria no corpo físico.

[5] As organizações das trevas detêm conhecimentos de substâncias químicas muito parecidas, manipuladas de acordo com os seus interesses.

Independente da realidade de seu coração, a sua aparência era de uma senhora sempre solícita e sorridente. Por isso, a chamavam de "Mama Boa".

Voltando à minha realidade, porém, estava muito indignado e irritado pela situação com a qual me deparei. Como os nossos chefes tinham mandado todos embora e me deixado somente um viciado irresponsável para me passar os avanços e problemas enfrentados naquela missão?

Enquanto me revoltava com aquela situação, Beto analisava Marcos, que estava sentado na calçada, dando um tempo para ficar melhor dos efeitos da droga e não dar bandeira com seus pais.

Marcos era um rapaz alto e forte, com cabelos compridos e sem muitos cuidados, olhos castanho-claros e vagos. Para disfarçar o cheiro da maconha, ele acendeu um cigarro e ficou pensando em algo. Beto chamou a nossa atenção e todos nós fixamo-nos em seus pensamentos.

Descobrimos que foi o seu interesse por uma menina que o levou ao vício da maconha. Agora, porém, ele já estava sendo pressionado a experimentar outras drogas pelo grupo que frequentava, mas tinha receio.

Há poucos meses, ele havia presenciado uma overdose, numa praça perto da faculdade, e, de tão alterados que todos estavam no momento, ninguém percebeu o perigo pelo qual passou um dos seus companheiros. Infelizmente, Rodrigo chegou a tempo e conseguiu chamar pelo resgate. Foi por um triz. Depois daquele dia, alguns do grupo, inclusive o que quase morreu, se afastaram, tentando abandonar aquela rotina. A experiência foi muito intensa e traumatizante para eles.

Enquanto Marcos dava um tempo para entrar em casa, ele pensava: — "Ainda não consigo entender como não percebi que aquele idiota estava passando mal. Lembro-me de olhar para ele e achar graça, porque a sua agonia me parecia hilária! Agora que sei o que realmente aconteceu, sinto muita vergonha de minha atitude. E quem acabou resolvendo tudo foi Rodrigo. Não fosse ele, Charles teria morrido. Apesar de Rodrigo não aprovar a minha presença ali, drogado, ele pediu que um amigo me trouxesse para casa antes de a polícia chegar. Se ele não tivesse feito isso, meus pais teriam descoberto o que eu estava fazendo. Mas quem entende esse garoto? Sou o seu irmão mais velho e foi ele quem cuidou de mim."

Após uma pequena tragada, ele continuou pensativo: — "Talvez eu devesse mudar de atitude também. Enquanto estou só na maconha, fica mais fácil cair fora."

Diante da alteração radical dos pensamentos de Marcos, meu alarme foi acionado:

— Rapazes, não estamos sozinhos. Os *da luz* estão agindo. Boca e Firmino, abracem Marcos. Se ele estiver sendo influenciado pelos de lá, nossa energia o fará mudar de ideia. Abram espaço para que Beto possa agir.

Rapidamente, os três tomaram conta de Marcos, que começou a ouvir mentalmente o que Beto lhe dizia: — "O que é isso, Marcos? Está dando uma de maricas! Está com medo de quê? O seu amigo quase morreu porque foi um idiota, fraco. Você jamais chegaria ao estado dele. Você é esperto, pode largar as drogas quando quiser, porque você não depende delas. Você só fuma porque quer ficar mais alegre e impressionar Laura."

Notei, com satisfação, o resultado imediato daquelas palavras. É impressionante, mas, para os encarnados, quando os conselhos dos espíritos desencarnados estão em sintonia com o que eles realmente desejam, a influência lhes é muito agradável. Abandonar o vício para Marcos era um processo inconsciente e doloroso. Por isso, se enganar era muito mais fácil e cômodo. Ele estava muito longe de entender a origem do seu vício.

Marcos, então, balança a cabeça como se quisesse afastar aquele pensamento sobre ter que mudar de comportamento, se levanta e joga a guimba do cigarro no chão, pisando em cima com determinação.

Percebendo que ele entraria em casa, Beto e eu o acompanhamos, avisando aos demais para aguardarem ali até que fossem chamados.

Assim, em função das suas escolhas, Marcos aceitou levar para o seu sagrado lar aqueles que iriam ajudá-lo a tornar a sua vida um mar de intensas emoções.

Capítulo 2

Ao entrar em casa, Marcos viu que seus pais estavam jantando na cozinha. Sentado no sofá da sala, lendo um livro, estava um rapaz muito parecido com Marcos, que identifiquei ser o Rodrigo. Ele, ao contrário de Marcos, não me pareceu tão alto, mantinha o seu cabelo cortado rente e tinha olhos castanhos e vivos. Senti nele uma tensão e certa tristeza ao perceber a entrada do irmão. Desconfiei, na hora, que ele sentiu a nossa presença. Também senti algo que me incomodou, mas, naquele momento, não havia tempo para descobrir o que era. Intuí Marcos a não parar na sala e subir imediatamente para o seu quarto. Ele cumprimentou a todos de longe e, dando uma desculpa qualquer, subiu.

Descobri, posteriormente, com Cadu, que Rodrigo tinha percepções mediúnicas ostensivas. Desde os sete anos, ele sentia a energia vinda dos espíritos e sofria intensamente com a interferência daqueles que não queriam o seu bem-estar. A princípio, seus pais ficaram muito preocupados, mas, sob a orientação de uma tia-avó do pai de Rodrigo, o Sr. Cleto, começaram a levar o menino para algumas reuniões espíritas e, como se diz popularmente, fecharam o seu corpo.[6]

O que os seus pais não tinham consciência é que a sua mediunidade já tinha voltado a aflorar, agora ainda mais intensa, e que ele sentia tanto o desconforto causado pela presença espiritual dos que acompanhavam Marcos em seus vícios, quanto a harmonia daqueles que protegiam o seu lar, levando-lhe o alento para superar o contaminante desajuste energético do irmão.

Desde o início, Rodrigo pensava em avisar os pais que algo estava diferente com Marcos, mas ele não sabia exatamente o que significava tudo aquilo e, como ele

---

[6] Quando a mediunidade surge ainda na infância, mesmo que haja compromisso do encarnado com o trabalho mediúnico, os amigos espirituais atuam em certas regiões do cérebro para bloquear as percepções da realidade extrafísica. Mais tarde, no tempo certo, os registros retornam.

tinha certeza de que os pais tentariam tomar decisões sobre a sua mediunidade de novo, preferiu não comentar nada.

Vendo Marcos subir as escadas, Rodrigo começou a fazer uma prece pedindo auxílio pelo irmão. Beto e eu começamos a sentir um incômodo, que começou leve, mas foi se tornando mais forte, e mesmo sem saber de onde estaria vindo aquela sensação tão desconfortável, lutamos o máximo possível para permanecer ali.

Quando Marcos chegou ao corredor de cima, encontrou Dalva, sua irmã, saindo do quarto. Ela o abraçou com muito carinho e, imediatamente, nós sentimos um choque violento, o que nos fez correr para um cômodo próximo que, pela energia de baixo teor, identificamos ser o quarto de Marcos.

Ficamos muito curiosos sobre tudo o que estava acontecendo. Já tivemos muitas manifestações e lutas contra os *da luz*, mas tudo aquilo era muito novo para nós. Acredito que ver Dalva abraçando o irmão me trouxe muito mais incômodo do que o choque sentido, mas estava preocupado demais para pensar nisso. Ela era uma adolescente baixinha, com cabelos pretos, compridos e lisos, olhos cor de mel e um largo sorriso em seu rosto.

Era preciso conversar com Cadu o quanto antes, precisávamos saber contra o que estávamos lutando. Nossos superiores não nos informaram nada, pois queriam que tudo fosse visto com nossos próprios olhos. A única observação que recebemos foi de que eles não admitiriam fracassos. Depois desses contratempos, estávamos começando a entender o motivo de não termos sido avisados. Eles queriam que passássemos por essas experiências.

De todos os ambientes da casa em que estivemos até aquele momento, o quarto do Marcos era o mais agradável para nós. Materialmente falando, era um quarto comum, todo arrumado, com tudo no lugar e até meio sem graça. Nem parecia que o seu dono era tão chegado ao vício e tão inseguro em suas emoções. Mas, espiritualmente falando, a coisa mudava de figura, o ambiente apresentava uma atmosfera asfixiante para quem não estivesse acostumado. As formas pensamentos, instaladas pelos cantos, nos davam uma ideia do que ele gostava, e a maconha não era o seu único vício.

— É, Beto, quem vê cara não vê coração! – comentei. Esse Marcos não demonstra ainda quem ele realmente é. A sua aparência e até o seu quarto me impressionam, dando a ideia de que ele ainda não está tão entregue ao vício, mas, quando observamos o seu ambiente espiritual, percebemos a sua decadência. Bem, não importa, ele ficará muito pior sob a nossa influência.

— Verdade, Jefferson. Ele ainda não espelha, exteriormente, os seus conflitos internos. Mas, talvez, o crédito dessa organização não seja todo dele. O quarto pode ter sido arrumado pela mãe.

— Lembro-me de que minha avó sempre entrava no meu quarto e, com jeitinho, arrumava tudo, ou me fazia arrumar – afirmei, com um sorriso saudoso nos lábios.

Mal acabei de falar, Marcos entrou no quarto abraçado com Dalva. Ele parecia estar um pouco diferente, mais animado, mais harmonizado. Beto queria tomar uma atitude contra ela, mas não deixei. Queria saber qual era a dela.

— Mano, fiquei pensando em você o dia todo. Estava tensa, como se algo ruim fosse acontecer com você.

— Você precisa deixar de se preocupar tanto comigo. Estou muito bem! – disse ele, com carinho.

— Sei que é o meu irmão mais velho e eu não deveria me preocupar tanto, mas sinto que você está prestes a fazer uma escolha que poderá mudar o rumo de sua vida. Seja muito cuidadoso, pense nas consequências de suas ações hoje, para não amargar com os efeitos no futuro.

Beto e eu começamos a sentir um formigamento. Sentíamos como se estivéssemos sendo embalados e um sono bom começava a nos tomar.

Demorou um pouco, mas conseguimos perceber que era um ataque. Os *da luz* deveriam estar ali e, surpreendentemente, nós quase caímos numa armadilha. Saímos rapidamente e eu disse ao meu companheiro:

— É, Beto, percebo que não é só Rodrigo que nos dará dor de cabeça!

Capítulo 3

O dia já estava raiando quando Cadu chegou. Ele já tinha se desintoxicado com Mama Boa e estava inquieto, com medo de mim. Tínhamos retornado para o interior da residência, deixando somente o Boca do lado de fora, protegendo a nossa área. Como Marcos era um viciado, poderia ser um chamariz para outros invadirem a casa.

Assim que soube de sua chegada, mandei que Cadu entrasse. A gente ia precisar dele, pelo menos por enquanto. Eu não gostava de trabalhar com espíritos viciados, porque dava muito trabalho mantê-los na linha. Nem quando eu estava no plano material e traficava, eu gostava de me aliar aos viciados, porque, pelas drogas, eles nos traíam facilmente. Mas, não temos como fugir dessa parceria quando estamos falando desse tipo de influenciação, pois precisamos desses vampirizadores espirituais que servem como âncoras para o vício dos encarnados.

Depois das advertências necessárias para que Cadu não saísse dos trilhos, exigi que ele nos desse as explicações devidas. Da forma que conseguiu, ele explicou:

— Marcos é o nosso elo. Ao contrário dos irmãos, ele não se vincula aos laços da religiosidade. Em razão de sua insegurança e vontade de ser o que não é, não dou muito tempo para que resolva experimentar outras drogas. Ele não está satisfeito consigo mesmo, tem medo de não dar conta das coisas que precisa realizar para ser quem gostaria e está tentando se soltar mais, pois é muito tímido e quer impressionar uma garota chamada Laura. Só não aceitou ainda os convites para impulsionar o seu vício porque tem medo e vergonha. Rodrigo já conversou com ele algumas vezes depois do evento da overdose de Charles e, em todas elas, Marcos diz para o irmão que é só maconha e que ele não é burro de investir em drogas pesadas, mas já está vacilando nesse propósito. A nossa sorte é que Rodrigo não contou o que viu para ninguém da família.

Cadu olhou para mim, como se quisesse minha aprovação sobre o seu relato. Dei um sinal positivo, e ele continuou:

— A tal da Laura, o amor de Marcos, já está na heroína há um tempinho. Ela também estava na pracinha, naquele dia, e não hesitou em fugir quando viu que algo estava errado. Ela não se importa com ninguém. Como ela já passou para outra etapa do vício, afirma, junto aos demais, que Marcos é um fraco, e isso o está incomodando.

Cadu gargalhou com o pensamento maldoso que teve diante da angústia do rapaz e finalizou:

— Como vocês sabem, eu fui impedido de influenciá-lo para as drogas mais fortes até que vocês me autorizassem. Então, estou no aguardo.

— Bem, diante do que você nos passou, precisamos adiantar o processo de viciação de Marcos, que será um elemento de bom valor para a nossa organização, no futuro. Porém, não é ele o nosso alvo principal e, sim, Rodrigo. Nossos chefes querem o seu desencarne. Precisamos conhecê-lo melhor, para saber como o atingiremos e, também, precisamos anular a sua atuação e a de Dalva no auxílio que dão a Marcos, porque a intervenção e afeto deles atrapalham muito o nosso processo obsessivo.

— Ora, não tinha percebido nada sobre Dalva! Ela está sempre chorosa ao lado dele, mas não a vi como uma ameaça real.

— É por isso que sou eu quem pensa e manda aqui. Você, no mínimo, ficou nesse lugar aproveitando para se drogar e nada mais. A sua sorte é que estou muito paciente hoje e não aplicarei as penalizações de costume. Espero que essa minha tolerância faça com que você tenha mais responsabilidade e não me decepcione, pois você sabe muito bem do que sou capaz.

O importante era que Cadu se lembrasse mesmo do que eu era capaz. A minha fama já corria solta entre o nosso pessoal e as outras organizações, e eu gostava disso. Ela me economizava muito trabalho com insubordinados.

— Fico muito satisfeito por permanecer aqui, chefe! – disse Cadu, sem graça. Eu não vou decepcionar vocês. Quero ver esse aí fracassar. É um pobre coitado! Tem de tudo em casa: uma boa condição financeira, uma família que o ama, um lar, e até amigos sinceros que se preocupam com ele, mas nada disso o satisfaz. É um ingrato! Quando eu estava encarnado, não tive a mesma sorte. Não tive pais e nem irmãos que se preocupassem comigo. Me viciei porque não tinha expectativas, não era amado, mas esse aí? Não! Sempre quer algo que não tem. Se uma menina está a fim dele, ele vai querer a que não lhe dá bola. Por isso, o ponto fraco dessa casa é ele, com certeza!

No canto daquele quarto estava, com lágrimas nos olhos, um amigo espiritual de Cadu, que ainda não tinha sido identificado pelo meu grupo, e enviava para ele as melhores energias, tentando levar à sua consciência viciada, com sábias palavras, a realidade de sua última encarnação:

— Meu amigo, apesar da vida pobre, você teve uma família que lutava pela sua felicidade, mas, como Marcos, você não soube valorizá-la, porque queria ter mais. Sonhava com os bens que, naquela existência, você mesmo tinha solicitado não ter. Antes, você caiu por ter demais, agora você caiu por sentir-se abandonado em suas necessidades exageradas. Por isso, você tem tanta revolta com a atitude de Marcos... Porque ele é um reflexo de suas mesmas dificuldades.

Cadu sentiu a energia de amor que emanava daquele amigo e ficou um pouco parado, meio bobo. Eu me irritei com a sua demora e esbravejei:

— Vamos, Cadu! Agora me fale mais sobre o Rodrigo.

— Ele sempre foi um problema – disse, num sobressalto. Por mais que a gente o atraísse para o nosso lado, ele não sucumbiu. Porém, não desanimem, porque ele não é santo. Ele também tem sentimentos menos dignos. Só que, quando achamos que ele vai chutar o balde, ele consegue reverter a situação. É impressionante! Com certeza, ele não deve estar só.

— E a irmã? – perguntei.

— O que tem ela?

— Ela também é um problema – afirmei, convicto.

— Ela é esquisita e me incomoda, mas não vi nela um obstáculo para nós. Mas o nosso alvo é o Rodrigo, não é, chefe?

— Isso é verdade! Como tenho autonomia para resolver os problemas, se ela nos der trabalho, iremos contra ela também. Minha intuição está dizendo que não devemos menosprezar aquela garota. Ela tem a proteção dos *da luz*, e isso é sempre um desconforto. Estamos sempre em luta contra eles, e o pior é que eles nunca aparecem para nós. Parece até que não existem. Quando estamos conseguindo alguma coisa concreta na queda de um alvo, algo acontece e tudo se reverte. Daí, vêm os mais experientes e nos informam que foram os seguidores do Cordeiro. É muito frustrante!

— Eu já os vi – disse Cadu baixinho, como se estivesse confidenciando um segredo. Eles são fortes manipuladores. Usaram de um velho amigo meu para que eu abandonasse o vício e me juntasse a eles, mas... claro que eu não aceitei. Já tinha sido alertado por vários viciados que eles, depois que nos convencem, nos tiram a liberdade, nos aprisionam, não nos deixam vampirizar, fazem lavagem cerebral e outras coisas mais. Naquela ocasião, eu saí correndo de perto deles! Um tempo depois, estava integrando a nossa organização – falou, dando um sorriso amarelo.

Enquanto Cadu descrevia o seu caso, eu relembrava o meu. Eu também já tinha visto os *da luz*. Pensei: — "Manipuladores? Escravizavam? Será? Porque não foi assim comigo".

Certa vez, quando eu estava para conseguir atingir o meu objetivo em um trabalho, vi uma luz intensa, que quase me cegou. Percebi que ninguém estava incomodado com ela, somente eu. Fui me aproximando, porque parecia que ela me chamava. Quando cheguei bem perto, a sua luz diminuiu e eu percebi que era alguém que eu conhecia, mas não me recordava quem poderia ser. Foi aí que escutei sua voz profunda, que me dizia:

— Jefferson, abandone esse caminho que você está trilhando há tanto tempo. Pare de pensar nas glórias do poder e da ganância e siga por um caminho melhor, para a sua própria redenção. Está na hora de você se libertar de suas amarras seculares e se dar a oportunidade de vivenciar outras experiências mais gratificantes junto aos que o amam de verdade.

Foi quando, para a minha surprèsa, pude ver, ao lado daquele ser de luz, a minha avó Lúcia, tão querida. Como uma avalanche, meus pensamentos me levaram a relembrar a minha última encarnação. Percebi que enquanto minha avó estava viva eu seguia um caminho mais reto, porque ela era o meu exemplo. Porém, quando eu tinha apenas seis anos, vieram me buscar, dizendo que ela havia sido morta por uma bala perdida. Eu me senti só e abandonado. O mundo ruiu. A partir daí, eu não tinha mais quem pudesse me orientar. Aquelas autoridades me levaram para um orfanato, porque minha mãe era uma drogada, e meu pai, eu nem conheci.

Porém, o orfanato não era o meu lugar, eu ficava apavorado naqueles corredores e acabei fugindo, e não foi só uma, mas três vezes. Eu fugia e, depois de um tempo, eles me encontravam. Na última vez, até consegui voltar para o meu antigo lar, mas este já estava ocupado. Foi quando um antigo vizinho me viu e, sabendo que eu estava sozinho no mundo, me pegou para o tráfico. Aproveitei a chance, cresci e prosperei. Sobrevivi, até aquele dia em que fui emboscado e morto.

Ao ver a minha vó na minha frente, após tanto tempo de separação, e não suportando mais a saudade, fui correndo abraçá-la. Ela me enlaçou em seus braços e pediu que a seguisse. Minha vó acreditava em mim e disse que eu poderia corrigir tudo o que eu já tinha feito de errado.

Nessa hora, eu me afastei dela, revoltado:

— Não, vó, nada fiz de errado. Eu apenas sobrevivi. Se sobreviver é errado, então continuarei errando para o resto dos meus dias.

— Meu neto, querido, sei de suas dores e do quanto precisou lutar para sobreviver, mas você fez escolhas que o levaram à vida que teve e tem hoje. Você precisa superar as suas frustrações, a sua raiva, entender os seus erros, para que se liberte e possa vir comigo.

— Vó, por mais que me doa dizer isso, não posso! São esses sentimentos que me sustentam. Amo a senhora de todo o meu coração, mas não posso dar as costas a quem eu sou.

Eu sabia, lá no fundo, que estava escolhendo o caminho da dor. O meu orgulho tinha sido ferido. Se eu aceitasse o convite, estaria dizendo que vivi a minha vida toda no erro, e isso eu não queria aceitar. Era eu a vítima do sistema, e não o contrário! Todo o meu ser desejava seguir aquela que era o meu ninho de gratidão, mas não consegui agir diferente.

Foi com lágrimas nos olhos que vi a minha avó e aquele ser iluminado desaparecendo da minha vista. E aquela imagem jamais se apagou de minha memória.

— Jefferson - Cadu interrompeu os meus pensamentos –, posso continuar o meu relatório?

— Não é mais necessário!

— Então, chefe, o que faremos agora? - perguntou Beto.

Após um suspiro profundo, disse num impulso:

— Continuaremos com a nossa missão!

Capítulo 4

Para elevar a nossa influência, nosso quartel ficaria no ambiente da casa que mais se sintonizasse conosco, então a escolha era óbvia. O grupo estava todo reunido no quarto de Marcos, com exceção do Boca, que vigiava do lado de fora.

Eu precisava entender por que a chefia estava tendo problemas tão sérios com aquele par de crianças. O que elas tinham de tão especial? Segundo Cadu, eram jovens normais, mas eu sabia que não era bem assim. Então, determinei que ninguém agisse para alterar a rotina da família. Não ainda. Eu precisava antes saber quem eram eles no dia a dia, inclusive Marcos.

Cada um deles tinha atividades que os mantinham fora de casa por muito tempo durante o dia. Por isso, mandei que cada um dos meus comparsas os vigiasse. Boca seguiu o pai. Firmino iria atrás da mãe. Beto ficou encarregado de seguir Dalva e eu fui atrás do Rodrigo. Cadu, claro, ficou com Marcos.

Durante a noite, a rotina já era outra. Desdobrados pelo sono físico, Rodrigo e Dalva normalmente desapareciam logo que saíam do corpo e não conseguíamos segui-los. Às vezes, os pais os acompanhavam, outras vezes, ficavam adormecidos por sobre o corpo; outras tantas, se dirigiam aos seus locais de trabalho profissional, para continuarem as tarefas pendentes, ou simplesmente iam passear onde as suas consciências os levavam. Marcos, no entanto, bastava despertar no plano espiritual para buscar a companhia de Cadu. Sob a minha orientação, Cadu tinha de fazer o que sempre faziam.

Tudo ia acontecendo normalmente, até que, na quarta-feira pela manhã, sem nos explicar detalhes, antes de sair de casa com Marcos, Cadu pediu que todos saíssemos da casa por volta das sete e meia da noite e só retornássemos quando ele nos avisasse.

Atendendo ao seu pedido, saímos e, por volta das quinze para as oito, uma luz foi se acendendo na casa e se propagando alguns metros além. A nossa reação imediata seria nos prostrarmos diante dela, porém, com muito esforço, não o fizemos.

Marcos estava chegando apressado, com Cadu o acompanhando de perto. Quando nos viu, ele deu um sorriso amarelo, dizendo que, se fosse de nossa vontade, poderíamos tentar nos agarrar a Marcos. Nós tentamos, mas, sob a influência daquela luz, ele escapava de nossos braços, como se tivesse lambuzado de óleo. Escorregou e entrou.

Para a nossa surpresa, Cadu nem tentou entrar. Como se soubesse o que iria acontecer, ele ficou ali, nos olhando. Eu, rapidamente, parti para cima dele com tudo. Ele se assustou com a minha reação e, encolhido, pediu desculpas por não ter nos avisado que aquilo iria acontecer. Ele não havia nos contado porque eu, antes, achei desnecessário que ele continuasse com o relatório sobre a família e, mais importante, porque achou que não acreditaríamos nele.

Então, nos explicou que, há menos de um ano, por solicitação de Dalva, a família se reunia toda quarta-feira para estudar e refletir sobre o Evangelho de Jesus. Disse também que, não sabia como, quando eles estavam para dar início à reunião, todos do nosso grupo sofriam angustiantes tormentas lá dentro, obrigando-os a sair correndo de lá.

Eu, irado, xinguei alto. Nossos chefes não nos alertaram sobre isso. Para falar a verdade, nada de importante foi falado para nós.

Bem, tive um aprendizado depois dessa experiência: fui precipitado em não valorizar todo o conhecimento de Cadu sobre aquela família, somente pelo fato de ele ser um viciado. Menosprezei o seu conhecimento e quase me dei mal.

Sem ter mais o que fazer ali, tirei de Cadu todas as informações e quis saber todos os procedimentos que já tinham sido utilizados pelo grupo anterior contra essa família.

Já eram altas horas da noite quando Cadu terminou a sua descrição sobre o caso. Como não seria mesmo possível entrar naquele lar, por enquanto, pedi a Beto que ficasse comigo e liberei os demais para os pecados da noite. Para Cadu, exigi moderação.

Como líder, eu podia dar essa autorização, e sabia que os meus homens estariam mais motivados quando retornassem, e que isso seria muito bom para o nosso trabalho.

Depois que todos se afastaram, Beto e eu ficamos fazendo planos para termos sucesso em nossa empreitada. A situação nos impressionava muito, pois já tínhamos entrado em algumas casas no meio de seus estudos do Evangelho e nunca tínhamos passado por aquilo. Em alguns lares, tínhamos até conseguido tumultuar algumas reuniões, trazendo discussões acaloradas. Quando isso acontecia, eram momentos muito agradáveis para nós, porque os encarnados falavam de Jesus e, mesmo sem a nossa influência, brigavam entre si por qualquer ideia contraditória. O que acontecia de diferente naquela casa? Aquela luz nos surpreendeu, mas a gente era forte e não tinha medo.

Era o que dizíamos a nós mesmos.

Capítulo 5

A luz alimentada pela reunião não era mais vista por nós. Mesmo assim, não tivemos a entrada livre naquele lar pelos dias seguintes. Inclusive, Marcos, quando se desdobrou naquela noite, manteve-se adormecido, próximo de seu corpo carnal, e não buscou por Cadu, que já havia nos alertado que isso já tinha acontecido antes, após algumas reuniões.

Eu estava revoltado, e ao mesmo tempo perplexo, com aquele poder que não conhecia e me fazia ficar de mãos atadas. Eu tinha dito ao chefe que seria moleza, mas percebi que aquele trabalho demoraria mais tempo do que havia imaginado.

Resolvi mudar o nosso quartel-general para uma casa abandonada perto dali. Expulsamos todos os espíritos que faziam daquela casa o seu esconderijo, para que não atrapalhassem o nosso trabalho. Não arriscaria outro momento de interferência pelos *da luz* em nossos planos. Embora jamais admita para os meus comparsas, foi muito difícil não sucumbir àquela luz. A nossa sorte é que a família não conseguiu mantê-la por muito tempo. Tendo Marcos como porta de entrada, conseguimos voltar àquele lar para analisar o nosso prejuízo. Logo percebemos o quanto aquela reunião foi ruim para os nossos planos. O ambiente estava quase irrespirável.

Naquela noite, pelo que pudemos sacar das lembranças de Marcos, Rodrigo pediu para que, em vez de abrir o Evangelho, fosse comentado um pequeno texto trazido por um dos professores da escola sobre as dificuldades de se abandonar as rotinas diárias.

Após a leitura do texto, Rodrigo se manifestou, dizendo:

— Fiquei pensando que, inúmeras vezes, por necessidades íntimas imperceptíveis, somos levados a adotar uma rotina que, pouco a pouco, nos escraviza. A princípio, ela nos atende muito bem e, não percebendo que ela pode se tornar prejudicial a nós, nada fazemos para mudá-la. Realmente acreditamos que estamos seguros nessa prática rotineira ou que ela nos é útil.

Dalva comentou:

— E por essa visão deturpada de utilidade, nos sacrificamos, a todo o momento, para mantê-la, mesmo sentindo dores físicas ou morais imensas. É superinteressante esse assunto, Rodrigo, porque não percebemos que o que nos leva realmente a agir dessa forma, nessa rotina aparentemente segura, são os nossos medos interiores e algumas crenças antigas que já poderíamos ter abandonado, mas ainda as aplicamos por não percebermos que já estamos em outro nível de vivências. Aprendi isso com uma amiga minha. Posso contar a história dela?

Todos concordaram, e Dalva continuou:

— Por questões de saúde, ela precisava fazer exercícios para emagrecer e fortalecer a musculatura de sua coluna, que doía diariamente. O tempo todo ela buscava alternativas mais cômodas para substituir a academia, que tanto odiava. Então, em casa mesmo, ela fazia todo tipo de dietas malucas, sem acompanhamento médico, e usava aparelhos alternativos que prometiam o fortalecimento dos músculos. Além disso, tomava, todos os dias, remédios para amenizar a dor muscular que sentia. Essa era a sua rotina. Infelizmente, ela adiou tanto a busca por ajuda especializada, que a sua situação se agravou e ela teve de ser levada ao pronto-socorro com dores horríveis no corpo. Ficou internada por um tempo, mas, ao sair do hospital, ela correu para a academia e, hoje, graças a Deus, não sente mais aquelas dores.

No entanto, o que me chamou a atenção é que ela já estava sentindo aquele incômodo há muito tempo e, mesmo assim, não estava sendo suficientemente forte para mudar os hábitos errados e entrar na academia, conforme o médico havia orientado antes. Não fosse a dor insuportável que as suas próprias atitudes construíram, ela jamais sairia daquela crença de achar que a academia lhe seria uma tortura.

Bem, o mais interessante (e é onde quero chegar contando esse caso) é que, um dia, durante uma visita minha a ela, descobrimos juntas o motivo de ela não gostar da academia, e essa descoberta, feita ao acaso por um desabafo, foi uma revelação, inclusive para ela mesma.

— Porém, como pode ter sido uma revelação para ela, se foi ela mesma quem lhe contou isso, filha? – perguntou Aparecida.

— É o seguinte: eu fui à casa dela para fazer um trabalho escolar. Quando terminamos, ela foi se arrumar para ir à academia, e quando achei que já estava pronta, ela colocou mais uma camisa enorme. Eu, então, perguntei por que ela estava com tanta roupa se o clima estava tão quente. Ela me respondeu que não daria aos outros a oportunidade de importuná-la por causa de seu corpo gordinho.

Fiquei surpresa e perguntei se ela já tinha sido alvo de gozação por causa disso. Entristecida, ela me contou que, por muito tempo, quando era menor, os meninos a incomodavam na aula de educação física, dizendo que nem fazendo exercícios ela iria emagrecer e ficar bonita. Tão logo ela me falou isso, parou pensativa. Perguntei se estava tudo bem, e ela me disse, emocionada: — "Acabei de perceber que a minha resistência em ir à academia não era por não gostar dela, mas sim por ter medo de vivenciar tudo aquilo de novo."

Sabem, apesar de ela ter a minha idade, sempre a enxerguei como uma pessoa forte, inteligente e pouco impressionável, mas não podia imaginar os seus traumas de infância. Ela mesma não tinha se tocado de que se tornara escrava de algo que aconteceu no seu passado e, por muito tempo, a estava prejudicando no seu presente. Ela precisou sentir dores fortíssimas para se ver obrigada a mudar o seu comportamento, mas foi reconhecendo um dos seus medos mais íntimos que a fez compreender o porquê de suas ações limitadoras, libertando-a para ser feliz. Aprendi com essa experiência que nós podemos limitar as nossas ações segundo experiências boas ou não do passado, criando rotinas em nosso presente que podem nos libertar ou escravizar e nos fazer sofrer.

Todos ficaram calados, pensando naquele aprendizado, até que Cleto fez a seguinte pergunta:

— Vocês acham que isso também se aplica àquelas pessoas que se voltam para as drogas, não conseguindo sair delas? Estou perguntando isso porque vocês disseram que as pessoas mergulham em uma rotina prejudicial por estarem fugindo de seus temores mais íntimos. Já ouvi falar que os viciados em drogas estariam fugindo de algo que muito os incomoda e acabam caindo em uma armadilha.

Ao ouvir as palavras do pai, Marcos se mexeu na cadeira. Rodrigo percebeu e achou inapropriado responder, por causa do irmão. Este poderia pensar que qualquer coisa que dissesse seria uma indireta para ele. Aparecida deu a sua opinião, entendendo que sim.

Dalva se manifestou de novo:

— Eu também acredito que sim, pai, porque tanto as pessoas que se drogam quanto as que bebem podem estar se utilizando desses comportamentos como uma forma de fugir de seus temores ou para superar dificuldades que elas acreditam ter. Tenho um amigo que é muito estudioso e extremamente tímido. Toda vez que o vejo em uma festa, percebo que ele sempre chega com uma garrafa de bebida na mão já pela metade. Ele sempre chega bem alegre e descontraído, sendo até uma boa companhia no início. Mas, quando a garrafa já está no fim, ele só tem atitudes desagradáveis.

Desconfio que ele acredite ser aquela garrafa o seu salva-vidas e que, sem a bebida, não conseguirá falar ou se relacionar com ninguém. Porém, como no caso da minha amiga, ele nem deve saber disso. Então, ele bebe. O pior é que esse comportamento está afastando as pessoas que lhe querem bem. Os únicos que o incentivam a beber são aqueles com comportamentos idênticos ao dele ou os que querem vê-lo beber até cair.

— E como é ele como pessoa, minha filha? – perguntou a mãe.

— Ele é ótimo, um bom amigo.

— Mas, se é um bom amigo, não há ninguém que possa conversar com ele para fazê-lo parar com isso? – Rodrigo quis saber.

— Claro que sim, mas ele se tornou mais popular depois de ter começado a beber, por isso não aceita o fato de que a bebida esteja lhe fazendo mal. Acredito que ele esteja querendo agradar às pessoas erradas, porque amigo que é amigo gosta de nós como somos. Já conversei com ele sobre esses amigos e ele diz que vai pensar, porém, quando o vejo novamente, lá está ele, de novo, com uma garrafa pela metade na mão.

Cleto e Marcos ficaram quietos. Pareciam raciocinar sobre o que foi dito.

Após outros poucos comentários, eles encerraram a reunião com uma oração.

Marcos continuou calado, e foi subindo para o seu quarto.

Eu não entendi como aquela luz que nos impediu a entrada foi construída, porque nada de anormal aconteceu naquela reunião.[7] Porém, eu prestava o

---

[7] Enquanto eles estavam ali conversando, os irmãos espirituais responsáveis pela reunião os auxiliavam a refletir sobre o assunto. Como o intuito de todos era a sua melhoria íntima, os obreiros do Cordeiro, com o auxílio dos próprios encarnados, emanavam aquela luz de proteção, esclarecimento e auxílio.

máximo de atenção nas lembranças dele, para aprender como enfrentar aquela realidade e concluir a minha missão.

Ainda sondando os seus pensamentos, vi que, ao chegar em seu quarto, Marcos se questionava: — "Será que não estou exigindo muito de mim? Será que tenho motivos justos para mergulhar de cabeça no mundo das drogas, mesmo sabendo que isso pode ser muito nocivo à minha pessoa? Será que Laura olharia para mim se eu não me drogasse? E se ela não me olhasse, será que eu deveria investir em um relacionamento com quem não me valoriza pelo o que eu sou?".

Como o tema veio, despretensiosamente, de seu pai, senti que Marcos não se viu como alvo de críticas pela família, recebendo de peito aberto todo aquele ensinamento, ficando até envergonhado.

Ao me encontrar novamente com Cadu, ele me relatou que Marcos não tinha tentado se drogar nenhuma vez naqueles últimos dias. Ele sempre fumava o seu cigarro, pelo menos uma vez por dia, mas já haviam se passado três dias e ele não tinha tentado fumar os que possuía, tampouco se aproximou do grupo de Laura após as aulas, o que, segundo Cadu, não era normal.

Eu percebia que o próprio Cadu já exteriorizava a sua dependência, estando mais impaciente e com falta de atenção e raciocínio. Ele também estava em abstinência junto com Marcos. Para não termos problemas com Cadu, mandei-o procurar Mama Boa, para ela lhe ministrar uma dose suficiente para satisfazê-lo e não atrapalhar o nosso trabalho.

Observando os pontos fracos que tínhamos para influenciar aquela família, começei a ficar com raiva e temeroso pelo meu bem-estar. Não seria fácil fazer com que Rodrigo caísse. Eu ainda tinha o Marcos, a quem, apesar de suas últimas atitudes, seria mais fácil fazer retornar ao vício. Porém, não perder um viciado não era o bastante para os meus chefes nada pacientes. Eu não podia desistir. Se falhasse naquela empreitada, meus homens e eu seríamos os alvos das frustrações deles.

Só participavam daquele encontro os espíritos que queriam aprender junto e estavam em sintonia com a energia de construção moral dos presentes.

Capítulo 6

Após muito pensar, resolvi que Marcos precisava se comprometer mais com a sua decadência cármica. Nossos chefes queriam Rodrigo, então acreditei que, diante da ruína de Marcos, Rodrigo poderia se desestruturar e se tornar alvo fácil para nós. Ele demonstrava uma preocupação excessiva com o irmão, fazendo-me crer que ele sentiria muito pelas escolhas erradas de Marcos.

Para isso, seria preciso usar Laura, porque ela era a única por quem Marcos mergulharia de cabeça nas drogas mais pesadas, sem pestanejar.

Encontrando-a, me surpreendi. Curioso como Laura me fez ter uma sensação de *déjà vu*. Fiquei pensando se eu tinha pegado alguma missão em que ela estivesse envolvida, mas não lembrando, deixei para lá, pois não tinha tempo a perder.

Laura estava sempre acompanhada de muitos irmãos espirituais, tão viciados quanto ela, mas que não nos ajudariam em nada. Para que o nosso plano desse certo, seria preciso, antes, dominar e expulsar esses companheiros de vícios de Laura e só deixar os nossos, por enquanto.

Não foi preciso muito esforço para atingirmos nosso objetivo. Esses viciados geralmente não são guerreiros, não lutam pelo seu parceiro encarnado, porque eles estão ali somente para usufruir. Se eles não tiverem um líder e um objetivo maior que somente o vício, eles desistem facilmente, trocando a fonte da energia de que necessitam. Então, quando os viciados se foram, nós tomamos conta de Laura e conseguimos influenciá-la para que ela procurasse Marcos. Levamos a ela a sensação de saudade daquele amigo que sempre deu mais atenção às necessidades dela do que às dele próprio.

Como resultado de nossa influência, Laura começou a pensar: — "Poxa! Faz muito tempo que não vejo Marcos. Ele sempre estava conosco no final das aulas. Sinto falta da atenção que ele me dava. Ele é o único que se importa realmente comigo. Ninguém mais quer saber de mim! Se eu tivesse algum problema, duvido que alguém fizesse qualquer coisa por mim. Marcos, ao contrário..."

Então, quando Laura o viu na faculdade, sob um forte impulso nosso, foi até ele e, abraçando-o carinhosamente, insinuou que ele estava muito sumido e que ela sentia a sua falta. Marcos ficou exultante. Diante daquele olhar saudoso, ele acreditou ser importante para ela. Porém, não teve coragem de dizer a ela que tinha abandonado as drogas. Com medo de desagradá-la e perdê-la, ele retornou ao grupo e às drogas, e tudo voltou ao que era antes.

A partir daí, coloquei Boca, juntamente com Laura, para que eles influenciassem Marcos mais intensamente, porque, como ela estava no auge do vício, não existia dinheiro que desse conta de tanta despesa.

Numa noite em que estava desesperada por uma dose, Laura, sem grana e sob nossa influência, ligou para Marcos, pedindo que ele a ajudasse. Como ele não conseguia lhe negar nada, e tendo Cadu como o seu conselheiro, ambos foram à boca de fumo e ele pagou pelas drogas dela.

Inúmeras foram as vezes que Marcos financiou o vício de Laura. Porém, quando o dinheiro acabou, ele disse para ela que não poderia continuar fazendo aquilo. No desespero, ela, manipuladora, insinuou que já tinha tudo planejado para uma noite especial entre eles, porque ela o amava, mas sem uma boa dose não poderia concretizar os seus planos. Diante dessa promessa, ele penhorou um aparelho de som para conseguir dinheiro, tendo a certeza de que o recuperaria logo. Pela primeira vez, ela se entregou a alguém como forma de pagamento pelo seu vício. Naquela noite, ela o iniciou na heroína, mostrando para ele como utilizá-la para aumentar o prazer carnal.

Para a nossa inteira satisfação, foi uma noite muito especial para Marcos, fazendo-o mergulhar de cabeça na paixão e na experimentação de drogas mais fortes.

Longe de Laura, ele dizia que pararia quando quisesse e que ele só estava fazendo aquilo para estar com ela, mas não percebia que estava sendo usado para financiar o vício dela e que, a cada uso, estava ficando mais difícil se afastar da dependência que criara com os entorpecentes e com Laura. Era só ele vê-la, juntamente com um pouquinho de nosso incentivo, que a sua determinação desaparecia.

Capítulo 7

Dalva acordou com um alarme soando em seu coração. Ela sentia que algo estava errado e que Marcos não estava bem. Tivera um sonho, naquela noite, que agravara mais a sua desconfiança. No sonho, ela via o seu irmão num estado de definhamento que a assustou. Ela tentava chegar até ele, porém, quanto mais ela se aproximava, mais ele fugia dela e de seu auxílio.

Assim, em um desabafo, Dalva veio conversar com Rodrigo sobre as suas preocupações e este se abriu, contando o que havia acontecido naquele dia da overdose. Dalva surpreendeu Rodrigo ao permanecer calma diante dessa triste notícia. Parecia muito madura e até o ajudou com ideias do que poderiam fazer para descobrir o que estava realmente acontecendo e o quanto seu irmão já estava comprometido com o vício.

Em uma tarde de domingo, Rodrigo e Dalva pediram a Marcos que os levasse a um parque, porque fazia muito tempo que eles não tinham um momento com o irmão mais velho. Pegando em seu ponto fraco, Marcos, que se orgulhava em ser o protetor e exemplo a ser seguido, aceitou o convite. Foi naquele passeio, após o pressionarem, que os irmãos conseguiram dele a confissão do uso de heroína e de seu amor por Laura. Tudo fizeram para ele acreditar que aquele era um caminho tortuoso e, muitas vezes, sem volta. Mas Marcos dizia que ele não era um viciado e que pararia quando quisesse.

Marcos pediu, por fim:

— Não contem para os nossos pais sobre isso, porque sou eu mesmo quem deve fazê-lo. Tenho consciência de minha responsabilidade sobre minhas escolhas erradas e sou eu que tenho de enfrentar as consequências dos meus atos. Sei que posso parar a qualquer momento, mas preciso de um tempo para colocar em ordem minhas emoções e sentimentos. Sei que os farei sofrer quando descobrirem a verdade. Prometo a vocês que não demorarei para contar tudo a eles.

Rodrigo e Dalva concordaram, mesmo não estando muito convencidos de que Marcos manteria a sua palavra.

Depois daquela tarde, estimulamos Marcos a falar com Laura sobre a conversa que teve com os irmãos. Quando ele propôs a ela que parassem por um tempo, Laura teve a certeza de que eles seriam um problema. Pensou que se os irmãos forçassem Marcos a contar aos pais aquele segredo, secaria a sua única fonte de recursos para as drogas, porque ela mesma já tinha vendido tudo o que tinha e os pais dela já demonstravam desconfiança quando ela lhes pedia qualquer importância.

Então, Laura pensou que a saída seria afastar Marcos de casa, para que ele não fosse influenciado por sua família. E ela foi muito eficiente, porque, sem muito esforço, conseguiu o que queria, inclusive provocando as faltas repetidas dele na faculdade e no Evangelho em seu lar.

Para atendê-la, ele sempre dava uma desculpa qualquer, dizendo que estava atarefado com algum trabalho da faculdade ou que tinha se atrasado para ajudar a um amigo, e seus pais aceitavam as suas desculpas, sem repreendê-lo por chegar sempre tão tarde em casa.

Rodrigo e Dalva, por sua vez, sabiam que Marcos estava mentindo. Eles percebiam nitidamente que o irmão tinha piorado muito naqueles últimos dias e não conseguiam entender como os pais não tinham olhos para enxergar o poço profundo que Marcos estava cavando. Apesar disso, não tinham coragem de lhes falar sobre o assunto, porque sentiam que estariam traindo a confiança do irmão, que havia lhes pedido segredo. Também não conseguiam falar diretamente com Marcos, que sempre dizia estar atrasado ou se trancava no quarto, dizendo estar estudando. A situação estava ficando insustentável.

Diante disso, os irmãos começaram a buscar outras formas de ajudá-lo. Porém, tudo o que pensavam não parecia ser eficiente para atingir algum resultado prático. Em uma tarde livre que estavam juntos, porém, Rodrigo disse para a irmã:

— Dalva, eu estava me lembrando de que, em uma das conversas que tive com o Marcos após a overdose na praça, ele havia mencionado que alguns de seus amigos tinham abandonado o grupo, uns porque os pais descobriram, outros porque ficaram com medo de morrer. Se pudermos conversar com algum deles, talvez possamos compreender essa dependência de Marcos e ajudá-lo a sair dessa.

— A ideia é boa, mas você saberia dizer quem são eles?

— Bem, me lembro de três nomes. Quem sabe se buscarmos na agenda do Marcos encontraremos algum deles.

Assim, os irmãos montaram um plano e o colocaram em prática, o mais rapidamente possível.

Capítulo 8

Dalva conseguiu parar Marcos na porta de casa quando estava de saída para a faculdade.

— Marcos, você poderia me dar o número do telefone do serviço do papai? Preciso falar com ele, mas devo ter apagado o número, porque ele sumiu de minha agenda!

Sem lhe dar uma resposta direta, Marcos pegou o seu celular, digitou a senha para desbloqueá-lo e repassou o número pedido.

Dalva o anotou, mas também decorou o número da senha do irmão.

Quando Marcos chegou em casa, tarde da noite, Rodrigo e Dalva estavam de tocaia. Foi só ele entrar no banheiro que Dalva ficou no corredor e Rodrigo entrou no quarto do irmão para procurar o celular. Ele já estava achando que Marcos tinha levado o celular para dentro do banheiro, quando o achou na mochila.

Estava anotando o número dos telefones de seu interesse, quando ouviu Dalva falando um pouquinho mais alto:

— Marcos, que bom que você saiu do banheiro. Preciso que você pegue uma bolsa para mim em cima do meu armário.

E, antes de ele se recusar a acompanhá-la, Dalva lhe disse:

— Ainda bem que tenho você, meu irmãozão, porque sou tão baixinha! – e o foi levando para o seu quarto.

Rodrigo quase perdeu o fôlego de susto, mas logo se recuperou, colocou o celular onde o tinha encontrado e saiu apressado do quarto, entrando logo no seu.

Ficou quieto, escutando o barulho do corredor. Ouviu Dalva agradecendo a Marcos pela ajuda e aguardou. De repente, escutou umas batidinhas na porta, seguidas por Dalva entrando em seu quarto. Ela sorriu e perguntou:

— E aí, conseguiu?

— Sim. Amanhã ligarei para eles e verei se alguém pode nos ajudar.

Capítulo 9

No dia seguinte, na hora do almoço, Rodrigo informou à irmã que tinha conseguido marcar uma hora para visitar Antônio, um dos amigos de Marcos. Não foi possível marcar com os outros dois, pois eles se encontravam em clínicas de reabilitação, ficando impossibilitados de receber visitas.

Os irmãos estavam bem animados, pois conversar com um era melhor que nenhum. Eles se sentiam muito inexperientes e não sabiam o que fazer para ajudar o irmão mais velho. Finalmente, agora eles estavam vendo uma luz no fim do túnel.

Após inúmeras tentativas nossas para que eles desistissem daquela visita, tudo foi em vão. Os irmãos chegaram à casa de Antônio extremamente ansiosos, até com vontade de dar meia volta, mas com expectativas ainda maiores para ter aquela conversa.

Foi o próprio Antônio quem os recebeu. Dalva observou que ele era alto, loiro e tinha belos olhos azuis, os quais, apesar dos óculos de grau, não perdiam o seu brilho.

Rodrigo o reconheceu e se espantou, porque ele não parecia o mesmo rapaz que viu naquele dia da overdose. Ele estava com um ar mais saudável, uma energia melhor. Ele sorriu ao ver os irmãos, os cumprimentou e os convidou para entrar:

— E aí? São Rodrigo e Dalva? Entrem.

— Olá! Sim, somos nós. Obrigada! – disse Dalva, sorridente.

Antônio não os conhecia pessoalmente, porém, quando Rodrigo ligou, disse que iria com Dalva, sua irmã.

Sentaram-se no sofá mais próximo e levaram alguns minutos para entrar no assunto. Quem falou primeiro foi o anfitrião:

— Rodrigo, eu queria começar a nossa conversa agradecendo por tudo o que você fez por Charles... e por mim também. Sabem – disse de cabeça baixa, envergonhado –, eu vi tudo o que aconteceu, mas, sob o efeito das drogas, não consegui ajudá-lo. Sei que, para minha vergonha, achei tudo muito engraçado. Toda vez que as lembranças chegam à minha memória, percebo o perigo que ele passou e relembro o tormento de seu rosto. Por causa disso, não consigo deixar de me culpar pelo meu péssimo estado de nem poder ajudar a um amigo. Foi Deus quem o enviou naquela hora.

— Por favor, Antônio, não precisa me agradecer. Fiz o que qualquer um faria.

— Não, meu amigo, isso não é verdade! Muitos pensam que os viciados não são gente, que o problema é deles quererem se viciar, e que, se algum morre por isso, é porque foi ele quem escolheu esse caminho. Eu sei que algumas pessoas passaram na rua naquele momento, mas foi você quem veio ajudar. Então, devo agradecer, sim.

— Se você se sente melhor, eu aceito a sua gratidão e consideração.

Mas, para mudar de assunto, Rodrigo imediatamente inicia o diálogo sobre o que eles vieram conversar:

— Antônio, acredito que você não esteja entendendo o porquê de termos pedido para vir aqui, já que não falamos quase nada por telefone, mas precisamos muito entender o que faz uma pessoa entrar nesse vício. Você conhece o nosso irmão Marcos e, segundo sabemos, ele já trocou a maconha por drogas mais pesadas. Precisamos ajudá-lo a sair dessa.

— Bem, eu quero muito colaborar com vocês, mas eu não sei o que posso lhes dizer – respondeu Antônio, com um sorriso amarelo.

Antônio ficou pensativo, como se quisesse ter certeza do que iria lhes dizer, e, depois de algum tempo, resolveu falar:

— Marcos sempre foi um cara legal. Eu acredito que ele tenha entrado nessa vida porque sempre foi apaixonado por Laura. Isso era evidente para todos, menos para ela! Acho que ele finalmente conseguiu conquistá-la, porque fiquei sabendo que agora estão namorando. O que temo é ela ter começado a namorar com ele para ganhar uma nova fonte de renda para conseguir as drogas, porque quando se trata delas, Laura é muito persistente e decidida.

Ao contrário de mim, Laura não quer parar, e tampouco vai querer que o seu irmão pare. Com certeza, ela fará de tudo para que todo o trabalho de vocês para a recuperação de Marcos fique um pouco mais complicado. Para que vocês entendam o que estou dizendo, fiquei sabendo, nessa última semana, que eles já foram algumas vezes na biqueira[8] para comprar drogas. E sabem por que isso é grave? Porque sempre tem alguém lá na praça, perto da faculdade, vendendo. Se eles estão tendo que ir à biqueira, é porque eles estão usando tudo o que compram muito rápido.

Dalva e Rodrigo se movimentaram no sofá, incomodados. Eles jamais imaginariam o seu irmão descendo tão fundo assim.

— Antônio, se você não se incomoda, poderia nos dizer o que fez você seguir por esse caminho?

— Dalva, para vergonha de minha parte, eu jamais poderia colocar a culpa em uma vida difícil, sem amor ou sem esperanças, porque não é verdade. Apesar de tudo de bom que minha família sempre me proporcionou, eu não valorizava nada disso. Eu ficava até muito incomodado com a profunda preocupação de meus pais comigo, com as regras impostas para o meu bem-estar, porque sentia que não tinha liberdade para fazer o que eu queria. A verdade é que eu não aceitava que não podemos fazer tudo o que queremos, e para que nós compreendamos isso, os pais precisam colocar limites, senão, a vida colocará. Hoje eu tenho dezessete anos, e quando comecei a me drogar, eu tinha quinze... A sua idade, não Dalva?

— Não, eu ainda tenho quatorze anos.

— Então, eu tinha quinze, mas me achava o rei do mundo. Não queria ser limitado por ninguém, e tudo isso me levou a buscar nas drogas a sensação de liberdade que eu ansiava.

Antônio ficou pensativo, de repente. Parecia que ele estava analisando a sua vida e, mesmo parecendo envergonhado, disse:

— Sabe, acho que para vocês entenderem o que acontece, preciso explicar que, quando a gente está nesta estrada, tudo ao nosso redor vai perdendo o sentido. Mesmo quando estamos sóbrios, tudo o que antes poderia ter valor se perde na dependência que formamos com as drogas. Isso pode parecer uma desculpa, mas, na verdade, a gente vai perdendo a noção das coisas e a nossa cabeça não raciocina mais como uma pessoa normal. Mesmo as pessoas que são muito, muito importantes para nós, deixam de ser, porque ficamos entorpecidos em nossas emoções e sentimentos.

---

[8] Boca de fumo, lugar onde se vendem drogas.

Os nossos valores morais não seguem a normalidade e todo o nosso foco de conquista está em conseguir mais uma dose.

— Mas se você já estava assim, cara, como conseguiu sair disso? – perguntou Rodrigo.

— Vocês não vão acreditar, mas, naquele dia em que você ajudou Charles, algumas pessoas foram levadas para o hospital, inclusive eu, e os meus pais foram chamados. Quando o efeito das drogas passou, eu tive de encará-los, bem como a minha odiosa realidade, o que me trouxe um enorme constrangimento. Apesar de eles nada falarem, vi em seus rostos a ansiedade e a decepção estampadas. Eu não me esquecia da minha total omissão em auxiliar o meu amigo de infância, porque não tive capacidade de pensar, muito menos de compreender o perigo de morte que pairava sobre ele.

Admito que foi aquela cena que me incomodou muito, mais do que tudo. Ele iria morrer ali, sozinho, apesar de estarmos todos ao seu redor, e eu não parava de pensar nisso. Após algumas horas em silêncio, em que me permiti refletir sobre essa vida que eu estava levando, tendo os meus pais ao meu lado sem nada falar ou me cobrar, eu percebi que não queria acabar daquele jeito. Comecei a chorar e, literalmente, pedi socorro aos meus pais. Eu me agarrei à minha mãe, com toda a força que ainda havia em mim para lutar por minha vida, e abri o verbo com eles. Disse tudo o que eu estava fazendo e tudo o que eu já havia aprontado, inclusive...

Ele parou de falar de novo. Os seus olhos estavam mareados, mas ele respirou fundo e continuou o desabafo:

— ...inclusive as inúmeras vezes que eu peguei o dinheiro deles para pagar as drogas e as minhas dívidas com o traficante. Cheguei ao ponto de permitir que uma antiga empregada nossa fosse demitida pelos furtos que cometi. Como várias coisas estavam sumindo daqui de casa, meus pais só podiam desconfiar dela. É difícil para mim dizer isso para vocês, mas eu não me importei. Achei até bom, porque ela ficava sempre me olhando de uma forma estranha, como se soubesse o que eu estava fazendo. Aquelas confissões lavaram minha alma, apesar da extrema dificuldade de falar tudo isso com eles.

Antônio estava emocionado. Os irmãos sabiam que dar aquele depoimento estava sendo difícil para ele e, por isso, estavam extremamente agradecidos.

— Meus pais choraram muito naquele dia – continuou dizendo. - Eu percebi que eles estavam constrangidos, desolados por mim. Minha vergonha também era imensa, mas eu não queria desistir. Sabia que, sem eles, eu iria voltar para o vício e morreria... sozinho!

— O que eles fizeram, então? – perguntou Dalva, num sussurro.

— Eles me enlaçaram num abraço e me prometeram que jamais desistiriam de mim. Por muito tempo ficamos assim. Eu não sei dizer quanto tempo foi, mas estava tão bom. Fazia tanto tempo que eu não lhes dava a oportunidade de me acalentarem com o seu amor e carinho, que me senti voltando aos meus seis anos de idade, quando eles ainda eram os meus heróis!

— Sabe, Antônio, estamos em dúvida se devemos avisar os nossos pais sobre a condição de Marcos. Eles não sabem o que está acontecendo. O problema é que prometemos não contar, já que Marcos nos disse que ele mesmo o faria.

— E como acham que eles reagirão, Rodrigo?

— Realmente, não sabemos. Acreditamos que serão amorosos, porque são assim desde sempre, mas nunca vivenciamos esse tipo de dificuldade para poder afirmar alguma coisa.

— Verdade! – confirmou Dalva.

— O que posso dizer para vocês é que prometer para um viciado que não falarão com os únicos que têm condições de auxiliá-lo a sair do vício é uma armadilha perigosa. Nós, os viciados, sempre tentamos manipular aqueles que nos amam, para que eles façam aquilo que nos convêm. E podem ter certeza que o que nos convêm é nos manter no vício.

— Mas, se você já abandonou as drogas, Antônio, por que continua se chamando de viciado? – perguntou Rodrigo.

— Porque sou e sempre serei um viciado. Explicaram, lá no Narcóticos Anônimos, que, uma vez dependentes, jamais deixaremos de o ser. Se eu ceder uma única vez, seria como se nunca tivesse parado e voltaria com a carga toda a todo esse sofrimento. Sinto até vergonha de confessar, mas depois de todo esse tempo, eu ainda me vejo sonhando com tudo aquilo – disse, triste.

— Você se agarra em que para não fraquejar, Antônio? – perguntou Dalva.

— Vou contar um segredo para vocês: sabem por que eu não estou em uma clínica de reabilitação? Porque, em uma das conversas que tive com os meus pais, eu lhes disse que não queria ficar sozinho em uma clínica; que eu não aguentaria a solidão e tinha certeza de que fugiria. Então, os meus pais fizeram um acordo comigo, de que procurariam ajuda para que todo o meu tratamento fosse feito em casa, com os especialistas me acompanhando, mas eu teria de aceitar todas as regras impostas nesse processo.

Ele riu sozinho, e continuou:

— Imaginem, eu, que tinha medo de perder a minha liberdade, de abraçar responsabilidades, ter de lidar com aquela restrição? Porém, algo em mim estava diferente agora. Eu queria que desse certo. Então, aceitei. Eles contrataram um especialista, que nos ajudou a montar um quarto mais apropriado para os meus momentos de declínio, e, juntamente com ele, três enfermeiras foram indicadas para proporcionar aos meus pais a fortaleza necessária para aguentarmos a minha abstinência e recuperação. Tudo bem que meus pais têm condição, grana pra isso, mas nada daria certo, se eu mesmo não tivesse resolvido sair dessa vida.

Rodrigo e Dalva olhavam atentos para Antônio. Eles não queriam perder nenhuma parte daquela história.

— Foram momentos péssimos! Meus pais sofreram muito na primeira semana! Nos momentos de desespero, pela ausência da droga, eu apelava aos seus corações aflitos com chantagens emocionais; depois, não dando certo, xingava-os com fúria e tentava agredir as enfermeiras, que estavam ali somente para me ajudar. Muitas vezes, precisei ser contido em minha cama.

Numa dessas crises, em que precisei ser amarrado, Penélope, enfermeira mais velha e experiente, entrou em meu quarto e se colocou ao meu lado, sem nada falar. Estranhei aquela atitude, porque eu estava muito irritado, e ela mantinha-se sentada ali, quieta, com os olhos fechados. Aquele silêncio me incomodava, e então comecei a gritar ofensas. Mas ela não mudava nem um centímetro a sua postura. O tempo foi passando e, para a minha surpresa, eu fui ficando mais calmo e acabei dormindo. Mesmo querendo muito me drogar, naquele momento, eu consegui dormir profundamente. Acordei melhor. Ela repetiu isso por muitas vezes e eu fui deixando de ficar irritado. Ao contrário, fui ficando cada vez mais confortável e leve.

— Estranha a postura dela! Os seus pais sabiam o que ela estava fazendo? – perguntou Rodrigo, curioso.

— Eu achava que sim, mas um dia eu os questionei e eles demonstraram surpresa. Soube depois que, na primeira oportunidade, eles perguntaram a ela sobre a sua estranha atitude, e ela simplesmente disse que acreditava em orações e, naqueles momentos de muita irreflexão de minha parte, elas me ajudariam a lidar com as energias ao meu redor. Eles não entendiam muito do assunto, mas buscaram conhecimento. Sem temer, Penélope contou a eles sobre a sua crença espírita e que identificava a presença de irmãos espirituais que não desejavam a minha melhora. Mesmo sem acreditar naquilo, meus pais percebiam que, durante as minhas crises, eu parecia mesmo ser impulsionado por outras forças. Então, diante de suas aflições diárias, permitiram que ela continuasse naquela tarefa de socorro. Com o tempo, eu melhorei, e hoje, como vocês podem ver, com a ajuda das enfermeiras, dos meus pais, do psiquiatra e do Narcóticos Anônimos, estou fora de meu quarto e me sinto bem.

— Nossa! Que história! - exclamou Dalva. - E você ainda vê essa enfermeira?

— Para falar a verdade, sim. Após quase seis meses de tratamento, eu estou liberado dos regimes fechado e semiaberto aos quais fui submetido pelo médico. Já posso sair de casa e já não preciso ser vigiado o tempo inteiro. Se bem que minha mãe está sempre por perto, mas a presença das enfermeiras não é mais necessária aqui em casa. Só que eu sei – disse ele, enfatizando o eu – que preciso ainda de ajuda. Por isso, comecei a frequentar, junto com meus pais, o centro espírita onde Penélope trabalha. Vamos lá toda quarta-feira, para estudar e tentar compreender os porquês e os para quê da vida.

Já compreendi muita coisa e espero aprender muito mais. Sabe, gente, eu fiz escolhas muito erradas, e quando comecei a ter mais noção disso, percebi que não seria fácil superar os meus medos. Minha família sempre foi temente a Deus, e parece que, quando a gente se volta para nós, a primeira coisa que nos bate na consciência é a nossa frágil relação com Ele.

Teve uma vez, quando eu estava passando por uma das minhas crises, que comecei a gritar que nada daquilo adiantava, porque eu era um pecador e Deus não me perdoaria, pois eu já estava condenado. Meus pais não sabiam o que dizer para me consolar, e eu sempre achava que eles estavam mentindo para mim. Por vários dias, eu repetia a mesma coisa, cada vez mais indignado, temeroso e triste. Penélope ouvia tudo aquilo e não falava nada. Eu não sei o que ela estava esperando, mas acredito que era eu estar mais disposto a escutar ou meus pais autorizarem essa conversa.

Foi em uma tarde em que eu estava muito prostrado, que ela sentou-se ao meu lado e me fez ver que eu tinha uma visão muito perversa de Deus. Ela trouxe uma Bíblia e leu algumas passagens. Ela lia o Velho Testamento, onde Deus é descrito cheio de imperfeições humanas, e depois me levava para junto de Jesus, onde Ele O descreve como um Pai de Amor e Misericórdia, Pura Perfeição. Ela me fez ver que, se as nossas leis, imperfeitas que são, abrem-se para o perdão e remissão dos crimes cometidos, em alguns casos, como não seria com as Leis Divinas, que são perfeitas e misericordiosas?

Ao final, ela me ensinou que sobre mim só recairia a responsabilidade de minhas ações, mas não a ira de um deus imperfeito. Ela me apresentou a Lei de Causa e Efeito.

— Eu sempre acreditei que a vida somente reage às escolhas que fazemos e às ações que cometemos – disse Dalva, serena. – Não há nada tão belo quanto saber que a nossa vida é um reflexo de nossas escolhas. Ora, somente sentiremos o perfume das flores se as plantarmos, e apenas colheremos os bons frutos se forem eles os que cultivarmos. Se estamos colhendo frutos azedos ou plantas que são só espinhos, perceberemos que foram as nossas ações que os colocaram para germinar. O interessante é que, mesmo quando plantarmos errado, poderemos nada colher, se aprendermos antes da colheita, porque deixaremos de adubar essas sementes, minimizando os nossos erros com aqueles que maltratamos ou prejudicamos de algum modo. Tenho certeza de que o Criador não quer nos punir, quer apenas nos ensinar a viver segundo as Suas Leis Divinas.

— Ué, vocês também são espíritas?

— Não – respondeu Rodrigo.

— Poxa, mas Dalva falou exatamente o que venho aprendendo nas palestras do centro! Por isso, estou me preparando para tentar corrigir alguns de meus erros. Como eu disse para vocês, eu prejudiquei uma antiga empregada nossa, que foi despedida injustamente pelos furtos que cometi. Fiquei sabendo há pouco tempo que, apesar de os meus pais não terem feito uma ocorrência, ela continua desempregada. Acredito que a sua dificuldade de conseguir um trabalho se deve ao fato de não termos lhe dado uma carta de recomendação, mas já pedi que a façam. Agora eu preciso ter coragem para ir à casa dela e lhe entregar a carta e, se conseguir, pedir o seu perdão! Fiquei sabendo, também, que um amigo de minha mãe precisará de uma empregada para daqui a um mês. Já estou tentando dar um empurrão para essa contratação. É o mínimo que posso fazer, porque não temos como empregá-la de novo.

— Firme-se nesse propósito, Antônio, e você conseguirá ajudá-la – disse Dalva.

Antes de irem embora, Rodrigo exclamou:

— Preciso dizer que fiquei impressionado com a sua forma de pensar e falar, Antônio! Parece até um adulto experiente!

— É, Rodrigo, a gente cresce depois de passar por tantas experiências como essas. As drogas nos consomem, fazendo-nos desistir até de nossos melhores sonhos, mas nos recuperar delas nos transforma em pessoas mais amadurecidas.

Sem sabermos, sob a proteção dos Mensageiros do Cordeiro, aqueles três seres iniciaram, naquela tarde, uma amizade que iria produzir bons frutos para todos nós.

Capítulo 10

Ficamos surpresos quando descobrimos que Rodrigo e Dalva queriam conversar com alguns dos antigos companheiros de vício de Marcos!

Eu não queria que eles conseguissem nenhuma munição contra os nossos planos, por isso, fomos incansáveis na tentativa de atrapalhar que Rodrigo conseguisse os números no celular do irmão, mas Dalva conseguiu impedir que Marcos o flagrasse.

Depois, conseguimos que os pais de dois dos três amigos não tivessem boa vontade em ajudá-los, porque foi fácil colocar em seus corações o medo de uma possível recaída de seus filhos, ao terem que se expor aos irmãos nas clínicas. Mas, com relação a Antônio, nada conseguimos. Em razão disso, no horário marcado pelos jovens, fomos Beto e eu para a casa de Antônio, e mandei Boca e Firmino impedirem os irmãos de irem para lá.

Fomos na frente, para nos aprofundarmos sobre quem era Antônio, porque não conhecíamos a sua história. Precisávamos descobrir quem era ele e seus maiores temores. Impulsionamos os seus pensamentos e ele reagiu como queríamos.

Pensava ele: — "Nossa, fazia tempo que não ficava tão nervoso! O que será que os irmãos de Marcos querem comigo? Rodrigo disse que precisava de minha ajuda para entender o momento de Marcos, mas o que eu posso fazer para ajudá-los, se eu mesmo não tenho certeza de poder me ajudar?"

Percebendo que ele estava inseguro, utilizamos os seus próprios pensamentos para que ele sentisse a necessidade de se drogar. Ele recebia os nossos conselhos como se fossem dele: — "Por muito menos, eu já teria me drogado. Com as drogas, eu não me preocupava com nada e nem sentia esse medo que está quase me sufocando…"

Tentamos intensificar a possível recaída de Antônio, para que, quando os irmãos chegassem, ele estivesse sem condições emocionais de ajudá-los. Quando imaginamos que ele estava em nossas mãos, ele nos surpreendeu, falando alto, como se quisesse se escutar:

— Mas, o que eu estou pensando? Claro que isso me levava a me drogar, mas não é isso que eu quero mais para mim. Não vou sucumbir às ideias deturpadas que tinha antes da minha recuperação!

A partir daí, Antônio passou a afastar toda ideia que tentávamos induzir em seus pensamentos. Ele buscou um silêncio interior que não compreendíamos. Parecia uma oração sem palavras. Os *da luz* estavam cada vez mais espertos, pensava. Surpresos, constatamos que ele estava até muito bem para quem, há tão pouco tempo, era um viciado crônico! Depois de muito tentarmos, mandei Beto ajudar Boca e Firmino, imaginando que poderíamos ter mais sucesso com os irmãos. Eu ficaria ali e continuaria naquela tarefa.

Boca e Firmino tentavam desestimular Rodrigo e Dalva de chegarem à casa de Antônio, quando Beto os alcançou:

— Ora, Rodrigo, pense bem! – dizia Boca. Como seria você chegar lá e começar a falar com um estranho sobre os seus problemas familiares, se vocês não querem nem comentar com os seus pais sobre isso?! Para vocês, ele é um estranho, mas era amigo de seu irmão e poderá falar com ele sobre a sua visita, colocando tudo a perder. Marcos nunca mais confiaria em vocês, e assim vocês o perderiam.

— Dalva, Dalva! O que você está fazendo?! – tentava Firmino. – Seu irmão sempre foi orgulhoso. Sempre demonstrou que é ele quem resolve as coisas. Se ele descobrir que vocês estão fazendo isso pelas suas costas, jamais os perdoará. Vocês o perderão, porque ele não confiará mais em vocês.

Porém, Dalva e Rodrigo lutavam contra a angústia que os dominava. Sabiam que tinham de continuar, porque eles já não tinham muito mais a perder.

Quando chegaram em frente à porta de Antônio, meus homens ainda não tinham desistido. Beto irradiava energias desequilibrantes para eles, e Boca e Firmino repetiam os mesmos pensamentos associados à imagem de Marcos decepcionado com ambos, dizendo que não confiava mais neles e que eles tinham acabado com a vida dele. Ambos quase deram um passo para trás, mas Dalva foi mais forte e disse:

— Não vamos desistir, irmão. Marcos precisa de nós!

E bateram à porta, com segurança.

Os três espíritos quase explodiram de raiva. Sabiam que eu não ficaria feliz, mas todos tinham consciência da dificuldade que estávamos enfrentando. Eles entraram na casa antes dos jovens.

Informaram-me que, apesar de terem percebido que os irmãos sentiram o baque das influências, nada os fez desistir de continuarem no seu propósito.

Ficamos ali tentando desestruturar a conversa, mas desconfiei, imediatamente, de que os *da luz* estavam lá. Aqueles jovens não podiam ser tão fortes assim!

Mais irritado fiquei quando descobri que Antônio também estava indo a uma casa espírita. Isso era muito ruim para os meus planos. É fato que nem sempre nos preocupamos quando um alvo frequenta uma casa espírita, porque se ele não modifica as suas atitudes, os seus hábitos, nem larga os vícios que o ligou a nós, ele pode acabar se achando inatingível e baixar mais a guarda, o que facilita sobremaneira o nosso trabalho.

Porém, não era o caso de Antônio, por exemplo. Percebi que, apesar de ele ter quase caído em nossa armadilha no início, agora ele não estava apenas resistindo a nós... ele simplesmente não nos sentia. A melhor descrição era que nós não o estávamos alcançando, como muitas vezes acontecia com Dalva. Se continuasse com aquela proposta de mudanças, nós não conseguiríamos influenciá-lo para futuras quedas, quando fosse preciso. Ainda bem que não era ele o nosso alvo.

Ao término da visita, eu saí de lá pensativo.

Beto veio até mim e me questionou sobre o que deveriam fazer. Respondi que precisava de um tempo para planejar. Ele, me conhecendo bem, mandou cada um para a sua função e que intensificassem, na medida do possível, os laços que os uniam aos encarnados.

Beto também se afastou. Ele sabia que em alguns momentos eu precisava ficar sozinho para pensar. Eu sempre vinha com ideias tenebrosas depois dos momentos críticos e isso, aos olhos de Beto, era do mal.

Capítulo 11

Daquela vez, porém, eu estava diferente. Eu me peguei pensando no poder dos *da luz* sem raiva, sem rancor, simplesmente me questionando como eles poderiam ser tão poderosos a ponto de nós, com todas as nossas estratégias, com todo o nosso poder, não os vermos.

Mal sabia eu que, naquele instante, os mensageiros, que eu tanto desprezava, estavam junto de mim, lançando-me energias de amor, amparo e harmonia. Eles entendiam que o momento para a minha regeneração estava chegando, e que eu poderia continuar me abrindo para reflexões mais profundas sobre a minha vida, sobre as minhas últimas escolhas.

Parei em um parque, e algo me chamou a atenção: o sol estava se pondo. Fiquei ali por muitos minutos e me dei conta de que há muito tempo não percebia a existência do sol, com a sua luz e o seu calor. Permaneci ali sentado, sentindo os seus raios quentes minguando, dando lugar à noite. Quando esta chegou, eu me identifiquei. Sim, este era o estado em que eu vivia, frio e escuro. Não existia calor ou luz, somente a ausência de ambos.

Bem antes de começar aquela missão, eu já me via refletindo sobre mim, sobre as minhas ações! A imagem de minha avó estava sempre me acompanhando, me trazendo o seu calor maternal ao meu coração! Eu me recriminava e afastava tais pensamentos com rigor, mas eles voltavam vez por outra, sem o meu controle. Eu não sabia o que estava acontecendo comigo e, como já disse antes, sendo muito honesto, nos últimos trabalhos para os quais fui designado, apesar de ter obtido sucesso em minhas missões, não senti prazer com as desgraças dos meus alvos como antes.

Tentei mudar o rumo de meus pensamentos de novo e, com deboche, pensei em como os encarnados eram manipuláveis e como era fácil levá-los pelos caminhos errados.

Mas, como se minha mente quisesse desmentir a minha afirmativa, chegou-me a lembrança daqueles três jovens contra quem quatro bons influenciadores tentaram de tudo, naquela tarde, para impedi-los de se encontrar, e eles não desistiram! De repente, senti retornar, fazendo ninho em meu peito, aquela dúvida sobre quem tinha o verdadeiro poder. Questionei-me se o poder que eu pensava possuir sobre os encarnados era real. Deixando o meu pensamento fluir sem freios, pensei se não eram os nossos alvos que nos usavam como impulsionadores, incentivadores para agirem como sempre quiseram.

Senti todo o meu corpo contrair. Continuei naquela reflexão e cheguei a uma pergunta que me desarmou por completo: se for assim, nós possuímos algum poder?

Fiquei muito irritado com aquela atitude débil de minha parte. O que estava acontecendo comigo? Quis gritar, mas não podia. Já existiam muitos espíritos perambulando por ali e não queria que nenhum deles, por mais alienado que estivesse, me visse irritado face à minha insegurança.

Desloquei-me rapidamente para o nosso quartel-general, para o cômodo que eu chamava de meu. Mas, mesmo ali, ainda me encontrava pensativo sobre tudo aquilo. Sem esforço, veio novamente à minha lembrança a figura maternal de minha avó. Uma saudade profunda me preencheu e eu me vi lacrimejando. Eu tentava enxugar as lágrimas que, teimosamente, caíam sobre a minha face, sem conseguir represá-las.

Queria apagá-la de minha memória, mas era impossível. O calor que a lembrança dela me trazia era quase igual ao dos raios de sol daquela tarde. Mas eu tinha lhe dado as costas e jamais a veria de novo. Eu sabia que não estava preparado para abandonar aquela vida, porque tinha me esforçado muito para conquistar o meu espaço ali.

Imediatamente, refleti: mas, que espaço? O que eu era ali? Chefe de um bando de coitados que estavam, como eu, de mãos atadas? Nada! Isso é o que eu era! Um nada. Sabia que se eu falhasse sofreria com a ira dos meus chefes e tudo o que conquistei seria tirado de mim. Porém, eu não sabia fazer outra coisa! Sempre fui um garoto mal, e não seria agora que isso mudaria.

Sequei as minhas lágrimas. Eu precisava me concentrar em como vencer aquela batalha. Meus chefes iriam se surpreender com o resultado daquela missão. Nós iríamos ganhar. Rodrigo iria cair, mas Marcos iria primeiro.

Sem eu saber, minha avó estava ali, em preces por mim, num dos cantos daquele cômodo, junto com os demais mensageiros do Cordeiro.

Capítulo 12

Eu não podia desistir, meu futuro dependia disso. Após muita reflexão, concluí que a presença dos *da luz* nos atrapalhava em muitos casos, mas também era certo que, quando os encarnados se sintonizavam conosco, não tinha anjo que pudesse nos vencer.

Então, mais seguro da minha capacidade de manipulação sobre os encarnados, fixei-me na ideia de que era Marcos quem precisava ser influenciado e, agora, com muito mais pressão. Era preciso ele levar a desarmonia àquela casa, pois muitos foram os lares que desfizemos tendo um de seus elementos encarnados como instrumento. — "Marcos fará o que quisermos, é só dar a ele o que ele precisa" – pensei.

Convoquei os meus comparsas para uma reunião e Beto, com ar preocupado, pediu para falar a sós comigo:

— Jefferson, antes de você nos contar sobre os seus planos, gostaria de perguntar: o que faremos com o Antônio? Você viu que ele simplesmente nos ignorou e, depois, nem nos sentiu. E eles já estão combinando de sair mais vezes para conversar sobre o estado do Marcos. Os irmãos até se colocaram à disposição para ir com ele à casa da empregada demitida. Ele será um obstáculo.

— Beto, você, mais do que ninguém, sabe que em todos os nossos planos temos de lidar com os imprevistos. Portanto, Antônio é o nosso imprevisto. Ele ficará sob observação, e quando percebermos que ele pode nos atrapalhar, agiremos.

Após uma respiração mais profunda, chamei a todos e falei, tentando dar uma certeza que, admito, não a possuía:

— Repensei sobre o nosso planejamento e fiz algumas mudanças drásticas. Não quero mais que Marcos desencarne por overdose. Decidi que, se o levarmos pelo suicídio consciente, essa família sucumbirá pela culpa e desespero extremo.

Assim, após contar todos os detalhes do meu plano aos meus comparsas, ordenei:

— Então, que comecem os trabalhos!

Coloquei Firmino de plantão com Laura, Cadu com Marcos, e os demais influenciando os pais dele.

Sem os pais perceberem, começamos a influenciá-los em suas insatisfações e cegueiras. Aquilo que não os agradava levemente era intensificado por nossa influência. Percebemos que o pai era o nosso melhor investimento. A mãe, nem tanto. Então, tínhamos de usar o pai para atingir a mãe. Em vários momentos em que ele estava mais impaciente, alimentávamos a sua fúria por pequenas coisas. Aparecida, alvo de suas explosões, ia para o quarto chorar pela brutalidade verbal do marido, muitas vezes sem entender o que tinha feito de errado. Com o tempo, porém, ela também começou a dar espaço para muitas reclamações e brigas entre eles.

Envolvidos em seus próprios problemas, os pais não viam o que estava acontecendo com Marcos, cada dia mais ausente de casa. Sob a influência de Cadu, Firmino e Laura, ele evitava o lar, querendo ficar mais e mais tempo com aquela garota.

Rodrigo e Dalva estavam muito entristecidos. Quando eles tinham decidido falar com os seus pais sobre o vício de Marcos, tudo começou a dar errado. A ausência de Marcos e as brigas dos pais provocavam nos jovens uma preocupação maior. Quando eles questionavam a Marcos o porquê de suas ausências, ele desconversava ou brigava, dizendo que eles não tinham nada a ver com sua vida. Para não piorar ainda mais a situação, Rodrigo e Dalva não tinham coragem de contar aos pais sobre os seus problemas, muito menos os de Marcos. Os filhos mais novos de Cleto e Aparecida estavam com dificuldade de se concentrar até mesmo nos estudos.

Sabíamos que Rodrigo era muito sensível à nossa presença, então planejei para que todo o trabalho fosse feito fora daquele lar. Marcos e seus pais eram acompanhados assim que saíam de casa, e lá iniciávamos o processo lento e gradativo de uma influenciação emocional. Assim, a ligação entre nós foi se fortificando. Estando muito conectados, muito interligados, continuamos com eles por laços de influenciação, sem termos de nos aproximar de sua casa.

Concomitantemente, alimentávamos o romance de Laura e Marcos, que, mais e mais, se afundavam nas drogas. Já era perceptível para toda a família que Marcos não estava bem: tinha olheiras profundas, que ele dizia serem o resultado do estudo que fazia até altas horas da noite, algo que ele já abandonara há muito tempo; apresentava um mau humor característico; e tinha dificuldade e má vontade de se concentrar nos assuntos corriqueiros do lar e da vida da família. Nem com os seus irmãos ele conversava mais. Não se preocupava mais com o exemplo que ele, antes, achava importante dar a eles. Marcos só queria Laura e as drogas.

Com as brigas constantes no lar, Rodrigo e Dalva não conseguiam mais fazer o Evangelho em família. Até tentaram sozinhos, mas a desarmonia do lar afetou Rodrigo profundamente, levando-o a não querer mais participar da reunião. Esse estado de espírito nos deu abertura para começar a influenciá-lo também.

Apesar de tudo, o processo não era fácil. Nenhuma má ideia era abraçada por ele com intensidade. Quando parecia que ele ia cair, a sua consciência falava mais alto. O importante, no entanto, era que abrimos uma passagem pequena, mas eficaz, para ele.

Numa noite, após uma intensa discussão entre os seus pais, Rodrigo recebe uma ligação de Antônio:

— Olá, Rodrigo! Boa-noite! Lembra que você e Dalva me disseram que iriam comigo à casa da minha antiga empregada? Consegui marcar com ela para amanhã, às dez e meia. Como é sábado, imaginei que vocês poderiam ir comigo.

Dava para perceber a ansiedade na voz de Antônio, mas nós não queríamos que Rodrigo se envolvesse com um cara que já tinha facilidade para nos ignorar. Então, começamos a lhe dizer mentalmente:

— Ora, Rodrigo, você já tem tantos problemas, ainda vai se envolver com o dos outros. Seus pais acabaram de ter uma discussão e vem esse cara perturbar você.

Como ele estava muito sentido e irritado com tudo o que presenciou, aceitou a nossa sugestão, e lhe disse:

— Poxa, Antônio, você vai me desculpar, mas não poderei ir com você. Estou com muita matéria para estudar e tinha programado fazer isso logo cedo amanhã.

— Ah! Que pena, mas eu entendo! Também não confirmei com vocês antes, né? Tá tudo bem!

Rodrigo percebeu a decepção na voz de Antônio e se sentiu culpado. Sabia que aquela visita seria muito importante para o novo amigo e que o apoio deles seria significativo. Quando estava para mudar de ideia, rapidamente, agimos de novo:

— Ora, Rodrigo, se ele tem problemas, você também os têm. Apesar de você não ter tanta matéria assim para estudar, será bom você não se envolver com algo que poderá não sair como planejado e acabar em briga. Aí, será você que não conseguirá se concentrar nos estudos depois, por presenciar outra discussão que não tem nada a ver com você.

Só de pensar que poderia haver uma possível discussão naquele encontro, Rodrigo se irritou profundamente e se manteve firme em não ir, porém, ignorando a nossa influência, disse a Antônio:

— Eu não posso ir, mas quem sabe Dalva vai com você. Espere só um minutinho.

Ele foi até o quarto de Dalva e lhe entregou o celular, dizendo ser Antônio. Ela iniciou o diálogo com ele:

— Claro que nós vamos, Antônio... Como? Rodrigo não vai? Tem que estudar?

Dalva olhou nos olhos do irmão, como a questioná-lo sobre o porquê de não poder ajudar o amigo, já que antes do jantar o próprio Rodrigo tinha dito que iria ter a manhã livre e só estudaria à tarde. Ele desvia o seu olhar e sai do quarto da irmã.

— Oi? Não, Antônio, estou aqui. Claro que irei com você. Você me busca aqui? Está marcado. Boa-noite!

Capítulo 13

No dia seguinte, quando Dalva chegou em casa, foi direto para o quarto de Rodrigo e, encantada, descreveu para ele como foi bonita a reconciliação entre Antônio e a sua antiga empregada, apesar de ambos estarem muito ansiosos e constrangidos no início. Disse que ele havia permanecido humilde e confessado as suas falhas, o que deu à antiga empregada condições de conversar e abrir o seu coração, para que não houvesse mais mágoas e rancores entre eles.

Dalva lhe disse:

— Aprendi tanto nessa experiência, meu irmão! Antônio poderia ter deixado no passado aquela situação, porque ela não fazia mais parte de sua vida, mas, mesmo assim, ele quis consertar o seu erro. Diante dessa atitude humilde, ele foi de coração aberto para levar alento a quem ele prejudicou.

O interessante, e isso serviu de lição para mim, foi que durante a conversa que tivemos antes de chegar lá, percebi que, mesmo que ela não o quisesse perdoar, ele já tinha dado um passo importante para ficar livre de suas culpas e angústias. Ele compreendeu que não tinha condições de agir diferente naquele momento do vício, mas que hoje conseguiria agir de outra forma. Antônio abraçou as suas responsabilidades e tentou corrigir o seu erro com brandura e humildade. Vi que é possível fazer isso sempre, pois somente com o diálogo conseguiremos resolver as pendências em cada situação de nossas vidas.

Senti que Dalva estava dando uma lição de moral no irmão, em razão da sua mentira do dia anterior e do estado de tristeza em que ele estava mergulhando, e eu não estava gostando nada, nada daquela conversa.

Por fim, Dalva afirmou:

— O melhor foi quando ela disse que aquela visita tinha sido um bálsamo para o seu coração. Ela sabia que os pais dele acreditavam que ela estava furtando os objetos de sua casa. E apesar de nada falarem, o fato de não darem a carta de recomendação confirmou a sua desconfiança. Ela nunca teve paz em seu coração, por acreditar que eles ainda desconfiavam dela, principalmente depois de tantos anos trabalhando naquela casa. Ela disse também que não teve coragem de dizer a eles que era Antônio quem estava pegando os tais objetos, porque sabia que eles não iriam acreditar nela, e que por isso, e pelo carinho que ela sentia por ele, preferiu se calar. Antônio pediu muitas desculpas para ela, e não teve vergonha de chorar diante daquela que veio para o seu lar quando ele era ainda pequeno e saiu dele quase escorraçada, devido às atitudes insensatas que ele teve. A reconciliação é um ato divino! Por isso tudo, foi uma pena você não ter ido conosco, Rodrigo! Tenho certeza de que, assim como eu, você iria aprender muito.

Rodrigo baixou a cabeça, sem nada falar. Ouvindo a sua irmã, pensava como tinha sido egoísta! Ao acordar, ele tinha até pensado em dizer a Dalva que os acompanharia, mas conseguimos desviar essa ideia de seus pensamentos, fazendo-o imaginar de novo uma possível discussão entre Antônio e a empregada. Por isso, ele nem saiu da cama.

Sabendo o quanto aquela conversa da irmã poderia ser importante para Rodrigo, como das outras vezes, Leonardo, seu mentor, estava a postos para intervir a seu favor. Aproveitando a abertura dada por sua análise pessoal, o fez lembrar que Antônio, mesmo sem conhecê-los, abriu as portas de sua casa para ajudá-los, mesmo tendo de superar a vergonha e o constrangimento para dar-lhes os esclarecimentos solicitados. Relembrou da emoção do amigo e de suas lágrimas disfarçadas. Ele, ao contrário...

Percebi a sua mudança energética e, mais que depressa, agi, tentando convencê-lo de que tudo o que Dalva falou era bobagem e não valia a pena se incomodar com o passado. Minha intenção era fazê-lo continuar pensando só em si mesmo.

Ele até recebeu o meu recado, mas Leonardo se utilizou daquilo que falei e desvirtuou a minha intenção, trazendo alento a Rodrigo:

— Não adianta sofrer agora pela escolha feita. Quando for solicitado de novo ao auxílio, abra o seu coração para o próximo e você perceberá que essas oportunidades são trazidas pela vida para amenizar nossas dores particulares. Se você tivesse pensado melhor, teria percebido que ontem, após um momento de grande angústia para você, a vida lhe presenteou com a oportunidade de ajudar um amigo. Mas você se fechou e não quis ver a beleza do auxílio. Veja como Dalva está radiante agora! Fazer o bem traz ao nosso ser a certeza de que Deus está em nós, que estamos trilhando o melhor caminho e logo estaremos frente a Ele, sem mais dores ou sofrimentos.

Rodrigo, então, disse baixinho:

— Não adianta chorar sobre o leite derramado. O que passou, passou. Vamos em frente!

E eu, iludido, sem saber da presença do mentor, pensei que eu o tinha convencido!

Quanto a Dalva, nenhum progresso fizemos. Ela não abria brechas, mas também não estava nos dando trabalho.

Ela ainda se encontrava com Antônio, vez por outra, mas ambos não estavam sabendo o que fazer para ajudar a sua família, então deixamos de nos preocupar com eles.

Após alguns meses da nossa chegada àquele lar, Marcos já estava completamente dominado pelas drogas. Depois de ter vendido e transformado em dinheiro tudo o que era dele, começou a furtar os objetos de casa para comprar as drogas.

Em razão das brigas no lar, os pais não percebiam o pântano em que o seu filho mais velho estava se afundando.

Laura, por sua vez, não aguentando mais a pressão de seus pais, que já tinham descoberto a sua dependência, em uma tarde que estava sozinha em casa, pegou tudo o que podia transformar em dinheiro e foi morar com uma amiga, em um quarto fétido, bem perto das biqueiras. Poucos dias depois, ela foi flagrada furtando as drogas e o dinheiro da amiga, levando sua anfitriã a expulsá-la de sua casa.

Sem ter para onde ir, Laura ligou para Marcos no final da tarde, para se encontrarem.

Ambos foram a um quarto de motel. Após terem se drogado e feito sexo, Marcos adormeceu e ela começou a pensar sobre a vida que estava levando. Ela se sentia muito triste, porque não queria viver perambulando por aí, sem destino. Apesar de tudo, ela tinha consciência do que acontecia com as mulheres que acabavam na rua.

Começamos, então, a alimentar nela o medo de seu futuro. Ela tinha Marcos, mas ele era medroso e pobre. Não conseguiria lhe dar o que ela mais precisava agora, que era a segurança de um lar e dinheiro para continuar se drogando. Tudo isso era pensado com muita dificuldade, porque ela estava sob o efeito das drogas e do álcool.

Sabia que havia chegado a hora de darmos a cartada final.

Quando Marcos acordou, viu ao seu lado o cadáver do amor de sua vida.

Capítulo 14

Marcos não podia acreditar no que estava acontecendo. Ligou assustado para a emergência e, quando a ambulância chegou, foi constatada a morte de Laura. No mesmo momento, a polícia foi acionada, e como Marcos não estava bem, foi levado para o hospital. Seus pais também foram chamados e, assim que chegaram, souberam de todo o ocorrido.

Cleto e Aparecida estavam no quarto com ele e seus irmãos no corredor, conversando com Antônio, que tinha ido para lá logo que soube do acontecido.

O assunto do dia na faculdade era a morte de Laura. Era público e notório que, pelo nível de dependência dela, não demoraria para isso acontecer, mas os comentários eram ainda mais maldosos pelo fato de Marcos estar com ela.

Ao lado de Marcos, os pais não falavam nada. Só ficavam ali olhando para ele, que ainda dormia. Cada um pensando onde tinha errado. Como não viram o que estava acontecendo com o filho? Onde eles estavam que não o viram chegar àquele nível de dependência? Marcos estava num estado deplorável, e somente agora os pais conseguiam ver o quão fundo havia chegado. Muitos outros pensamentos atormentavam a consciência daqueles pais, levando-os ao abismo da culpa e do desespero.

É claro que esse resultado fazia parte dos nossos planos. E dando continuidade a eles, coloquei Boca e Firmino para alimentarem ainda mais os pensamentos que trariam a desarmonia entre aqueles dois indivíduos, especificamente.

Rodrigo, assim como os pais, não estava bem, e eu já havia pedido a Beto para desequilibrá-lo como pudesse, mas quando Antônio chegou, perdemos a ligação com ele. Percebi que Dalva e Antônio o abraçaram e, devido às suas energias,

Rodrigo ficou temporariamente inalcançável para nós.

— Desculpem-me somente poder vir agora. Como ele está? – perguntou Antônio.

— Ele está muito desidratado e dormindo sob o efeito dos remédios. Ele chegou aqui desesperado, gritando o nome de Laura, e só se acalmou depois de os médicos lhe ministrarem um calmante com a dosagem adequada, senão, não lhe faria qualquer efeito – respondeu Dalva.

— Mas o que aconteceu?

— Laura morreu de overdose, e como Marcos estava sob os efeitos das drogas, não pôde socorrê-la – disse Rodrigo.

— Meu Deus!

— O problema também é que a polícia disse que ele pode ser indiciado. Ainda estão verificando a veracidade de suas afirmações, de que foi ela e não ele quem a drogou, essas coisas. Mas parece que ele nem se importa. Ele só falava o nome dela e chorava sem parar.

— E os seus pais?

— Estão péssimos – arrematou Dalva. – Nos últimos tempos, eles já desconfiavam de que Marcos estava se drogando, claro, mas ter a certeza dessa forma é terrível. Acredito que estejam em um processo de autopunição terrível.

— E vocês, como estão se sentindo?

— Estou tentando absorver os fatos, tentando não me sentir culpada por não os ter avisado – respondeu Dalva. Quero acreditar que fizemos o melhor que podíamos.

Rodrigo permanecia calado. Antônio percebeu o silêncio do amigo, mas não o incomodou com mais perguntas. Dalva, no entanto, pareceu nada perceber.

Rodrigo olhava para o irmão em seu leito, pela janelinha da porta, e não conseguia não se sentir culpado. Se tivesse falado com os seus pais antes, talvez tivessem conseguido impedir aquele desfecho. Talvez se tivesse sido mais enérgico com o irmão, ele não estaria naquele hospital, podendo ser indiciado por um crime.

Marcos estava péssimo e Rodrigo também. Os nossos objetivos haviam sido alcançados até aquele momento.

Capítulo 15

Dalva acordou, assustada. Correu para a garagem e deu um grito de desespero. Todos da casa se dirigiram para lá, mas nada mais podia ser feito.

Há uma semana, Laura havia desencarnado, e, naquela noite, Marcos se enforcara na garagem.

Da mesma forma que não foi difícil levar Laura ao ato de suicídio pelas drogas, também não foi difícil conduzir Marcos para aquela ação derradeira.

Quando Marcos estava dormindo naquele quarto de motel, aproveitamos que Laura estava acessível e fizemos com que seus pensamentos a atormentassem. Ela conhecia o lado sombrio de ficar nas ruas, e isso a aterrorizava. Algumas antigas amigas suas, que viviam nas ruas, eram trapos humanos. Elas se vendiam por qualquer dose. Para não mais pensar em nada disso, Laura foi convencida de que precisava de mais uma dose: "Só um pouquinho mais, para não ter que pensar no futuro".

Nós, no entanto, sabíamos que seria a última.

Apesar de não termos noção da presença dos *da luz*, eles também estavam ali. Depois eu soube que o mentor de Laura fazia de tudo para que ela fosse otimista e enxergasse para si um futuro melhor. Tentava levar à sua mente a figura de seus pais, mostrando que ela não estava desamparada e que eles sempre a perdoariam e a acolheriam no seu regresso ao lar, porque eles a amavam. No entanto, o que a ligava fortemente à nossa influenciação era que ela não queria desistir das drogas, e voltar para casa seria ter de se afastar delas. Como consequência natural, procurou nas drogas o alento para os seus temores, e foi nelas que teve o seu fim.

A partir daí, ficou ainda mais fácil atormentar Marcos. Ela era o ar que ele respirava. Sem Laura, ele não conseguiria viver por muito tempo. Assim, naquela noite, após a missa de sétimo dia de seu desencarne, Marcos entendeu que continuar vivendo sem ela não fazia qualquer sentido.

Felizmente, para nós, Dalva chegou tarde na garagem. Por pouco ela teria impedido o ato final do irmão.

O que não sabíamos era que o mentor de Marcos, em uma última tentativa de impedi-lo de tirar a própria vida, pediu socorro a Dalva através de seus sonhos, e que ela, acordando, correu o mais que pôde para chegar à garagem, não sendo rápida o suficiente.

Mais um dia e mais um luto a ser vivenciado por aquela família.

Para nós, no entanto, uma vitória!

Capítulo 16

A partir daí, nos sentimos fortes, invencíveis, e não demos mais trégua. Era de manhã, de tarde e de noite, influenciando os pais e os filhos para que se sentissem culpados pela morte de Marcos.

Já havia se passado um mês de toda a tragédia e nosso plano estava indo conforme o esperado. Com exceção de Dalva, que estava obviamente mal, mas reagindo, todos estavam muito abatidos. Em vez de eles se unirem para conseguir ultrapassar aquele momento de dor familiar, cada um resolveu viver a sua própria dor, sozinhos, isolados uns dos outros.

Rodrigo sentia-se cada dia pior, mais introspectivo e mais triste.

Dalva, apesar de triste também, percebeu que ela precisava agir para ajudar seus pais e o irmão. Via no olhar de cada um deles um possível suicida em potencial, mas não sabia mais o que fazer. Sentia que seus pais poderiam se separar a qualquer momento, porque quando se falavam era para acusar um ao outro ou se fechar no tormento da culpa, que os dilacerava.

Fazia um tempo que ela se sentia só e desamparada. Uma noite, porém, quando Dalva chorava e rezava para não sucumbir àquela sensação de impotência que a sufocava, ela sentiu que deveria conversar com um amigo. Ela sentia que aquela luta era grande demais para enfrentar sozinha. Dalva então ligou para Antônio e perguntou se ele poderia encontrá-la para conversarem.

— Claro, Dalva! É só dizer a hora e o lugar.

Eles já tinham se tornados bons amigos, mas não se viam desde o velório de Marcos. Antônio imaginava que a família de Dalva estava sofrendo muito com aquela perda, mas não se sentia no direito de tomar a iniciativa e ligar para eles naquele momento. Por isso, ficou muito feliz por Dalva ter ligado.

Ambos chegaram ao local do encontro antes do horário marcado. Ao vê-la, Antônio a fez se sentar e foi logo perguntando:

— Como posso ajudá-la, Dalva?

Ela, com um sorriso frágil, disse:

— Antônio, não sei mais o que fazer para ajudar a minha família. Minhas preces trazem algum conforto para mim, momentâneos, confesso, mas os demais, inclusive Rodrigo, estão contaminados pela ação irrefletida de Marcos. Acredito que cada um, à sua maneira, está se culpando por não ter percebido a gravidade do seu estado.

— Acredito que sim, Dalva. Se, no meu caso, que não levei os meus atos até as últimas consequências, já não foi fácil para os meus pais, imagino para os seus. Mas, o que posso fazer para ajudá-la a superar isso?

— Eu não sei. O que sei é que não tenho mais ninguém para conversar sobre isso. Minhas amigas não têm estrutura emocional para lidar com a minha dor, então pensei em você – disse Dalva, com lágrimas nos olhos.

Antônio sabia que ela era um espírito sensível e que, apesar de ser portadora de uma fé sincera, era ainda muito jovem para superar sozinha aquele momento difícil.

— Dalva, seja honesta, eu perguntei isso para vocês no hospital, mas vou repetir agora: você se culpa pelo que aconteceu com Marcos? Você consegue enxergar que você e seu irmão fizeram tudo o que podiam para ajudá-lo, até me procurar, lembra? E, se não conseguiram, foi por ele não ter deixado.

Após alguns segundos de hesitação, Dalva lhe confidenciou:

— Sinceramente, no hospital, eu estava mais segura de meus sentimentos, porque lá o Marcos ainda estava vivo! Agora, já não me sinto merecedora nem de ser consolada, e essa sensação vai ficando cada vez mais intensa com o passar do tempo.

Sabe, Antônio, por mais que eu tente não me entregar, a culpa me vem, vez por outra, como aos meus familiares, porque não consegui impedir o ato insano de Marcos. Às vezes – falou em tom mais baixo, de choro e dor – me sinto culpada por não ter chegado dois segundos antes...

Antônio percebeu que era a primeira vez que Dalva expunha as suas dores e confessava que se sentia culpada pela morte do irmão. — "Também – pensava ele –

não deveria ser fácil ter a lembrança amarga dos últimos segundos de vida de seu irmão. Apesar de seu desespero e da tentativa de mantê-lo suspenso para não haver o enforcamento, quando ela chegou, ele já estava dando os últimos suspiros. Ele morreu antes de seus pais atenderem o seu chamado."

— Você está sendo muito dura com você mesma, Dalva. Não permita ter pensamentos que não espelham a verdade dos fatos. Primeiramente, afirmo, por experiência própria, que Marcos agiu sozinho. Nenhum de vocês o convenceu a se drogar, tampouco a se suicidar.

Também é justo lembrar que, desde o início, você e Rodrigo tentaram levá-lo a uma vida sem drogas, mas ele era resistente aos conselhos de vocês. Mesmo agora, no final, todos estavam de olho nele, conforme o médico sugeriu, mas ele, como qualquer bom viciado, os burlou na vigilância.

Cada um de vocês agiu como sabia. Você e seu irmão não contaram nada, porque os seus pais já não estavam bem e vocês não queriam piorar a situação. Foram escolhas feitas diante de uma realidade bem diferente da que agora vocês vivenciam.

— Mas nós tínhamos que saber...

— Não, Dalva, não tinham que saber, não. Volto a dizer que a minha experiência me dá o direito de afirmar que o Marcos de agora não era mais aquele seu irmão mais velho, sempre responsável e que amava a todos vocês. Aquele que se foi não era mais o seu irmãozão. Por isso, vocês não tinham noção do que ele poderia fazer. Diga-me: o Marcos de antes tentaria contra a própria vida?

— Não, mesmo o médico dizendo que ele estava deprimido e poderia fazer alguma besteira, eu realmente não acreditava que ele pudesse chegar a cometer um ato tão doloroso assim. Apesar de tudo, sempre vi nele o amor pela vida!

— Então. Como colocar sobre os seus ombros algo que você não entendia ser possível? Vocês deram tudo o que tinham, mas Marcos queria algo mais. Ele queria muitas coisas que não lhe pertenciam.

— Não entendo, Antônio!

— Marcos queria ter coisas ou posturas que não lhe pertenciam ainda: uma dessas coisas era Laura; uma dessas posturas era ser alguém que ele não conseguia ser. Assim, ele construiu duas ilusões: a primeira foi que a sua vida somente teria sentido com Laura, e a segunda foi que somente consumindo drogas ele seria alguém. Esses foram dois erros que ele cometeu, porque a vida não é assim. Nós somos seres que devíamos nos bastar emocionalmente. É por isso que, quando agimos diferentemente, construímos muito sofrimento para nós. Eu aprendi, a duras penas, que essa é uma realidade implacável.

Dalva, em razão do momento em que vivia, estava com dificuldades para pensar, porque a emoção a atrapalhava.

— Você poderia me explicar melhor, Antônio?

— Precisamos usar de um raciocínio lógico: todos nós somos portadores de livre-arbítrio, então o que eu quero pode não ser o que você quer. Se eu quero você e você não me quer, teimar nesse querer me trará o sentimento de inadequação, de insatisfação, de não ser amado. E depender, conscientemente, do outro é colocar nele a nossa razão de viver, a nossa felicidade.

Antônio parou um pouco de falar. Percebeu que Dalva buscava refletir sobre as suas palavras.

Quando ela o encarou, ele continuou:

— E se a pessoa a quem entregamos a nossa felicidade não tiver o mesmo objetivo? E se ela não se importar conosco? E se ela não nos amar? Percebe o perigo, a armadilha em que nos colocamos? Agora, vamos dizer que ambos se amem e queiram a mesma coisa.

Dalva respondeu:

— Viverão felizes, não é?

— Sim. Então poderíamos pensar que tudo deu certo. Mas não podemos nos esquecer de que, em algum momento, um deles morrerá. E o que farão eles se estão em planos distintos da vida?

— Acredito que haverá muito sofrimento para ambos.

— Sim, e pior, como não se veem um sem o outro, poderão provocar entre eles uma influenciação espiritual danosa, seja vinda do lado do encarnado ou do desencarnado, mesmo que eles não desejem o mal do ser amado. Isso tudo porque nós, seres humanos, ainda não entendemos que podemos amar o outro sem posse, sem obsessão.

— Você me faz pensar que se o único destino certo quando estamos vivos é morrer, então a separação é impossível de ser evitada. E a separação, sabemos, poderá ocorrer em qualquer momento de nossas vidas.

— Sim, mas vamos dizer que eles poderiam desencarnar ao mesmo tempo. Até nesse caso, infelizmente, eles podem ficar separados no plano espiritual, porque eles podem se encontrar em estados evolutivos diferentes, o que os obrigará a viverem separados. Tudo isso é aprendizado, tudo isso é o reflexo de nossas escolhas e ações diárias.

Dalva pensou em Marcos novamente. Ela tinha certeza de que o irmão amava Laura, mas tinha a mesma certeza de que ela não nutria por ele o mesmo sentimento. Uma vez, Laura foi à sua casa procurar Marcos, e a conversa que escutou entre eles demonstrava que ela tinha muito interesse no que Marcos poderia lhe dar, não no que ele poderia sentir por ela.

Naquela ocasião, Dalva tentou conversar com Marcos sobre essa realidade, mas ele não quis ouvir.

— Por Laura, eu faço tudo – disse ele, finalmente.

Diante dessa lembrança, Dalva percebeu que o resultado dramático que Marcos escolheu para pôr fim à sua vida foi o resultado dessa sua ilusão. Então Dalva disse para o amigo:

— Antônio, acho que consigo entender o que quer me dizer. Mas eu realmente estou muito perdida. Não sei o que fazer para ajudar a minha família. Ela está se desmantelando. Antes de Marcos se matar, meus pais já não estavam bem. Eu nunca pensei que eles pudessem ficar do jeito que estão. Sempre foram um casal maravilhoso, amoroso... Mas, de um tempo para cá, qualquer coisa os tira do sério, sendo sempre o meu pai o principal foco das grosserias. Mamãe fica sempre muito mal e começa, diante de tanta falta de carinho, a não ter mais paciência com papai.

Já Rodrigo, que sempre tentou ser forte, está acabado. Acho que ele, mais do que eu, se culpa por não ter feito tudo o que achava ser possível. Tenho medo de ele fazer escolhas tão equivocadas quanto as de Marcos.[9]

Dalva falava com tanta fragilidade que Antônio teve vontade de abraçá-la e não soltar mais. Ele já desconfiava que estava gostando dela, e aquela emoção somente confirmava o que sentia. No entanto, não podia falar sobre os seus sentimentos com ela agora. Sabia que ela não estava passando por um momento fácil, e ele também não estava completamente bem. Tinha medo de ter uma recaída. O que ele poderia oferecer a alguém, principalmente como Dalva, se voltasse

---

[9] Medo e culpa são os sentimentos que mais são explorados pelos obsessores contra os seus alvos.

para o mundo das drogas? Não, não queria que ela sofresse mais do que já estava sofrendo. Então, sufocou o seu afeto e apenas lhe disse:

— Dalva, como você, eu também não sei tudo. Estou no início do meu aprendizado do que é ser eu mesmo e de como me valorizar como pessoa. Se sinto que não me conheço, como poderei fazer uma análise do outro? Mas gostaria que você pudesse conhecer minha antiga enfermeira que, agora, é uma grande amiga, a Penélope. Lembra que eu falei dela em nosso primeiro encontro?

— Claro, como eu poderia esquecer? Foi ela quem ajudou você no início, no período de sua abstinência, não foi?

— Sim, isso, ela mesma. Então, acho que, pelo conhecimento que ela tem sobre o plano espiritual, poderá ajudá-la a entender e superar o momento que você está vivendo. Poderemos ter mais respostas às nossas perguntas se as fizermos diretamente para ela.

Antônio pegou o seu celular e ligou para Penélope. Por coincidência, ela estava de folga, podendo, se eles quisessem, vê-los naquele mesmo momento.

Ambos ficaram muito felizes.

Dalva, em pensamento, agradeceu aos Céus, por tantas bênçãos ofertadas, e, junto com Antônio, se dirigiu à casa de Penélope.

Capítulo 17

Rodrigo estava em seu quarto, tentando estudar para a prova que ocorreria no dia seguinte, mas não conseguia se concentrar. Depois que Marcos se foi, a imagem do irmão na garagem de casa, pendurado naquela corda, não saía de sua cabeça. Ele não conseguia parar de culpar o irmão por ter sido tão covarde, mas também não parava de se culpar por não ter conversado com os seus pais sobre o grave estado de dependência que o irmão se encontrava. — "Por que eu não falei nada? Com certeza, eles teriam internado Marcos e, assim, ele não teria tomado uma atitude tão infeliz contra si mesmo."

Sem percebermos, o mentor de Rodrigo tentava consolá-lo, dizendo que ninguém teria conseguido impedir Marcos de fazer o que ele queria. Rodrigo, porém, não escutava, porque havia entrado em um processo de autopunição, e toda e qualquer tentativa de consolo, vinda de quem quer que fosse, seria recusada. Ainda assim, o tal mentor não desistia de buscar confortá-lo. — "Rodrigo, raciocine! Não foi assim que aconteceu. Se você pensar bem, os seus pais souberam do estado depressivo em que seu irmão se encontrava, dias antes, no hospital. O próprio médico os alertou para isso, mas não foi fácil para eles, como também não foi fácil para você, acreditar que Marcos estava tão mal a ponto de não aguentar continuar vivendo sem a Laura. Retire de você essa mágoa que está nutrindo pelo seu irmão, porque ele ser o mais velho não significa que deveria saber de tudo." Diante desse pensamento, Rodrigo desabafou com raiva:

— Ele sempre me dizia que não era para nos preocuparmos com ele, porque era ele quem deveria nos auxiliar. Então, como pôde fazer isso? Como pôde nos abandonar dessa forma?... Você foi um covarde, Marcos! Um covarde!

Rodrigo sentia que o seu mundo tinha acabado. — "Se Marcos desistiu, por que eu tenho que continuar nesta vida sem sentido?" – pensava, com raiva e tristeza.

Estávamos exultantes, pois não demoraria muito e Rodrigo iria sucumbir. Nossos chefes ficariam muito satisfeitos com a nossa atuação e possivelmente até nos premiariam…

De repente, eu estanquei em meus pensamentos. Por alguma razão, num surto de lucidez, parecia que nada daquilo fazia sentido. Que prêmio seria merecido em nossa organização por termos levado aqueles jovens ao suicídio?

Até agora nenhum reconhecimento tinha vindo deles. Outro ponto, também, me incomodava: eu não me suicidei, mas o que senti quando me vi assassinado no mundo dos mortos foi horrível. Quando tive consciência de quem provocou a minha morte física, fiquei com tanta raiva, e foi ela que me sustentou por anos a fio. E Marcos? Como se sentiria com isso? Pela primeira vez, eu tive curiosidade de saber o que realmente acontecia intimamente com os nossos alvos já eliminados.

Meus pensamentos agora estavam confusos. Parecia que o meu peito ia explodir. Claro que eu já tinha visto muitos aprisionados pelas organizações das trevas, mas eu nunca havia parado para pensar em seus sentimentos ou me importado com minhas vítimas. Como eu tive a oportunidade de me sentir vingado contra aqueles que me traíram ao me entregar para *os canas*, não parei para pensar na minha própria escravidão…

Tive um sobressalto! Escravidão? Era isso que eu pensava da minha vida? Então, por orgulho, eu ignorei o convite de minha querida avó para terminar sendo basicamente um escravo de uma organização que não se importava nem um pouco comigo?

Neste momento, Beto chegou e me avisou que Dalva estava em uma lanchonete com Antônio e que a conversa de ambos estava preocupando Firmino.

Numa reação automática, segui com Beto até eles, chegando no momento em que Antônio e Dalva estavam ligando para Penélope. Firmino nos avisou que eles estavam querendo ir à casa dela. — "Algo estava errado – pensei. O que fez Dalva tomar essa atitude de procurar Antônio? Ela estava tão quieta. Só podiam ser os nossos adversários *da luz* agindo sorrateiramente, mas isso não podia acontecer."

Mandei Firmino para a casa de Dalva e orientei que era preciso fazer Rodrigo ligar para a irmã, pedindo que ela voltasse. Era para ele e Boca inventarem qualquer coisa, mas ela não poderia chegar à casa da tal amiga do Antônio.

No caminho à casa de Penélope, Dalva recebe uma ligação do irmão, dizendo que estava passando muito mal e que ele precisava de sua ajuda, porque estava sozinho em casa. Dalva então pediu desculpas a Antônio e foi socorrer o irmão.

Firmino e Boca conseguiram o seu intento, o que me deixou muito satisfeito.

Quando Dalva chegou em casa, encontrou Rodrigo no banheiro, pálido e vomitando.

Sob uma forte emanação de fluidos desequilibrantes, Boca e Firmino provocaram em Rodrigo uma intoxicação perispiritual que trouxe como consequência um mal-estar incontrolável.

Neste momento, Dalva sentiu que algo estava errado. Foi só chegar perto do irmão, que ela mesma começou a se sentir mal, mas não disse nada.

— Rodrigo, você deve ter comido algo que não lhe fez bem. Vou fazer o chá que mamãe sempre nos dá quando estamos passando mal, e enquanto isso você vai tomar um banho. Não tranque a porta do banheiro, está bem?

Enquanto Rodrigo tomava banho, Dalva rezava na cozinha, pedindo o amparo de Jesus. Ela não viu os meus comparsas, mas os sentiu em seu coração. Desconfiou de que Rodrigo não estava só e que a companhia não era bem-intencionada.

Dalva rezava com muita fé e esperança, fixando o seu pensamento sempre em auxiliar o irmão da melhor forma possível, através daquele chá e da oração.

Depois de ter tomado o chá, Rodrigo foi sentindo uma melhora que entendeu ter sido provocada pelo remédio salutar e pelo banho. Ao terminar, Dalva o acompanhou até a sua cama e pediu que ele descansasse. Rodrigo, porém, mencionou a prova do dia seguinte e que ele não tinha conseguido estudar direito. Ela, então, sentou-se ao seu lado e o ajudou com a matéria, lendo-a e pedindo que ele resumisse o que entendia, pois, sendo ela mais nova, não dominava o assunto estudado. Depois, ela lhe fez várias perguntas sobre o assunto.

Rodrigo conseguiu, por fim, rever toda a matéria com a ajuda de Dalva, e ficou muito grato a ela. Como já era noite, Dalva esquentou uma sopa que estava na geladeira e, quando ia servi-la, a sua mãe chegou.

— O que houve, Dalva? – Perguntou Aparecida, percebendo o cansaço no rosto da filha.

— Rodrigo não passou muito bem à tarde, mas apesar disso ele conseguiu estudar. Agora estou levando um pouco de sopa para ele, mãe.

— Pode deixar, minha filha. Vejo que está um pouco cansada também. Vá tomar o seu banho, que eu mesma levo para ele.

Dalva aceitou prontamente, pois, realmente, estava se sentindo exausta. Estudar assim era muito puxado, embora sentisse que o esgotamento também poderia ter uma outra fonte; mas faria quantas vezes fossem necessárias para que Rodrigo ficasse bem.

Aparecida bateu à porta do quarto de Rodrigo e, ao vê-lo, percebeu que o filho já devia ter melhorado um pouco, pois as suas bochechas já tinham readquirido alguma cor.

— Olá, meu querido, como você está? Trouxe uma sopinha que a Dalva esquentou.

Não percebemos a presença dos mentores de Rodrigo e Aparecida, que se colocaram ao lado de cada um de seus pupilos. Entendiam eles que estava na hora dos encarnados desabafarem as suas dores.

— Oi, mãe. Estou melhor. Dalva é uma enfermeira e tanto – disse, dando um sorriso tímido.

— Que bom, meu filho! – disse Aparecida, sentando-se ao seu lado e já se colocando na postura de lhe dar a sopa na boca.

Firmino quis atrapalhar o momento familiar, fazendo Rodrigo sentir vergonha, afinal, ele não era mais um bebê.

Rodrigo captou o pensamento e já ia falar algo, quando a sua mãe disse:

— Faz tanto tempo que não tenho essa oportunidade de estar assim com você, dando o meu carinho. Sinto saudade disso.

Rodrigo se envergonhou: — "Como eu poderia não desejar esse momento com a mãe? Além do mais, ninguém está vendo! Que bobagem."

— Dalva me disse que você estudou para a prova de amanhã. Conseguiu assimilar, apesar de não estar passando bem?

— Sim, Dalva me ajudou bastante. Ela foi lendo e me tomando a matéria. As respostas que eu dava e que pareciam ser diferentes do que estava no livro ou no caderno, ela as lia para mim e eu analisava se a minha conclusão estava correta. Ela se esforçou muito por mim.

— É, meu filho. Acho que Dalva foi a única que não se esqueceu que ainda somos uma família e que precisamos cuidar uns dos outros – disse Aparecida, com os olhos mareados.

Rodrigo entendeu perfeitamente o que a mãe estava dizendo. Eles estavam tão preocupados com o que havia acontecido com Marcos, que se esqueceram dos vivos. Cada um deles estava vivendo a sua dor intensamente, mas não amenizando a dor do outro.

— Mãe, me perdoe! Sinto tanto! – disse Rodrigo, abraçando-a e chorando compulsivamente.

— Não tenho nada a perdoar, meu filho. Quem deveria estar pedindo o seu perdão era eu, porque, na minha desilusão de ter falhado com Marcos, esqueci que tinha mais dois filhos maravilhosos, que precisam de mim. Sou eu que lhe peço perdão.

Dalva estava na porta. Tinha acabado o banho e foi verificar se precisavam dela ainda. Ouvindo a conversa, preferiu não entrar. Entendeu que era o momento de os dois se acertarem e se ampararem, então desceu para tomar ela um pouco de sopa também.

Eles ficaram ali conversando e se consolando por vários minutos, enquanto a sopa não acabava no prato, e quando acabou, ele pediu mais. Não porque estava com fome, mas porque era muito bom estar ali com sua mãe.

Ao contrário dos meus comparsas, que não compreendiam como tudo aquilo aconteceu, os dois mentores estavam satisfeitos com o resultado da harmonização energética realizada naqueles dois seres que se amavam. Puderam auxiliar mãe e filho a se escutarem, a perceber os seus verdadeiros sentimentos, sem a exacerbação do orgulho, incentivando a humildade para confiarem um no outro.

Firmino e Boca pensaram na bronca que receberiam por não terem conseguido evitar aquela experiência. Eles estavam exaustos, porque, por mais que tentassem, de uma hora para outra não estavam conseguindo se sentir bem naquele cômodo.

Dalva, em seu quarto, agradecia a presença de Deus em seu lar, sempre a ampará-los.

Capítulo 18

Eu fiquei muito irritado quando Firmino e Boca me contaram o que havia aconteceido entre mãe e filho.

Enquanto Firmino tinha ido para a casa de Rodrigo, eu e Beto fomos atrás de Antônio, que, ao se despedir de Dalva, ficou sem saber se ligaria para Penélope desmarcando ou iria até lá conversar com ela.

Eu queria descobrir onde eles iriam buscar auxílio, então, com o nosso incentivo, Antônio foi até ela sozinho mesmo. Essa mulher deveria ser analisada de perto, pensei comigo. Mas, quando tentamos entrar com Antônio na casa de Penélope, sentimos que algo nos impedia, mas não sabíamos o que era. Para a nossa surpresa, um espírito, protetor do lar, logo apareceu e nos deixou entrar.

Imediatamente, eu disse ao Beto para ficarmos atentos, pois aquilo podia ser uma armadilha. Entramos e sentimos um certo incômodo naquela casa. Parecia que não nos encaixávamos lá. Todos os ambientes nos incomodavam a alma.

Eles estavam conversando na sala. Antônio falava sobre as dificuldades que a família de Dalva estava tendo, principalmente depois que o filho mais velho se suicidara.

— Penélope, você acha que ele pode estar ainda naquela casa, atrapalhando a vida de seus familiares?

— Meu querido, nem sempre é o suicida que atrapalha o bem-estar de sua família.

— Eu sei que ele, tendo sido um viciado em drogas, dava abertura para a invasão de seu lar. Eu ouvi uma palestra sobre isso que me fez perceber o quanto eu prejudiquei a minha família naquele período de viciação; mas, agora que ele se foi, a casa não deveria estar protegida?

— Antônio, entenda que é muito fácil colocarmos a culpa no viciado nesses momentos. A nossa casa é um templo sagrado, porém, como todo templo, tem portas para que todos os filhos de Deus entrem ou saiam. A diferença é que, segundo a nossa postura, entrarão somente aqueles que são convidados pelas nossas vibrações de amor ou de revolta pela vida. Por isso, não coloque a culpa somente naquele que estava doente, porque muitos que pensam estar sãos, na verdade, estão contaminados por sentimentos e emoções que abrem portas para todo tipo de intenção.

— Você poderia me explicar melhor?

— Claro! Pense comigo: após o suicídio de... qual era mesmo o nome dele?

— Marcos.

— Então, após o suicídio de Marcos, qual foi a postura que a família adotou?

— Pelo que a Dalva me falou, eles estão se sentindo muito culpados por não terem evitado o suicídio. Mas o mais grave é que eles não estão conseguindo voltar a viver em harmonia.

— Veja que somente esse sentimento de culpa intenso abraçado pelos familiares já poderia dar abertura para que irmãos menos esclarecidos pudessem influenciá-los.

— Não seriam irmãos obsessores, Penélope?

— Bem, podemos chamá-los assim, mas gosto mais de usar o termo "menos esclarecidos", porque eles somente estão nesse papel por desconhecerem o amor de Deus por cada um de nós. Quando eles entenderem que nada do que fizeram ou fizerem afastará Deus de suas vidas, voltarão os seus corações para o Pai, libertando-se de sua escravidão.

Eu senti uma pontada no peito quando ouvi aquela expressão novamente. Beto percebeu e me perguntou o que houve. Eu disse que não era nada e continuamos ouvindo. Olhei disfarçadamente para o protetor daquela casa, mas ele nada demonstrou. Estava ali para protegê-la, e nós não éramos uma ameaça ainda. De qualquer forma, aquela palavra ecoava em minha mente: — "Escravidão! Não era o que eu pensava sobre a minha vida? Então, eu sou mesmo um escravo?" – pensei, aturdido.

Penélope continuou:

— Normalmente, eles são peças essenciais nas legiões das trevas e, convencidos de que não têm outra escolha, tornam-se escravos daqueles que eles mesmos chamam de Chefes ou Mestres. Mesmo esses líderes, no entanto, são escravos, principalmente de suas ideias equivocadas sobre a justiça divina. Querem tomar em suas mãos o que somente pertence ao Pai. Somos pequenos demais para compreender que nada sabemos. Pensamos que se alguém nos fez mal, somos vítimas desse alguém, então é ele o único culpado, é ele e somente ele que é mau. Mas, será que antes não fomos nós que o ofendemos ou praticamos atos que o marcaram profundamente? Se pudesse fazer uma análise, será que aquela atitude dele poderia ser repetida por mim se eu achasse que os fatos me acobertariam?

Dando a oportunidade para Antônio refletir, ela aguardou alguns segundos e continuou:

— Por não lembrarmos de nossas vidas anteriores, não sabemos o que fizemos, mas não podemos afirmar que não sabemos do que seríamos capazes de fazer, porque essa certeza está em nós, através de nossos pensamentos reflexos e secundários, além das ações que praticamos.

— Desculpe, Penélope, estou um pouco perdido.

— Eu explico, Antônio. O que chamo de pensamentos reflexos são os que nos vêm à mente imediatamente após um fato vivido. Por exemplo, você está na faculdade e um aluno lhe ofende. Imediatamente, você tem um pensamento. Seja ele bom ou não, esse pensamento reflexo indica em qual patamar evolutivo você se encontra. Então, se o seu pensamento é bom, significa que você absorveu aprendizados e os tornou concretos em seu ser. Mas, se ele for negativo, então você ainda precisa aprender algo mais. É aí que entram os pensamentos que chamo de secundários e as ações contidas que advêm deles. Resumindo: posso até querer fazer o "mal", que é o pensamento reflexo, mas analisando-o, posso querer concretizá-lo ou não, que são os pensamentos secundários, dando vazão, através das minhas escolhas, a ações contidas ou não.

Quando agimos na primeira escala de ação, já há um belo aprendizado das experiências vividas, mas ainda falta a sua concretização em nosso ser. Já podemos nos limitar a reagir de uma maneira mais ética, mas somente após um mínimo de raciocínio. Então, diante de tantas dicas, como podemos dizer que não sabemos quem somos hoje ou fomos ontem?

— É verdade. Agora entendi.

Eu, que ouvia tudo atentamente, também tinha entendido. Aquelas palavras ecoavam em minha mente: escravidão, irmãos menos esclarecidos, pensamentos reflexos, ações contidas...

Diante do que eu estava vivendo, admito que eu prefiro quando eles nos chamam de obsessores. É uma denominação que nos incita em nosso ideal maquiavélico, porque ela nos dá força: somos os obsessores! Entretanto, quando essa moça nos denomina de "menos esclarecidos", parece retirar de nós o título que nos fortalece. Parece que nos acolhe na compreensão de nossos atos, que, para eles, são equivocados! — "Mas, o que é isto?" – pensei, desesperado. — "Não, não é assim que funciona. Ela está errada. Não nos são dadas novas chances após as escolhas equivocadas que fizemos. Como Deus me perdoaria após tantos crimes cometidos?"

— Sabe, Antônio – disse Penélope, como se lesse os meus pensamentos –, há dois mil anos, contrariamente ao que dizia o Velho Testamento, Jesus afirmou que Deus ama demais os Seus filhos. E Jesus, como o Bom Pastor, prometeu que não deixará nenhuma de Suas ovelhas se perder[10]. Ele esperará o tempo delas, irá atrás para auxiliá-las a mudar o percurso que estão tomando e as justificará ao Pai no tempo devido. Somos todos ignorantes das leis divinas e já nos perdemos muitas vezes, mas o Pai nos espera.

Algo estava muito errado. E eu precisava sair dali!

Em minha perturbação, não percebi se Beto estava bem. Da mesma forma que eu, ele já não era mais o mesmo. Tinha em si muitas dúvidas sobre o que vinha fazendo, missão após missão, insatisfação após insatisfação, que lhe faziam sentir uma inquietação interior incômoda. Ele até tinha ficado feliz quando soube que iria trabalhar comigo de novo, mas nem isso estava agradando-o como antes. Ali, aquelas palavras o perturbaram profundamente, mas, para mudar o foco, ele perguntou se eu achava que seria bom darmos uma lição naqueles dois que falavam tantas bobagens sobre nós.

Eu, no entanto, não queria isso. Estava meio de saco cheio daquilo tudo. Queria mesmo era não ter mais que fazer nada contra o Rodrigo. Eu queria sair dali e poder ver e sentir novamente o sol e seus raios, que outrora aqueceram a minha alma inquieta quando eu precisei.

O que eu e Beto não sabíamos, não naquele momento, era que fomos autorizados a entrar na casa da Penélope para escutarmos o que poderia ser dito. Minha avó estava lá comigo; e aquele ser de luz que eu não reconheci, também. Beto, como eu, não estava desamparado, mas ele ficou mais resistente que eu. Talvez, por estar comigo, não tenha se permitido refletir sobre aquelas palavras que nos incomodaram tanto, mas que nem ele e nem eu ainda as compreendíamos em sua essência.

— Não acho aconselhável, Beto. Se fizermos, não será aqui, porque aquele protetor nos daria muito trabalho – disse eu, como uma desculpa para não agir naquele momento. – Vamos saber mais sobre eles.

Imediatamente, após a minha resposta para o Beto, sentimos o chamado de Firmino e voltamos para a casa de Rodrigo rapidamente.

---

[10] João, 10:28.

Capítulo 19

Foi um choque! Quando chegamos lá, Rodrigo, Aparecida e Dalva estavam na sala conversando animadamente. A aura deles irradiava felicidade, o que nos surpreendeu muitíssimo. Firmino nos explicou o que havia acontecido e sentimos que retrocedemos muito no processo de queda do Rodrigo.

Apesar de eu já estar cansado de tudo, saí dali xingando muito e ninguém se atreveu a me acompanhar. Estava soltando fogo pelas ventas. Cheguei ao nosso quartel-general derrubando tudo o que havia pelo meu caminho. Se tivesse um encarnado naquela casa, a abandonaria naquele momento, dizendo ser mal-assombrada.

Sentei-me à mesa de minha sala e tentei não me desesperar. Eu precisava pensar. Nossos chefes não são tão calmos e o tempo estava passando. Para o meu desespero, eu não estava sendo eu mesmo e não estava produzindo como era preciso. Não duvidava muito e, mais dia, menos dia, alguém viria saber das novidades e avanços alcançados.

Refleti sobre o caso e, entre um pensamento de abandono daquela função e outro diabólico contra os encarnados, me lembrei mais uma vez de minha avó. Queria muito vê-la. Ela não me incentivaria a machucar ninguém, e ali, sozinho, sentia que o único machucado era eu. Precisava do seu colo, do seu carinho, do seu amor.

Mas, por causa de meu orgulho idiota, eu a tinha mandado embora. — "Quem sabe ela poderia mesmo me ajudar a sair desta vida?"

Mal sabia eu que ela estava ali, me amparando em seus sentimentos mais nobres. Ela sabia que eu ainda não estava pronto. Ela sabia que se fosse ter comigo, somente iria me irritar ou afastar-me mais e mais dela. Então ela aguardava, como Jesus aguardava os Seus irmãos.

E eu não devia pensar nela, porque a minha avó era a imagem dos meus inimigos. Eles sabotavam todos os meus planos para dominar Rodrigo, e isso me faria sofrer amargas dores da derrota. Então firmei o meu pensamento em solucionar o problema.

De repente, lembrei-me do que Antônio falou para Penélope: — "(...) você acha que ele [Marcos] pode estar ainda naquela casa, atrapalhando a vida de seus familiares?"

Como eu não pensei nisso antes? Claro que, se usasse Marcos, ele, com a sua presença, levaria o desespero para aquela família. Imediatamente, chamei Beto, que me atendeu prontamente.

— Fala, Jefferson! O que quer que eu faça?

— Descubra onde Marcos está. Precisamos dele.

Capítulo 20

Beto foi parar em uma zona onde os suicidas normalmente se concentravam. Embora tivessem dito a ele que aquele lugar já havia melhorado muito desde tempos imemoráveis, Beto não conseguia pensar em nada pior do que aquilo. Nem mesmo ele, acostumado com certas vibrações, gostava daquele ambiente. É claro que nenhuma zona de refazimento que ele conhecia era bonita, e que ele estava acostumado com aquela energia, mas aquela região parecia a pior de todas, sem dúvida.

Daquilo que podia prestar a atenção, em meio a tanta coisa ruim, Beto ouvia gemidos, pedidos de socorro, gritos de desamparo; bem diferentes das demais zonas que já havia visitado. Ali, as pessoas lidavam com as suas escolhas de maneira diferente. Beto acreditava que elas eram surpreendidas com a continuação da vida e se recriminavam terrivelmente pela sua ação precipitada que as retirou do mundo, em que a dor era sentida, mas não tão profundamente. Suas consciências não as abandonavam.

Beto precisava achar Marcos o mais depressa possível, mas estranhou que ele pudesse estar ali e não sob as garras de sua organização. Não era assim que ela agia. Logo depois do desencarne de seus alvos, ela capturava os viciados que, de alguma forma, a serviam ou se utilizavam dela para ter vantagens com o vício.

Beto firmou o seu pensamento em Marcos e, como consequência, foi levado àquele lugar, mas não o encontrara ali, e isso nunca tinha acontecido!

Então, depois de muito procurar, desanimado, Beto voltou até mim e me descreveu as suas dificuldades.

— Como você não o encontrou?

— Eu não sei, Jefferson. Tentei de tudo, mas não o achei. Pensei que ele estaria junto dos nossos, mas fui levado para a zona dos desesperados, e parece que não está lá!

— Impossível!

Parei para pensar como isso poderia ter acontecido. Se Beto foi levado para lá, Marcos tinha de estar próximo. E se...

— Beto, faça uma coisa: em vez de você pensar em Marcos, pense em Laura...

— Claro, chefe, pode ser que dê certo. Vale a pena tentar.

— Volte me dando notícias.

Beto se concentrou em Laura e foi parar no mesmo lugar em que estava antes à procura de Marcos. Assustou-se ao encontrá-la. Sua beleza física já não era mais vista, estava esquelética e desfigurada, com os olhos profundos e sem vida. Choramingava muito e, ajoelhada, passava a mão pelo chão, como se procurasse algo muito precioso, falando coisas sem nexo.

Beto olhava ao redor, tentando achar Marcos, mas não conseguia. Ele não estava ali.
— "Será que nos enganamos? Marcos, pela sua obsessão por Laura, só poderia estar aqui com ela." – pensou Beto.

Foi somente quando Laura ficou de costas para Beto que ele percebeu algo tenebroso que o fez recuar os passos, instintivamente. Sem saber o que fazer, voltou para o nosso quartel, e quando eu o vi, me surpreendi com o seu olhar.

Beto estava apavorado e se desculpava por ter retornado, justificando que jamais tinha visto algo tão horrível.

Pedi que me descrevesse o que viu e, muito impressionado, ele me contou:

— Marcos estava com Laura, colado nela, mas já não era ele. Ele estava acoplado a ela, quase como uma massa disforme. Quando a encontrei, ela estava chorando muito, inconsolável, falando coisas sem nexo e procurando algo por todos os lados. Ela dizia, dentre outras coisas: "Cadê a Laura? Laura, eu te amo. Cadê você?" E ela continuava naquela procura incessante de buscar a si mesma, acredito eu que por influência de Marcos.

Vi que Beto estava realmente perturbado. Depois de alguns segundos em que ficamos mudos, ele me perguntou:

— Você já viu algo parecido, mano?

Percebi que ele não me chamara de Jefferson, tampouco de chefe, me fazendo lembrar de quando éramos jovens, quando ele, com receio, me chamava assim. Naquele momento, percebi o quanto aquela cena o incomodou e eu o compreendi.

— Sim, infelizmente. Foi logo nos meus primeiros anos de trabalho com a nossa organização. Alguns espíritos saem do campo material com ideias tão fixas sobre as suas atitudes equivocadas, seus amores e desamores ou sobre os bens materiais que acreditam lhes pertencer eternamente, que não conseguem pensar em mais nada. Então, eles vão, naturalmente ou por meio do magnetismo de quem lhes têm algum interesse maior, se condensando até atingir um formato ovular. Por causa desta forma, são chamados de ovoides.

— Mas, ele não estava assim. Sua forma era uma massa desforme, acoplada a ela, como no caso de irmãos siameses deformados.

— Pode começar assim...

— Mas, os nossos chefes não os queriam? Por que os deixaram naquele estado? Qual o objetivo deles, afinal?

Eu também estava me perguntando isso tudo ultimamente. Tentando mudar o foco, pensei: — "Será que não foram eles que os colocaram naquele estado?"

No caso que contei ao Beto, foi a nossa organização que, por meios magnéticos, reduziu um espírito a uma massa ovoide. Queriam muito enlouquecer o seu alvo encarnado, então acoplaram aquele ser que, na sua fixação de culpas do passado, somente se cobrava por atitudes não realizadas. Meus chefes queriam a queda do seu alvo... e conseguiram.

Beto interrompeu os meus pensamentos:

— E agora, Jefferson? O que faremos? Você me pediu para buscar Marcos, mas não posso trazê-lo sem a Laura. Quais são as ordens?

Vi Beto se esforçando para não dizer que não queria voltar lá e trazer Marcos naquelas condições.

Em outras ocasiões, eu o obrigaria a fazer o que eu mandava, mas eu entendia a sua aversão. Não queria trabalhar com Marcos daquela forma, mas era a nossa melhor cartada. Então pedi alguns minutos e me dirigi ao meu chefe direto para perguntar se havia algum impedimento em utilizarmos o Marcos para a queda de Rodrigo:

— Sim, podem usá-lo. Estávamos aguardando o momento propício para a utilização eficaz dele e de Laura nos processos obsessivos que realizamos e a oportunidade chegou. Eles agora terão o que merecem!

— Como? Não entendi. Vocês acham que eles, na condição em que se encontram, já não estão sofrendo o suficiente?

— Sim, claro que estão! Mas estão sofrendo da forma escolhida por eles, não por nós. Eles não merecem nossa misericórdia – disse, com um ar irônico.

— Eu achava que, para a organização, eles eram simples viciados!

— E são. Mas utilizaram de nossos serviços para a intensificação de seu vício, então agora eles nos pertencem e devem sofrer como queremos.

— De qualquer forma, sempre imaginei que o espírito naquela situação sofresse demais. Isso já não basta para o nosso grupo?

— Mas o que há com você? Eles sofrem por achar que mereciam algo maior e não alcançaram. Normalmente, esses espíritos são obcecados por alguém ou por alguma coisa, e, por não terem conquistado o que queriam, não conseguem se desligar daquela ideia e se tornam escravos dela por um longo tempo. Mas isso não basta, porque não era isso que os nossos superiores queriam. Por isso, aprovo que você os use nesse seu plano. Eles precisam ser úteis de alguma forma. Mas estou estranhando esses seus questionamentos. Você discorda de como trabalhamos, Jefferson?

Após ter adotado uma postura de indiferença convincente para o chefe, saí de lá petrificado. Tenho certeza de que, há tempos, eu não me importaria tanto com nada daquilo... o que estaria acontecendo comigo?

Capítulo 21

Mandei Beto trazer Laura e Marcos.

Apesar de ele não querer ir buscá-los, não se atreveu a me contestar. Para lhe dar um pouco de ânimo naquela missão, perguntei se ele queria levar Firmino. Tenho certeza de que em outros tempos, mesmo sendo Beto, teria me irritado com a sua covardia e exigido que ele fosse sozinho. Mas, para o meu próprio espanto, eu conseguia perceber a dificuldade que ele sentia e... até ele estranhou!

Eu já não estava me reconhecendo. Estava de coração mole. Acho que ouvir todas aquelas conversas fiadas estava mexendo demais comigo, e isso eu não podia aceitar. Foi por causa disso que quase me traí na frente do chefe. Sabia o destino daqueles que não atendiam mais aos objetivos da organização, e eu não queria aquele destino para mim. Então firmei comigo mesmo as metas: precisava focar no que faríamos para derrotar Rodrigo. Era ele o foco de minha maldade e lealdade ao grupo, e eu sabia como atingi-lo.

Em pouco tempo, Beto e Firmino já estavam com Laura na minha frente. Posso afirmar que ela estava ali, mas não conscientemente. Ela nem nos via. Continuava a procurar por si mesma e por drogas, como uma alienada em alguma cela de um hospício. O estado dela era deprimente. No auge de minha atuação como influenciador, provavelmente eu estaria rindo da situação, porque foi ela quem escolheu aquele destino ao alimentar em Marcos uma obsessão por ela, para ter mais drogas à disposição. Tudo o que Laura estava vivendo agora era fruto de suas próprias ações em vida. Então, ela merecia cada sofrimento.

Mas por que eu não estava rindo como os outros? Eu me via sério com a situação. Senti que Beto também estava incomodado, porém, da mesma forma que eu não sabia o porquê de meu incômodo, ele também não sabia o dele e não iria me perguntar.

Quando todos já tinham se divertido o bastante, mandei que Boca e Firmino arrumassem o ambiente na casa do Rodrigo para que pudéssemos levar Laura e Marcos para lá. Mandei que começassem pelo quarto de Marcos, é claro! Aparecida, até então, não havia aceitado retirar nada daquele quarto. Fazia daquele ambiente um santuário para o filho morto. Seria lá, então, o melhor lugar para que ele ficasse com Laura. Ela sempre entrava lá para abraçar alguns pertences dele e, por vezes, chorar a sua falta.

Cadu foi designado para ficar com eles no quarto, alimentando o vício de ambos. Ele vampirizaria os viciados encarnados e serviria de veículo das energias em desequilíbrio para que o casal continuasse em seu processo de alienação e dependência.

Assim, tudo foi providenciado.

Ao contrário do que criamos no plano espiritual, no material, mãe e filhos estavam mais unidos naqueles últimos dias, fazendo Aparecida deixar de frequentar diariamente o quarto de Marcos como era o seu costume.

O pai, enquanto isso, portava um maior sentimento de culpa e incapacidade. Quando colocamos Laura e Marcos naquele cômodo, Cleto foi o primeiro a ser atraído pelo desequilíbrio da dupla. Sua identificação com o filho foi imediata e o seu sentimento de culpa o ligou a ambos, conforme os nossos planos. Queríamos que a família se perdesse ante os sentimentos que a oprimiam.

Esses sentimentos de culpa, normalmente, são os que construímos dentro de nós por meio das ideias equivocadas que possuímos. No caso desses pais, foi a de se sentirem responsáveis por não terem percebido que a queda do filho estava próxima.

Depois do retorno de Marcos àquele lar, Cleto começou a beber. Os filhos nunca o viram beber, nem socialmente. Agora, porém, ele bebia todos os dias, chegava em casa tarde e, diante das reclamações da esposa, se enfurnava no quarto de Marcos, o que muito nos agradou.

Cleto adormecia rápido, e quando chegava no plano extra físico, se deparava com a imagem de seu filho amado enlaçado a Laura, fazendo-o acordar desesperado.

Quanto mais Cleto bebia, mais criava um laço de viciação com os jovens desencarnados. Ambos sentiam as emanações vindas da bebida consumida por Cleto e iam até ele, alimentando mais e mais a sua vontade de beber para esquecer.

Um dos reflexos dessa simbiose com Marcos era Laura ter uma sensação de sufocamento vez por outra, como se alguém a estivesse enforcando. Nesses momentos, Cleto, que estava muito ligado ao casal em tormento, tinha fortes sensações de falta de ar e de sufocamento também.

O meu plano estava indo muito bem. Com o pai naquela trajetória, a leve harmonia conquistada por Rodrigo e Dalva seria desintegrada.

Enquanto isso, Aparecida lutava com todas as suas forças para não sucumbir aos pensamentos que iam penetrando em sua alma e para que os filhos não percebessem a sua dor. Primeiro, o filho que tinha ido cedo demais e, depois, o seu companheiro de tantos anos estava, devagar, se afastando da família. Ela lutava também contra os nossos pensamentos atordoantes de traição de seu marido que, mais e mais, chegava de madrugada dos bares, indo dormir no quarto do filho, longe dela.

Eu já estava planejando a nossa próxima cartada vitoriosa, mas muita coisa ainda estava por vir.

Capítulo 22

Antônio também passava por um momento difícil. Um dos seus amigos de infância, e de vícios, estava de volta da clínica de reabilitação.

A primeira vez que Guilherme ligou para conversar, reclamou muito de seus pais. Dizia que eles não confiavam nele, a ponto de não o deixarem ficar em casa ou sair sozinho.

Antônio compreendeu a dificuldade do amigo e ficou muito chateado com a atitude dos pais dele. Sabia o que era ter de provar o tempo todo, para si mesmo e para os outros, que havia mudado. Porém, já na primeira saída com o amigo, Antônio descobriu que os pais de Guilherme não estavam errados em duvidar dele.

Quando estavam indo ao cinema, Guilherme saltou alguns pontos de ônibus antes do destino e, dando mil desculpas, foi se encontrar com os seus colegas do vício. Antônio ficou muito insatisfeito, até porque ele mesmo não queria encontrá-los ainda.

Quando foram embora, Antônio deixou muito claro que, apesar de não terem feito nada de errado, ele não tinha gostado daquela situação. Ele não queria perder a confiança que tinha conquistado, a duras penas, com os seus pais. Guilherme pediu desculpas e disse que não faria isso de novo.

Na segunda saída, Guilherme agiu da mesma forma, e ainda surpreendeu Antônio quando retirou de seus bolsos vários papelotes de drogas para distribuir aos demais. Ele dizia que era "da boa" e que eles não iriam se arrepender de comprar a próxima com ele.

Antônio não acreditou no que Guilherme estava fazendo. Ficou desapontado e sem saber que atitude tomar em seguida. Como não queria se envolver, saiu dali sem se despedir de Guilherme, que, por sua vez, nem percebeu que o amigo tinha ido embora. Gabava-se para todos de que, na clínica de reabilitação, conheceu um enfermeiro que estava recrutando viciados para a tarefa.

— Não sou bobo de deixar passar essa oportunidade – ele dizia.

Guilherme contava a sua história na clínica, sobre como usava drogas na hora que queria, e, ao som das gargalhadas dos amigos viciados, afirmava que os seus pais eram tolos de gastar tanto dinheiro para que ele fosse para uma boa clínica, pois só o que conseguiram foi alimentá-lo em seu vício e dar-lhe uma nova profissão.

Alguns dias se passaram e Guilherme convidou Antônio para sair novamente. Este respondeu-lhe educadamente:

— Cara, eu sei que você não quer ir ao cinema, nem nada disso, e até entendo a sua vontade de rever nossos amigos, mas eu não quero mais continuar me drogando, então preciso me afastar daqueles caras por enquanto. Não me sinto forte o suficiente para enfrentar as tentações.

Guilherme tentou convencê-lo, mentindo:

— *Pô*, Toninho, para com isso. É claro que não vamos nos viciar novamente. Fiquei aquele tempo todo na clínica para quê? E você, em casa? Eles são nossos amigos, e eu apenas gostaria de vê-los.

— Sinto muito, Guilherme, mas hoje eu não posso ir. Fica para uma próxima – disse Antônio, tentando se desvencilhar daquele pedido que, ele bem sabia, não o levaria a nenhum resultado positivo.

Guilherme estava traficando, e tudo isso seria um pulo para que ele voltasse também ao vício. Antônio não queria se misturar com isso.

Nesse e em outros tantos dias, Guilherme chamou Antônio para sair para diversos lugares, mas o amigo sabia qual era o destino desejado. Até que, um dia, Guilherme lhe confessou:

— Pôxa, cara, os meus pais não me deixam sair se não for com você. Sabe, parece que a clínica achou precipitada a minha saída, mas eu convenci os velhos de que estava curado. Só que, ao chegar aqui, fiz umas besteiras de peitar a autoridade deles, então acho que estão inseguros comigo. Por isso, vendo o seu progresso, eles acreditam que você não me deixará fazer nada de errado – disse, dando uma risadinha descrente.

Antônio, por fim, descobriu a razão de Guilherme desejar tanto a sua companhia. Se os pais dele não estivessem tanto no seu pé, ele iria sozinho.

Penalizado, Antônio tentou sair novamente com ele, exigindo que fossem somente a um cinema ou algo assim. Mas, logo após terem saído de lá, Guilherme conseguiu ludibriá-lo, levando-o de novo à pracinha para verem os antigos amigos. Desta vez, entretanto, Guilherme também fez uso do entorpecente que vendia. Diante da certeza de que Guilherme não mudaria, Antônio resolveu não sair mais com ele. Vez por outra, os pais de Guilherme também ligavam para Antônio para pedir que ele saísse com o seu filho. Explicaram que o viam como um bom exemplo e pediam que estivesse ao seu lado, porque ainda não podiam deixá-lo sozinho. Antônio sabia que Guilherme estava reclamando muito por eles estarem impedindo-o de sair, mas a cada telefonema ele dava uma nova desculpa e recusava o convite. Até os seus pais foram envolvidos nessa história pelos pais de Guilherme, mas Antônio sempre tinha uma desculpa para não sair com ele.

Antônio sentia-se muito mal em esconder de todos o que o amigo estava fazendo, principalmente quando os seus pais e os de Guilherme diziam que confiavam nele para ajudá-lo a superar as suas dificuldades. Mas Antônio não se sentia forte para sustentar as mentiras do amigo, muito menos confortável para dedurá-lo.

Diante de tanta pressão, em um sábado, Antônio convidou Dalva para irem a uma lanchonete para ele espairecer.

— Antônio, você parecia tão triste no telefone, o que houve?

Antônio contou tudo o que estava passando. Estava tão cansado, porque além de ter de lidar com os seus próprios problemas, agora tinha a pressão dos seus pais e dos de Guilherme sobre ele.

— Será que você não está fazendo uma tempestade em copo d'água?

— Como assim?

— O fato de os pais de Guilherme desejarem a sua ajuda não é suficiente para que você se sinta preparado para essa tarefa e tenha de aceitá-la. Pelo que vejo, os pais dele estão tão desnorteados que não percebem que estão jogando sobre os ombros de um jovem de dezessete anos, ex-viciado, uma responsabilidade que não lhe pertence! Acredito que, sem notarem, estão exigindo que você seja um mentor para Guilherme, mas não percebem que você não se sente preparado para isso.

— E o que eu faço, então?

— Diga a eles que você fica muito honrado com a confiança que depositam em você, mas que você não está dando conta nem de você mesmo.

— Ah, Dalva! Isso não é verdade!

Dalva olhou para ele e disse, com um sorriso singelo:

— Não mesmo, Antônio? E quantas vezes você duvidou de si mesmo quando Guilherme o convidou para estarem com os antigos parceiros? Quantas vezes, em casa, você ficou com medo de sair e se deparar com a vontade de mudar o seu trajeto e comprar de novo uma droguinha? Quantas vezes você não se perguntou se conseguiria continuar sem ela?

— E como você sabe de tudo isso? Eu não contei para ninguém!

— Porque seria uma atitude normal de um antigo viciado. Bem, se estou certa, então, por que teme dizer isso?

— Não posso demonstrar fraqueza, Dalva. Você não sabe o que é ter seus pais duvidando de sua capacidade de lutar contra as drogas. Você não tem noção do que é ver dúvida nos olhos deles, quando afirmo que vou sair apenas para ver uma amiga...

Ele parou de falar, como se estivesse embargado pela emoção.

Dalva compreendia, mas também via algo que ele parecia não ter percebido.

— Posso estar errada, mas gostaria que você refletisse comigo: se seus pais estão acreditando que você pode ajudar Guilherme, significa que eles acreditam que você seria um bom exemplo para o seu amigo. Isso não é confiança na sua recuperação?

— Eu não tinha pensado nisso.

— Mas se, vez por outra, a reação deles é duvidar, não deixa de ser um resultado normal às suas ações anteriores. Como você quer que eles reajam depois do que você fez?

— Olha aí, nem você confia em mim!

— Ora, Antônio, é claro que eu confio em você. Confio porque enxergo em seu coração a mudança, como eles também devem enxergar, mas não sofri com as suas atitudes anteriores. Eles, ao contrário, sofreram muito. E é esse sofrimento que os move para lutarem pelo seu bem-estar. A sua luta é pela conquista e manutenção da confiança deles. Não se magoe se eles ainda temem, porque eles temem por você.

Ao dizer tudo isso, Dalva, sem nem mesmo ter consciência, estava sendo intuída pelo mentor de Antônio. Ela não sabia que estava ativa em um processo mediúnico. Porém, quando se sentia inspirada, ela não limitava o fluxo das ideias, agradecendo a Jesus pelos bons pensamentos.

— Dalva, por que você está me falando tudo isso? O que quer me dizer?

— Que você deve ter compaixão por seus pais e, principalmente, por você mesmo. Hoje, a sua maior dor é vê-los ainda duvidando de você. Como você pode sofrer com isso, se eles estão tendo uma reação natural ao que lhes aconteceu há tão pouco tempo? Como você pode sofrer com isso, se foi você quem escolheu agir de uma forma que acarretaria essa possível consequência?

Dalva deu-lhe uns minutinhos para o seu raciocínio. Como ele nada disse, continuou:

— Antônio, você não consegue ver que, apesar de todas as dúvidas que eles possuem, estão sempre lhe dando a chance de provar que você está melhorando? Que, apesar de tudo o que você fez, eles o respeitam como indivíduo e estão lhe dando a liberdade para construir o seu presente? E o mais interessante é que você também não enxerga que isso está sendo uma conquista sua. Eles somente estão tendo essa confiança porque você está agindo com responsabilidade e amor próprio. Perdoe-se pelo que fez de errado no passado. Você errou? Errou. Mas, agora está mais consciente e não deseja mais seguir pelo caminho equivocado que antes trilhava. Use da sua experiência conquistada quando da visita à sua antiga empregada, usando do diálogo para libertar-se das culpas e o peso que carrega será muito menor.

Antônio se encontrava de cabeça baixa, sem conseguir encarar Dalva. Ela o estava desnudando. Sentia que se olhasse para ela, todos os seus segredos mais ocultos seriam revelados. Sentia-se envergonhado, mas também agradecido. Toda a sua dor estava sendo amenizada por aquelas palavras.

Diante do silêncio de Dalva, ele arriscou olhar para ela. Seu olhar era lindo! De compreensão e de ternura.

Antônio percebeu o quanto ela era importante para ele. Engraçado como o seu coração pulava com essa descoberta. Apesar de já ter se deparado com os seus sentimentos por ela antes, ali ele sentia profundamente o quanto queria namorar com ela. — "Porém, ainda não era o momento" – pensava ele.

Eu estava calado, observando e escutando tudo aquilo, e pensando sobre mim. Eu também não tinha errado? Eu também não recebi de minha avó o seu voto de confiança quando me chamou para ir com ela? Mas eu não aceitei. Fixei-me em meu orgulho ferido e não me perdoei!

Naquele mesmo instante, senti que uma revelação tinha sido escancarada bem diante de meus olhos! Eu não acredito que sou merecedor de perdão, porque eu fiz tudo ao contrário do que a minha avó tinha me ensinado. O que eu podia fazer para me resguardar no poder do tráfico e, depois, na organização que me escalou para o trabalho, eu fiz sem pestanejar. Eu me considerava um bandido, um pecador!

Como estava sendo difícil para mim esses últimos tempos! Sentia-me o tempo todo descoberto, analisando as minhas posturas antigas, percebendo que não era feliz e que as minhas escolhas estavam me levando para um buraco sem fundo. Sentia-me inseguro. Se os meus companheiros descobrissem essa minha tormenta, se voltariam contra mim e eu seria entregue aos chefes para as devidas repreensões.

Essa família estava me arruinando, mas eu não poderia me deixar abater. Então voltei a minha atenção para eles novamente.

Antônio ficou com medo de revelar os seus sentimentos por Dalva e voltou o olhar para longe. Queria pensar sobre tudo aquilo, mas a presença dela o impedia de refletir com profundidade. O que ele queria mesmo era beijá-la.

— Antônio, gostaria de saber se você pode me levar, algum dia, na casa da Penélope. Acredito que será muito bom conversar com ela, principalmente nestes dias tão tumultuados em que estamos vivendo.

— Oh! Sinto muito, Dalva. Eu joguei os meus problemas sobre você e nem perguntei se você estava bem para me escutar.

— Não peça desculpas. Estou muito bem para ouvir os problemas de um amigo tão especial. Mas, realmente, lá em casa, não estamos tão bem quanto eu gostaria.

— Dalva, pode confiar em mim, se quiser desabafar.

Ela abriu um sorriso pálido e disse:

— Meu pai... ele está acompanhado.

Minha antena, imediatamente, se aprumou.

— Você quer dizer que ele tem outra mulher?

— Não, não acho que seja isso, quer dizer, não sei, apesar de mamãe acreditar, às vezes, que ele está tendo um caso.

— Então, quando você diz acompanhado, é espiritualmente?

— Sim, isso – disse, abaixando a cabeça. – Tenho certeza de que ele não está sozinho.

— Mas, o que você quer dizer com isso? Explique melhor.

— Diante de tudo o que você já me contou sobre o mundo espiritual e as suas influências, eu realmente acredito que ele não está só. Por isso, quero visitar a sua amiga Penélope, para saber o que posso fazer para ajudá-lo.

— Vou ligar para ela e marcar um dia. Tenho certeza que você vai adorá-la.

Quem não estava gostando nada daquilo era eu.

Capítulo 23

Guilherme já estava muito irritado com a atitude de Antônio. Quando seus pais afirmaram que ele poderia sair com o amigo, porque os pais dele estavam muito confiantes em sua recuperação, Guilherme imaginou que Antônio os estava enganando e que ele iria ajudá-lo a fazer o mesmo com os seus, mas, pelo que estava percebendo, seu amigo de infância estava mesmo muito focado em se manter fora do vício.

Ele tinha que fazer alguma coisa para atingir os seus objetivos e, para isso, precisava fazer Antônio ter uma recaída. Então planejou ir até a casa dele, sem avisá-lo, e pediu que a sua mãe o levasse.

Guilherme chegou à casa do amigo por volta das dezesseis horas. Antônio não conseguiu disfarçar um sentimento desagradável ao vê-lo.

Com uma cara de ironia, Guilherme abraçou Antônio, dizendo:

— Pôxa, cara, se Maomé não vai à montanha, a montanha vai até Maomé, né?

Antônio tentou se desculpar, pela milésima vez, dizendo que não estava tendo muito tempo, por causa do seu retorno à faculdade.

— Ah, cara, está tudo perdoado. Minha mãe me trouxe aqui para eu sair um pouco de casa. Vamos jogar videogame no seu quarto?

Antônio não queria Guilherme no seu quarto. Para falar a verdade, Antônio não queria mais se encontrar com Guilherme em lugar nenhum. Entretanto, não teve coragem de dizer isso para ele.

Antônio teve um lampejo de que, quando eles eram crianças, somente a presença de Guilherme já o irritava. Foi difícil para eles se tornarem amigos, e somente quando começaram a ter interesses em comum, no caso as drogas, é que a relação deles se fortaleceu.

— Está bem – disse Antônio, contrariado.

Guilherme chegou ao quarto de Antônio, fechou a porta, deitou em sua cama e, como se fosse o dono da casa, pegou o controle e ligou a televisão no volume alto.

Antônio sabia que seus pais não aprovariam a porta fechada e o som naquela altura, mas como eles não estavam em casa, não se sentiu confortável para recriminar o amigo.

— E aí, Antônio? O que você está a fim de fazer?

— Você quer mesmo jogar algum game?

Guilherme gargalhou.

— Claro que essa foi a desculpa que usei, né, cara? Mas, o que eu quero mesmo é cheirar uma branquinha. E, aí, vamos?

Antônio se levantou imediatamente da cadeira e disse:

— Cara, achei que você fosse meu amigo! Estou há meses tentando ficar limpo e você vem à minha casa me fazer um convite desse? Não, Guilherme, não quero cheirar, não quero aplicar... não quero heroína, não quero voltar mais para aquela vida.

Antônio estava quase berrando. Como a televisão estava alta e a sua indignação nas alturas, ele não percebeu que estava gritando mais alto que a TV.

Guilherme, vendo que a empregada poderia ouvi-los, abaixou o som da televisão e fez Antônio se sentar de novo, falando em tom mais baixo:

— Pô, cara. Não me venha com essa, não. Você era um viciadão, até mais que eu. Como, em tão pouco tempo, você me diz que já abandonou essa vida? Você nem foi para uma clínica como eu!

— Talvez, Guilherme – disse em tom triste –, o que nos diferencie é que, agora, eu quero mesmo ficar limpo. Não quero morrer de uma overdose ou me suicidar em minha garagem, como aconteceu com Laura e Marcos. Você não estava aqui, mas eu acompanhei a dor daquelas famílias e foi horrível o que elas sofreram, e ainda sofrem, em decorrência da atitude deles. Não quero isso para os meus pais.

— Como você pode se importar com seus pais? Pelo que vi, eles ficam o tempo todo observando você, do mesmo jeito que os meus fazem comigo!

— Só que, hoje, vejo que essa atitude deles tem origem na preocupação e no amor que eles têm por mim. Não os vejo querendo o meu mal, mas sim demonstrando o quanto sou importante para eles e que não desejam me perder.

— Cara, que mala! Até trouxe uma purinha pra gente...

— Guarde isso, agora, Guilherme. Pelo amor de Deus, não me obrigue a expulsá-lo de minha casa, onde você sempre foi bem-vindo. Meus pais não podem ver isso aqui.

Guilherme guardou a droga, mas não aceitava a nova postura de Antônio. Ele se sentiu traído e nem precisou de nenhum de nós para incitá-lo a sentir rancor por Antônio. Ele deu um sorriso amarelo e disse:

— Não se preocupe. Não oferecerei novamente a você. Agora que eu sei as suas verdadeiras intenções, eu respeitarei a sua vontade, porque somos amigos.

Entretanto, meu grupo e eu escutávamos, para o nosso prazer, os pensamentos tenebrosos de vingança que vinham da mente de Guilherme

Capítulo 24

Cleto estava cada dia pior. Ele já não conseguia ficar sem beber diariamente e ao voltar para casa sempre brigava com Aparecida. Diante dessa sua atitude, Rodrigo saía em defesa de sua mãe, o que provocava mais brigas e desentendimentos.

A vida daquela família estava cada dia pior e, por mais que Dalva tentasse conversar com eles sobre o que estava acontecendo, ninguém lhe dava abertura para questionar aquele comportamento: Aparecida se sentia a vítima; Rodrigo, o seu protetor; e Cleto, o incompreendido.

Rodrigo não queria escutá-la dizer que ele deveria parar de discutir com o seu pai quando ele estivesse bêbado.

— Ora, mana! Como posso deixar papai maltratar mamãe daquela forma? Ele vem, todos os dias, encharcado de bebida para a nossa casa e, sem motivos, a agride verbalmente por qualquer motivo.

— Meu irmão, sei que ele está errado, mas você realmente acredita que brigar com ele bêbado resolverá? Precisamos conversar com ele quando estiver sóbrio e mais tranquilo...

Rodrigo nem deixou que ela terminasse:

— Você já tentou isso e não conseguiu nada. Não tenho mais nada a falar com ele. Enquanto ele continuar tendo essa postura, eu não o apoiarei e defenderei mamãe com todas as minhas forças.

No canto da sala, meus homens e eu estávamos satisfeitos. Há algum tempo não precisávamos nem nos preocupar em fazer alguma coisa contra aquela família. Ela mesma estava trabalhando a nosso favor.

Cleto estava envolto em uma nuvem opaca, produzida pelos irmãos espirituais que o vampirizavam e o acompanhavam para todo lado. Assim, não seria mais preciso nos preocupar com o pai. A presença de Laura e Marcos tinha trazido toda a desarmonia que queríamos, mas ainda não era o bastante, porque o nosso alvo era Rodrigo, que, a cada dia, estava mais e mais próximo de nós.

Aquele lar em que, há pouco tempo, não conseguíamos nem entrar, agora estava escancarado para nós. Com exceção do quarto de Dalva, nos movíamos sem limites entre aquelas paredes.

Foi então que vi a oportunidade que há tempo esperava: colocar Marcos dentro do quarto de Rodrigo, para, devagar, começar a definhar os seus sentimentos e emoções. Ele, sem precisar de nossa ajuda, alimentava em si o ranço da revolta contra o pai. A presença de Marcos na casa levava ao irmão um sentimento de culpa inconsciente que, sem compreender o que se passava, vinculava toda a sua insatisfação às atitudes do pai. Ele estava tão enquadrado em sua revolta que não nos percebia, e isso era um bônus para nós. Mesmo já fazendo por si, coloquei Beto com ele, sem descanso, para alimentar a sua inquietação. Os demais passeavam pela casa, levando o desconforto de suas presenças e de seus pensamentos conflitantes para todos daquela família.

O auge de nossa vitória foi quando Cleto, bêbado, entrou no quarto de Marcos e percebeu que Aparecida o tinha limpado e arrumado. Como tínhamos acabado de retirar Marcos e Laura daquele ambiente, Cleto percebeu a falta da energia do filho, sentindo-se abandonado. Em razão disso, culpou a sua esposa e, como um raio, entrou no quarto do casal e a agarrou pelos braços com toda a força, gritando com ela e a jogando violentamente sobre a cama. Rodrigo chegou no quarto quando o pai estava levantando a mão para bater em sua mãe. Ele o empurrou com força para longe dela. Pego de surpresa, Cleto foi parar do outro lado do quarto, sobre uma poltroninha, que tombou com ele, cortando-lhe a testa ao bater no chão.

Vendo o sangue em abundância descendo sobre os olhos, Cleto despertou daquela fúria, e vendo a cena que havia criado, saiu envergonhado de casa sem dizer para onde ia.

Enquanto aguardava para ser atendido no pronto-socorro, Cleto repreendia-se, afirmando que nunca mais iria beber, porque a sua atitude fora imperdoável. Mas foi só ele sair de lá que se dirigiu a um bar para afogar as próprias mágoas, prometendo que seria a última vez.

Como resultado de toda aquela violência, flagramos Rodrigo falando para a sua mãe e irmã que, se ele visse o pai levantar a mão, mais uma vez, para qualquer uma delas, ele o mataria.

— "Estamos no caminho certo" – pensei alto.

Dalva não sabia mais o que fazer, além de rezar pela família. Eu sentia sempre o desconforto no ambiente quando ela se refugiava em seu quarto, mas também sentia algo que não era normal acontecer: um aquecimento interior que não sabia de onde vinha. Era certo que ela estava rezando, mas jamais desconfiaria que ela fazia isso por nós também.

O único lugar da casa que a gente não entrava era no quarto dela. E todas às vezes que tentávamos dominá-la, ela nos repelia. Na escola, entretanto, em razão de todo esse descontrole familiar, ela e Rodrigo estavam tendo um baixo rendimento. A mãe ficou sabendo, mas Dalva justificou tal comportamento como um reflexo do falecimento de Marcos.

Quantas vezes a verdade está estampada à nossa frente e não queremos ver?

Capítulo 25

Certa noite, fomos surpreendidos com a visita de nosso chefe direto. A organização estava querendo saber notícias e, pelo que sentimos, eles estavam ficando impacientes e pediam urgência no caso.

Para a nossa sorte, Cleto estava muito mal naquela noite, e isso provocava o que havia de pior em Rodrigo. Nosso chefe também viu como estávamos usando Marcos e Laura para influenciar Rodrigo e Aparecida em seus tormentos.

Por fim, ele ficou muito satisfeito com o nosso trabalho, presenciando pessoalmente o que acontecia.

— Jefferson, preste atenção: seria preferível que Rodrigo desencarnasse, mas se, por enquanto, ele abraçar o seu lado ruim, também estará se comprometendo conosco. Por isso, podem continuar por este caminho.

Após o chefe ter saído, fiquei pensativo. Ele tinha dito que Rodrigo era mau. Incrível como, até naquele momento de desequilíbrio familiar, Rodrigo era um exemplo de ser humano, de um ser cristão. Ele jamais havia demonstrado aquela parte de seu ser, nem mesmo quando ele se deparou com o suicídio de Marcos. Analisando-o, agora, a sua fúria contra o pai era enorme.

De qualquer forma, eu fiquei um pouco mais aliviado, porque me parecia ser muito mais fácil alimentar aquele sentimento ruim, inerente nele, do que fazê--lo sucumbir, sendo ele um ser evoluído como eu acreditava que era.

Assim, dei ordens aos meus capangas para que aumentassem a ação sobre os dois. Cleto era um ponto de desequilíbrio importante na vida de Rodrigo.

Capítulo 26

Numa tarde em que Rodrigo estava na escola e Aparecida no trabalho, Dalva estudava sozinha em casa quando seu pai chegou, mais uma vez muito bêbado. Para a sua surpresa, Cleto já entrou em seu quarto, esbravejando e a esbofeteando com violência.

Dalva, assustada, conseguiu se desvencilhar dele e correu para se trancar no banheiro. O pai bateu várias vezes na porta, gritando para que ela a abrisse, mas ela nada fez, se encolhendo em um canto. Após alguns minutos, Cleto parou de esmurrar a porta e desceu as escadas.

Com medo de ficar ali por mais tempo, Dalva saiu do banheiro, correu silenciosamente para o seu quarto e ligou chorosa para Antônio, pedindo ajuda. Ele se prontificou a ir à casa dela para resgatá-la, mas ela achou melhor que se encontrassem em uma lanchonete próxima de sua casa.

Quando Dalva percebeu que o pai estava nos fundos, saiu depressa pela porta da frente, com o coração aos pulos. Jamais imaginou que teria medo do pai em algum momento de sua vida. Ele sempre foi tão cativante, gentil e amável!

Chegando à lanchonete, viu Antônio sentado em uma das mesas e sorriu para ele, que se levantou imediatamente. O rosto dele demonstrava tudo o que se passava em seu interior. Ele estava indignado, irritado, com vontade de ir lá e socar a cara do pai dela. Não entendia como ele teve coragem de fazer isso com a própria filha.

— "Aquele bêbado, covarde"... – pensava Antônio.

Dalva percebeu a irritação dele e perguntou:

— Está tudo bem? Eu o estou incomodando?

— Claro que não, Dalva. Você é minha amiga e eu sairia do Polo Norte para vir socorrê-la. Jamais pensei, no entanto, que seria do seu próprio pai.

Num impulso, ele segurou o rosto dela e o virou de um lado para o outro, com carinho, para ver melhor o hematoma. Disse, por fim:

— Não está bom!

E faz um sinal para a garçonete providenciar um pouco de gelo.

— E agora, o que você vai fazer?

— Ainda não sei. Você foi a primeira pessoa em que pensei quando me senti desamparada. Só queria sair de casa para não dar mais oportunidade para meu pai me bater, porque quando ele está assim, ele não para.

— Como? Ele já fez isso antes, Dalva?

Ela abaixou a cabeça, entristecida. Levantou a manga três quartos de sua camisa, e em seus antebraços e ombros se podia ver alguns hematomas novos e mais antigos. Antônio se levantou, meio descontrolado.

Ela o puxou para que ele se sentasse novamente e pediu que se acalmasse.

— Como me acalmar, Dalva? Ele está espancando você. Isso é crime!

— Por favor, não fale isso! – e caiu em um choro compulsivo.

Ele a abraçou, colocando o seu rosto em seu ombro, e disse:

— Não fique assim. Não vim vê-la para piorar a situação. Mais alguém sabe disso?

Ela não conseguia responder. Só chorava, como se pudesse esvaziar toda a sua frustração naquele choro intenso. Quando se acalmou, Antônio repetiu a pergunta, e ela respondeu:

— Ninguém. Escondi os roxos, colocando mangas mais compridas, para que meu irmão e mamãe não vissem. As coisas estão muito ruins lá em casa, e não há como melhorar se eles souberem o que papai está fazendo.

— Eu desconfio que ele tenha sido demitido, mas ele não avisou isso para ninguém. Ele sai de casa sempre no horário do trabalho e chega sempre depois do almoço, já muito embriagado. Quando volta para casa, vai para o quarto de Marcos e dorme a tarde toda. Quando mamãe chega, ou ele já acordou um pouco melhor ou segue dormindo até o outro dia, fazendo-a acreditar que ele teve um dia cansativo de trabalho. Rodrigo está tendo aula de manhã e de tarde, chegando, na maioria das vezes, no mesmo horário que a mamãe, então ele também não sabe.

— Precisamos falar com eles...

— Não! – ela o interrompeu bruscamente. Você não entende... Rodrigo pode fazer uma loucura. Quando papai ameaçou bater na mamãe, Rodrigo só não o matou porque viu o sangue jorrar de sua testa. Mas ele avisou que mataria o papai se ele encostasse um dedo em nós.

— Como você fará para Rodrigo não ver isso? É impossível! – Antônio apontou para o hematoma enorme na face de Dalva.

— Não sei, meu Deus, não sei.

Dalva era a imagem de alguém que se sentia derrotada. Ela não queria levar ao conhecimento de seu irmão e de sua mãe o que tinha acontecido, mas, realmente, não tinha sido a primeira vez, nem a segunda, que o pai levantava a mão para ela. Para onde o seu silêncio os levaria?

De repente, ela ficou séria e pediu, mais fortalecida:

— Antônio, sei que não temos tido sorte em conseguir conversar com Penélope e que, das vezes que tentamos, os horários livres dela coincidiram com os das minhas aulas e não pudemos nos conhecer, mas me leve lá, por favor. Eu preciso falar com ela hoje.

— Mas, Dalva, ela pode estar trabalhando.

— Ligue para ela. Quem sabe, ela está em casa – disse-lhe, esperançosa.

Antônio fez o que ela pediu e, para o nosso azar, Penélope estava em casa e iria recebê-los.

Capítulo 27

Meus homens acompanharam Dalva e Antônio, mas, ao chegar à casa de Penélope, o espírito protetor daquele lar não permitiu que eles entrassem.

Eles esbravejaram, tentaram se infiltrar, mas o campo energético não cedia. Tentaram se conectar com um dos jovens, mas eles pareciam estar fora de alcance. Imediatamente, vieram pedir orientação.

Eu segui com eles até a casa de Penélope, para entender o que eles estavam me descrevendo e vi uma luz radiante sobre a casa. Ao redor dela, alguns espíritos protetores, vestidos com o que parecia ser a vestimenta dos soldados romanos. Como eu nunca tinha enfrentado aquele grupo, fiquei receoso. E o que me chamou mais atenção foi que, de todos nós, somente eu os via.

Minha vontade imediata era me reportar aos chefes e buscar entender o que seria aquilo, mas pensei que eles poderiam não gostar, achando que estávamos fracassando. Temi não só por mim, mas por todos do meu grupo.

Disse a todos que não havia problema. E que descobrir o que eles conversaram lá dentro era só uma questão de tempo. Lembrei a eles que seria melhor não deixar Cleto sozinho. Queríamos que ele acordasse para provocar mais brigas em casa. Para nós, os dias estavam contados para que Rodrigo tomasse medidas extremas contra o seu pai. Ele entraria para o mundo do crime.

Dentro da casa, Penélope tentava disfarçar a apreensão que sentiu ao ver o rosto de Dalva. Olhou para Antônio com olhar questionador, mas aguardou que todos se sentassem para poder conversar.

Foi ela quem começou:

— Dalva, fico muito feliz em conhecê-la, finalmente. Antônio falou muitas coisas boas sobre você.

— Obrigada por nos receber, Penélope. Também estou muito feliz em conhecê-la e agradeço pela sua discrição em não mencionar o meu hematoma. É sobre ele e muito mais que vim conversar com você.

— Claro, minha querida, em que posso ajudá-la? – perguntou Penélope.

— Eu preciso de orientação. Eu não sei o que fazer diante do que está acontecendo em minha casa.

Dalva parou de falar, repentinamente. Parecia em dúvida se poderia dizer o que se passava em sua mente, mas continuou:

— Eu preciso contar um segredo para vocês: há algumas semanas eu tive um sonho. Nele, Caio, meu mentor, vinha conversar comigo sobre as dificuldades que estamos vivendo na família. Não é a primeira vez que tenho sonhos assim. Infelizmente, eles não são tão frequentes quanto eu gostaria, mas mesmo sendo esporádicos, me trazem muito conforto espiritual. Aproveitei o momento e perguntei para ele o que significavam todas aquelas dificuldades que estávamos enfrentando, e ele me falou que a nossa família já está unida por muitas vidas e sempre estamos provocando algo que nos impede de atingirmos a harmonia em nossos corações. Diante daquela explicação, perguntei a ele o que eu deveria fazer, mas ele não pôde me dizer.

— Mas eu pensei que os espíritos sempre nos ajudassem em nossos problemas! – disse Antônio, com dúvidas.

— Claro que nos ajudam, Antônio – disse Penélope –, mas eles não podem viver por nós ou impedir qualquer aprendizado que nos chega por meio das experiências. Eles nos orientam no que podem, mas nunca ultrapassam a linha frágil que nos faz proprietários de nossa própria vida.

— É verdade, Antônio. Eu entendo que ele e os outros tantos amigos espirituais que me visitam em sonhos estão atados à lei da liberdade individual, o que os impede de desrespeitar o meu livre-arbítrio. Mas, diante das adversidades, tento enganar esse limite. E isso é o mais difícil de se aprender quando você se depara, conscientemente, com eles. Essa facilidade me faz querer, em alguns momentos, ser privilegiada.

Dalva abaixou a cabeça, envergonhada.

— Como assim? – questionou Antônio.

— Se você estivesse passando por situações difíceis e visse o seu mentor, não iria querer saber coisas que não estão na função dele contar a você? – perguntou Penélope.

— É verdade! Mas então, diante dessa limitação que vocês afirmaram existir, como ele ou eles agem nessas situações?

— Caio normalmente me diz para ter paciência e usar de sabedoria, porque eu já seria capaz de vencer tais dificuldades. Incentiva-me com a sua convicção sobre a minha potencialidade em aceitar e superar as adversidades; orienta-me com palavras, embora metafóricas, para que eu busque as lições nas entrelinhas e possa tomar as minhas próprias decisões. Ele ainda me leva para participar de cursos que servem de incentivo à minha própria superação e... some rapidinho da minha frente, me fazendo acordar – terminou a frase, falando rápido e sorrindo daquela situação.

Depois de alguns segundos, mais compenetrada, Dalva continuou:

— Voltando ao assunto do sonho que tive, no final, ele me aconselhou para que eu enxergasse além das quatro paredes de minha casa, porque Jesus já tinha enviado aqueles que poderiam nos ajudar a superar as dificuldades. Era só eu acreditar nisso. Por isso, quando eu estava na lanchonete com Antônio, vendo-o me consolar, tomei consciência de como os amigos são importantes na nossa vida. Tenho certeza de que Caio estava falando de Antônio e, por consequência, de você também, Penélope.

Senti, também, que ele, do jeito dele, estava me avisando que não temos muito tempo para ajudar os meus familiares.

Antes de qualquer um deles se manifestar, Dalva completou:

— Eu também vi Marcos, meu irmão, nesse sonho – falou, embargada pela emoção.

Agora, toda a sua tristeza, toda a sua culpa por não o ter salvo, emergiram em forma de lágrimas silenciosas.

Antônio a abraçou e ela se aninhou em seus braços. — "Apesar de perceber que ela tem muita bagagem espiritual, é muita coisa para ser absorvida, de uma hora para outra!" – pensou Penélope, que a incentivou a falar.

— Marcos estava lá em casa, em seu quarto, num processo de simbiose com outro espírito, chamado Laura. Ela era sua namorada e faleceu por overdose, uma semana antes dele. Ele era obcecado por ela e se suicidou porque não via motivos para continuar vivendo sem ela. Agora, eles parecem irmãos siameses, um colado no outro, apresentando uma forma grotesca.

Antônio estava perplexo. Pensava em como os dois espíritos conseguiam ficar colados um no outro daquele jeito. Perguntou a Penélope como aquilo se dava e ela, sem entrar em muitos detalhes, por não saber de suas histórias, lhes falou:

— Se Marcos era tão deslumbrado pela namorada como vocês dizem, e se ela alimentou essa dependência ao extremo, a consequência dessa ligação entre eles me parece natural.

Infelizmente, esse processo traz muitos prejuízos aos espíritos envolvidos em uma simbiose como esta, porque eles, na maioria das vezes, estão num transe profundo e incapacitados de atuar com liberdade de escolha. Creio que somente após um processo de magnetização severo e carinhoso por parte da espiritualidade amiga, após um tempo razoável de tratamento, é que conseguirão se desconectar dessa dependência.

Antônio estava surpreso. Nunca tinha ouvido nada sobre isso. Mas ele sabia que aquele não era o momento adequado para se aprofundar naquele assunto e, por isso, segurou sua curiosidade e pediu a Dalva para continuar.

— Bem, Caio me explicou que, depois que Marcos chegou em nossa casa, papai se ligou aos dois pelos laços da culpa. Acredito que, por causa disso, toda a sua perseverança em querer ficar bem está sendo prejudicada, e que o fato de ele estar se embebedando em excesso está sendo agravado pelo desequilíbrio trazido por Marcos e Laura.

Naquele momento, Antônio ficou pensando no que ele deveria levar para a sua casa quando se drogava. Ele não era médium, mas tinha adotado o Espiritismo como uma filosofia de vida. Estudava bastante e sabia que o que ela descrevia deveria ser terrível de se ver.

E Dalva continuou:

— Deixe-me contar uma coisa para vocês: lembram o que eu disse sobre os integrantes da nossa família já terem vivenciando algumas existências juntos, lutando para superar desgostos e buscando a união?

Então, se antes foi assim, nesta existência a gente até que estava indo bem, alimentando o amor e a harmonia familiar, mas tudo isso foi completamente devastado com a chegada do segundo grupo espiritual.

— Que segundo grupo? – perguntou Penélope.

— Vou tentar explicar. Vez por outra, eu vivencio experiências no plano espiritual que, ao acordar, trago-as na memória. Em uma delas, eu flagrei em nossa casa um grupo de espíritos que parecia ter como alvo Marcos e Rodrigo, e somente eles. Como eu não sabia o que fazer, perguntei ao Caio e ele me disse que o que nos liga aos espíritos, sejam eles quais forem, é o padrão de nossa vibração, é a sintonia que mantemos através de nossos pensamentos, sentimentos e ações com as pessoas ou com o meio em que vivemos.

Continuou me dizendo que um dos melhores instrumentos que temos seria analisarmos as nossas posturas diárias e mudá-las, se entendermos que não estão condizentes com as que deveriam ser vivenciadas por um filho de Deus.

Mas, sabendo que essa seria uma segunda etapa de aprendizado para os meus irmãos, ele me indicou outro instrumento valoroso de proteção para o nosso lar, que seria a oração feita com fé. Então eu poderia pedir a ambos que rezassem e, aos poucos, lhes dar dicas de possíveis mudanças de comportamento.

Caio me disse também que, se fizéssemos o estudo do Evangelho como uma família, poderíamos anular, potencialmente, a atuação daqueles irmãos. Eu não sabia como pedir para meus irmãos rezarem, mas pensei que se eu conseguisse instituir o Culto do Evangelho no Lar, depois seria um pulo para falarmos da importância da oração em nossas vidas. E foi o que fiz. Com o apoio de Rodrigo, que já estava sentindo a sua mediunidade se reabrir, conseguimos marcar o culto para toda quarta-feira e tudo estava ficando bem melhor, até que chegou esse novo grupo, que é liderado por um jovem, um pouco mais velho que você, Antônio. Percebi que eles não temiam mexer conosco ou com qualquer outro para atingir os seus alvos. No caso de Marcos, acredito que mexeram com Laura!

— Infelizmente, não duvido de nada disso. Mas você disse que o seu mentor deu a entender que vocês não têm muito tempo... Você sabe sobre o que ele estava falando?

Dalva abaixou a cabeça e respondeu:

— Penélope, eles não podem falar tão abertamente, mas dizem para eu ter olhos e ouvidos para os acontecimentos. Então, estou atenta a tudo o que está acontecendo ao meu redor e o que vejo é o meu pai bebendo sem parar... e me agredindo sem ter qualquer motivo aparente. E o meu irmão querendo matar o meu pai se ele agir com violência contra nós. Posso ser jovem e, algumas vezes, tola, mas acredito que todo o planejamento está sendo feito para que Rodrigo faça algo muito grave contra papai e, assim, ele se perca em sua trajetória de crescimento individual.

Antônio teve um sobressalto, perguntando diretamente a Penélope:

— Esses espíritos podem determinar que Rodrigo faça isso?

— Claro que eles não podem determinar nada a ninguém, Antônio. Mas eles podem alimentar no pai de Dalva e no Rodrigo os sentimentos ruins que eles estão se permitindo criar e sentir. Então, se é culpa ou tristeza, ou se é o rancor e mágoa que sentem pai e filho, tais espíritos poderão potencializar e agravar tais sentimentos nos dois, levando-os a implodirem em escolhas que os farão arrepender-se muito no futuro.

— Foi por isso que saí de casa. Rodrigo não pode me ver assim. Ele não pode saber o que aconteceu comigo; muito menos que não foi a primeira vez que papai fez isso, porque ele não o perdoará.

A voz de Dalva estava muito carregada de medo e ansiedade.

— Mas seu hematoma no rosto só desaparecerá em alguns dias. Amanhã, por exemplo, vai estar bem pior! – disse Penélope. – Além do mais, não acredito que o silêncio seja a melhor opção quando falamos sobre violência doméstica.

— Penélope, eu também já pensei nisso, mas preciso de tempo para pensar como farei para contar isso para mamãe e Rodrigo. Só não quero fazê-lo ainda, porque eles poderão se revoltar profundamente com papai.

— Você não quer mesmo que eles saibam por enquanto, não é? – perguntou Penélope. – Bem, apesar de não concordar com isso, vou ajudá-la. Mas você vai me prometer que, até o final de semana, contará à sua família o que está acontecendo.

Dalva balançou a cabeça, concordando com o pedido.

— É sério, Dalva! Eu sou enfermeira e já vi muitos pais, mães, filhos, maridos, fazerem coisas horríveis com quem amam, por estarem drogados ou alcoolizados. Normalmente, os familiares acreditam que eles nunca mais farão de novo, mas não é essa a realidade. Por causa do silêncio de suas vítimas, eles se sentem protegidos e sem amarras para fazer o que querem.

— Pode deixar, Penélope – disse Antônio. Eu mesmo estarei na casa dela no sábado para apoiá-la, se ela não contar antes.

—Assim, eu fico mais tranquila. Deixe-me ver os seus hematomas. – disse Penélope, analisando Dalva. – A maioria deles estão nos braços.

Realmente, você terá que usar umas camisas ou casacos mais compridos para que eles não percebam, por enquanto. Quanto ao rosto, você poderá colocar uma base mais carregada para disfarçar. Se eles questionarem, diga que bateu em algum lugar. A princípio, eles podem acreditar, porque não haveria motivos para duvidarem de você. Mas, não se iluda, essas desculpas não vão convencer por muito tempo, se o seu pai continuar com esse comportamento.

— Por isso, preciso de sua ajuda, Penélope. Sinto que, se o problema também está sendo impulsionado pelo plano espiritual, acredito que será pelo seu grupo espírita que receberemos ajuda.

— Se o que você está descrevendo é real, e eu imagino que sim, então precisaremos conversar com o coordenador de nossa instituição, que poderá nos dar alguma orientação. Vou tentar ligar para ele, esperem.

Penélope se levantou do sofá, saindo da sala.

Antônio se virou pra Dalva e disse:

— Você está bem?

— Acho que agora sim. Sinto-me mais segura, era muito importante conversar com alguém sobre o assunto. Sabe, eu sorrio todos os dias porque tenho a certeza de que nada acontece sem a atuação constante da Sabedoria Divina. Mesmo assim, sinto a dor de ver a minha família desabando à minha frente sem que eu possa fazer nada. Quero acreditar que, por nossa ação, vamos iniciar uma nova fase de nossa existência e que, se não fugirmos dela, poderemos superar todos os obstáculos e voltarmos a nos amar.

Penélope voltou com um sorriso.

— Você está com sorte, Dalva. Será que você pode ir lá amanhã à tarde com Antônio? – disse Penélope, olhando também para ele. Por volta das três e meia? Eu estarei de plantão, mas já conversei com o senhor Gustavo sobre o que me contou e ele disse que poderá recebê-la amanhã.

Antônio concordou com a cabeça e Dalva respondeu:

— Claro! E te agradeço muito. Tenho aula apenas na parte da manhã. Depois disso, vou almoçar e encontro vocês onde me indicarem. Devo levar Rodrigo também?

— Imagino que ainda não seja o momento. Precisamos ter mais orientações da espiritualid Dando a oportunidade para Antônio refletir, ela aguardou alguns segundos e continuou: ade amiga, pois não sabemos o que nos aguarda.

Após Penélope ter confirmado com o senhor Gustavo a ida dos jovens ao centro, eles ainda conversaram mais um pouco, e quando se despediram Dalva pediu um pouco de base para colocar em seu rosto.

Antônio a levou para casa e, ao se aproximarem, Rodrigo, que estava na janela, acenou para o amigo, sorrindo de modo malicioso.

CORREÇÃO DO 1º PARÁGRAFO:

" — Imagino que ainda não seja o momento. Precisamos ter mais orientações da espiritualidade amiga, pois não sabemos o que nos aguarda.

*Esse erro ocorreu apenas na primeira impressão.

Capítulo 28

Rodrigo foi falar com Dalva em seu quarto e questionar, com um olhar bem irônico, se ela e Antônio estavam namorando.

— Claro que não! – disse Dalva, num sobressalto.

Rodrigo riu alto. Ele não entendia o porquê de eles não namorarem. Ele aprendeu a gostar muito de Antônio e, sendo Dalva muito tímida, poderia ser a oportunidade de ela namorar com alguém. Ele disse isso para ela, que pegou uma almofada e tacou nele com força. Rodrigo saiu correndo de seu quarto, gargalhando ainda com mais vontade.

Com o barulho dos filhos, Cleto saiu do quarto de Marcos, dando de cara com Rodrigo no corredor. Toda a alegria de segundos atrás se esvaiu do rosto do filho. Ele já não conseguia mais olhar para o pai com alegria. Ao vê-lo, sempre pensava como um disco furado: — "Preferia que ele saísse de vez desta casa, que morresse até." Mas afastava tais pensamentos, porque sabia que sua mãe sofreria muito.

Para a nossa sorte, Rodrigo não estava usando de seu raciocínio para refinar seus pensamentos. Tudo o que se referia ao pai, ele simplesmente abraçava com muito mais indignação e raiva.

Percebendo que o irmão parou de rir de repente, Dalva saiu de seu quarto e viu ambos se encarando. Imediatamente, ela foi abraçar o irmão e pediu que ele a ajudasse com o jantar, para que sua mãe pudesse ter tempo de tomar um banho agradável.

Sem dizer nada, Rodrigo desceu com Dalva e foram ambos para a cozinha. Ouviram o pai bater a porta do quarto do casal atrás de si. A primeira reação de Rodrigo foi desabafar:

— O que está acontecendo com a nossa família? Nunca tivemos brigas significativas entre papai e mamãe ou entre eles e nós. Só que, agora, parece que tudo está ruindo.

Só de ouvir papai entrando no quarto dos dois, tive vontade de subir correndo para ver se ele não iria fazer nada contra ela. Aquela imagem não sai de minha cabeça: ele levantando a mão em sua direção e eu o empurrando, a ponto de ele cair e sofrer um corte profundo em sua testa. Minha raiva era enorme, Dalva. Estou até com medo de minhas reações com relação a ele.

— Rodrigo, sei que o papai não parece o mesmo, fazendo todas essas coisas tão graves. Mas, já que puxou o assunto, posso falar uma coisa?

— Você não vai me dar um sermão, né?

— Não, meu irmão, só vou pedir que em vez de você prestar atenção em papai, preste mais atenção em você mesmo. Parece-me que você se abandonou.

— Não estou entendendo!

— Você está prestando atenção em suas emoções e sentimentos, Rodrigo? Você mesmo disse que sentiu uma raiva enorme... o que é muito normal naquela situação, mas e depois? Eu percebi o seu olhar para o papai no corredor agora há pouco. O que você estava sentindo? Quais eram os pensamentos que o atormentavam?

Não era você que sempre me dizia, quando a gente era mais novo, que eu devia prestar atenção em mim mesma para que nenhum espírito pudesse me influenciar? E você me ensinou isso porque você passou muito mal por causa da sua mediunidade, lembra?

Eu estava ficando apreensivo com toda aquela conversa. Para mim, estava bem claro que Dalva estava fazendo Rodrigo tomar consciência de nossa influenciação, o que não era nada bom. Quando eu ia tomar uma providência contra Dalva, ela finalizou a conversa:

— Observe-se, mano, para não se perder em sentimentos que não deveriam mais lhe pertencer.

Deu um sorriso meigo e deixou Rodrigo pensando.

Tentamos puxar a sua atenção para outros assuntos, mas Rodrigo nos ignorou. Alguns minutos depois, ele já estava dando razão ao que Dalva havia dito.

Eu fiquei muito irritado por não ter conseguido evitar aquela conversa. Dalva lançou uma semente perigosa contra nós e teríamos de ficar mais atentos.

Capítulo 29

No jantar, todos estavam à mesa, algo inédito naqueles últimos meses. Aproveitamos o momento e tentamos chamar a atenção de Aparecida para a filha. Ela captou a nossa indicação e a encarou, curiosa. Ela percebeu que Dalva estava de base, o que não era nada normal. Parecia que ela tentava esconder algo. — "Será que as espinhas já estavam incomodando?" – pensou. Porém, ela não via qualquer indício de espinhas em seu rosto. Muitos foram os pensamentos que lançamos em sua cabeça, mas Aparecida tentava pensar positivamente, afastando as suposições terríveis que eram sopradas por nós ou partiam dela mesma.

Foi somente quando Rodrigo perguntou algo sobre a escola que Dalva, tendo se virado para lhe responder, ficou em um ângulo que deu para Aparecida perceber que a filha estava disfarçando um roxo em seu rosto.

Sua mãe questionou, surpresa:

— Dalva, minha filha, você se machucou?

Num ato reflexo, Dalva colocou a mão sobre a parte dolorida em seu rosto. Não queria mentir pra ela, mas, antes mesmo de falar qualquer coisa, o próprio pai fez isso por ela.

— Ora, no mínimo, ela bateu em algum lugar. Ela sempre foi muito estabanada.

Dalva olhou para ele, surpresa, e pensou: — "Como ele mente de forma tão descarada? Será que ele estava tão embriagado que não se lembra do que fez?"

Seu pai nem levantou o olhar para ela.

— Foi isso mesmo, Dalva? Você bateu em algum lugar?

— Sim, mãe.

— E essa base, minha filha? Você raramente usa maquiagem.

— É que eu saí com Antônio. Coloquei a base para disfarçar o roxo.
Não queria ficar muito feia – e deu um risinho sem graça.

Rodrigo, na mesma hora, deu um sorriso bem zombeteiro para a irmã, que
ficou vermelha de vergonha.

Aparecida não perguntou mais nada, mas não estava convencida.

Somente ela sabia o que já tinha passado com Cleto após os primeiros anos de
seu casamento. No início, tudo foi maravilhoso, e o único sonho do casal era
ter filhos. Por alguns anos, eles tentaram de tudo. Pensaram até em adotar uma
criança, indo a alguns orfanatos, mas saíam de lá sempre desanimados, porque
não sentiam que tinham achado o seu filho ainda.

Foi nessa época que Cleto começou a beber muito e, por vezes, se tornava violento.
Depois de uma noite em que ele perdeu o controle e a esbofeteou várias vezes, ela
o expulsou de casa. Porém, Aparecida o amava, e tendo Cleto pedido o seu perdão,
prometendo que nunca mais iria encostar um dedo nela, resolveu aceitá-lo de volta.

Por três vezes, ela voltou para ele, mesmo após ter sido violentamente agredida.
Mas, na última vez, ela só voltou porque ele procurou os Alcoólicos Anônimos
como prova de sua mudança e porque, mesmo ela estando muito magoada e
receosa, descobriu estar grávida.

Somente quando Rodrigo nasceu, Cleto parou de ir ao AA, justificando para a esposa que não precisava mais frequentar. Por Cleto jamais ter admitido que Aparecida o acompanhasse ao AA, ela não conhecia as regras do grupo e nem sabia como
ajudar o marido. Vendo o progresso de Cleto em casa, acreditou que ele estivesse
curado, por isso não foi contrária à sua saída. Até o suicídio do filho, ela não tinha
se arrependido nem um minuto daquela decisão.

Quando Cleto começou a beber de novo, Aparecida o desculpou, pois a dor que
sentiam era imensa. Mas, a cada dia que bebia, Cleto ficava pior e ela, tentando
salvar o casamento, começou a cobrar o seu retorno ao AA. Cleto, entretanto,
não aceitava essa ideia.

— Eu não vou, porque eu não preciso. Posso parar de beber quando
quiser. Eu não sou um fraco, Aparecida.

Era o que ele sempre dizia. Aparecida estava ficando cansada. Já não tinha idade
para aguentar aquele tipo de comportamento. Apesar de amá-lo muito e saber
que ele era maravilhoso quando não bebia, não conseguiria aceitar aquele mau
comportamento dele de novo.

Se Aparecida soubesse que ele estava espancando os seus filhos, nada a impediria de expulsá-lo de casa e até denunciá-lo.

A mãe ficava olhando para Dalva enquanto comia. Seu coração estava pequeno, porque ela bem conhecia aquele mundo em que parecia que a sua filha estava entrando: a base para esconder os hematomas no rosto e blusas compridas para não os mostrar ao mundo.

Ela não poderia deixar isso acontecer… não com a sua filha. Aparecida decidiu não comentar nada ali, por enquanto. Sabia que o filho poderia fazer uma loucura e ela ainda precisava conversar antes com Dalva.

Depois de a cozinha estar arrumada, Aparecida e os jovens subiram para dormir. Antes de deitar, Aparecida foi ao quarto de Dalva, bateu à porta bem de leve e entrou.

Dalva, que estava enxugando o cabelo, não ouviu a batida. Quando se virou, tomou um susto. Sua mãe a estava observando, parada, sem dizer nada.

— Mamãe, eu não a vi entrar. Deseja alguma coisa?

— Sim, minha filha. Sente-se aqui.

Dalva ficou apreensiva, porque se lembrou do hematoma ao redor do olho. Com o banho, toda a base havia sido retirada, mostrando-o claramente. Sua camisola também não escondia os roxos dos braços, mas Dalva tentava encobri-los com a toalha que estava por sobre os ombros. Temia não conseguir mentir para a mãe, naquele momento, se ela fizesse perguntas diretas sobre o que tinha acontecido.

— Preciso saber se você confia em mim, Dalva.

— Claro, mamãe. Claro que eu confio.

— Então, acredito que não mentirá para mim. Diga-me, como você ficou com esse enorme hematoma no rosto?

Dalva, novamente, como ato reflexo, colocou a mão no rosto, procurando escondê-lo. Após alguns minutos em silêncio, já emocionada, Dalva lhe diz:

— Foi papai que me bateu.

Aparecida levantou-se indignada. Seus pensamentos estavam a mil e ela só queria ferir Cleto tanto quanto ele feriu a filha.

— Por que, Dalva? Por que ele bateu em você?

— Ele chegou bêbado, mamãe, e eu não sei o que eu fiz de errado.

— Não, minha filha, você não pode se culpar pelos erros de seu pai. Por mais que algum assunto o incomode, ele não tem o direito de nos agredir.

— Eu sei disso, mãe. Por isso não queria falar com vocês sobre o que aconteceu, porque Rodrigo está tendo dificuldades em aceitar o que papai está fazendo. Se ele souber, eu não sei o que fará com o papai.

Aparecida teve o mesmo pensamento. Se Rodrigo soubesse das agressões contra a irmã, poderia agir com violência contra o pai, o que não seria aconselhável para nenhum dos dois.

Enquanto pensava nisso, Aparecida, já experiente naquela vida, perguntou, com a respiração suspensa:

— Minha filha, foi a primeira vez que ele agiu assim contra você?

Dalva não respondeu, mas mostrou os braços para a mãe os ver.

Naquele momento, Aparecida começou a chorar. Ela não quis acreditar que Cleto seria capaz de agredir a filha daquele jeito. Aquilo era demais para ela!

Aparecida olhou para a sua filha, desolada. Queria sair dali e espancar o marido. — "Como ele pôde mentir descaradamente para todos, dizendo que Dalva era estabanada? Como ele voltara a fazer o que fazia comigo no início do nosso casamento?" – pensou Aparecida, muito amargurada.

— Mãe, por favor, não fique assim. Ele não está bem, mas nós vamos ajudá-lo.

— Como, Dalva? Como podemos ajudar uma pessoa que não quer ser ajudada?

— Agora, sou eu que lhe pergunto, confia em mim?

— Sim, Dalva. Claro que confio. Mas o que você pode fazer?

— Peço que me dê um tempo para eu conseguir ajuda. Preciso que a senhora mantenha segredo do meu estado, porque Rodrigo não pode saber o que aconteceu. Também precisarei do seu apoio quando eu pedir que me acompanhe a um lugar que ainda vou conhecer para o auxílio de nosso lar.

— Como posso deixar esse assunto em suas mãos? Você é tão nova, e essa situação é muito séria.

— Por favor, mamãe, confie em mim e não comente isso com ninguém. Tudo será explicado mais tarde.

Aparecida saiu do quarto, tendo prometido a Dalva que não faria nada por enquanto. Estava arrasada, mas acreditava que, estando Cleto fora de casa a maior parte do dia, não daria chance de sua filha ficar sozinha com ele. Viria imediatamente para casa depois do serviço.

Fiquei radiante, porque a postura de Dalva em não alertar a sua mãe sobre o possível desligamento de seu pai da empresa em que trabalhava, entre outras coisas, nos daria oportunidade de usar isso contra ela.

Os vivos já deveriam ter aprendido que não devemos ter segredos com quem nos ama e nos quer bem!

Capítulo 30

Cleto tinha perdido o emprego há algum tempo e, por vergonha, não avisou à família. Perdeu o emprego por chegar ao trabalho sempre atrasado e alcoolizado, adotando comportamentos e cometendo erros inaceitáveis na empresa.

Para que a família não desconfiasse da sua demissão, saía todos os dias no mesmo horário e só voltava no meio da tarde, quando apenas Dalva estava em casa.

Na primeira vez que Dalva viu o pai em casa fora do horário de costume, ela perguntou o que tinha acontecido e Cleto a segurou pelos ombros, gritando ofensas, e a sacudiu com tanta violência que ela deu um jeito feio no pescoço.

Ela não contou nada para a mãe quando ela lhe perguntou o motivo de estar colocando gelo em seu pescoço dolorido. Ela não entregou o pai. Cleto sempre pensava nesse episódio com certa culpa, mas vinha o Barril, o mais novo comparsa do nosso grupo, e dizia que ela só se machucou porque havia se metido em assuntos que não lhe diziam respeito. Então Cleto concordava e isentava-se de suas ações agressivas.

Em razão de Cleto ser um alcoólatra, busquei, na organização, um viciado especializado nessa área, deixando Cadu, a partir daí, encarregado somente de Marcos e Laura.

Cleto estava no bar bebendo muito, por se sentir culpado de ter batido novamente em sua filha no dia anterior. — "Dalva sempre foi uma filha maravilhosa, mas, agora, só sabe me desrespeitar! Por isso eu bati nela. Com certeza ela mereceu" – pensava ele, com alguma dificuldade.

Enquanto bebia, Cleto falava consigo mesmo:

— Eu só não paro de beber ainda porque preciso da bebida para enfrentar a perda de meu filho, mas quando eu quiser eu paro. Como eu não vi o que estava acontecendo? Ele se matou, meu Deus! Meu filho tão esperado e tão amado.

E, assim, Cleto bebia mais um gole e continuava falando sozinho:

— É claro que não vou mais bater nela, porque ela não merece isso. Sempre foi uma filha exemplar.

Então, a culpa chegava forte em seu coração e ele completava:

— É só ela não me desrespeitar mais. É só ela não me desrespeitar mais.

Barril ia alimentando os pensamentos de Cleto, sempre deixando em sua mente a ideia de Dalva ser a culpada por se intrometer nos assuntos que não lhe diziam respeito. Cleto, em um processo de defesa inconsciente, aceitava aquelas ideias como uma fuga de suas próprias responsabilidades, mesmo que nada daquilo fizesse qualquer sentido.

Cleto estava tão envolvido com sua autopiedade e no vício que, alienado, não raciocinava sobre a falta que o seu emprego e salário fariam para a família. Aparecida era professora em duas escolas, sendo uma delas a que os filhos estudavam. O que ela ganhava era suficiente para pagar todas as despesas fixas mensais, porém, não para pagar todas as dívidas que ainda tinham.

Cleto, no entanto, só pensava em seus problemas e não parava para imaginar as dificuldades financeiras que a sua família passaria quando o seu dinheiro acabasse. Por enquanto, ele estava gastando tudo o que havia recebido de rescisão em bebida e com algumas contas que ele ainda se lembrava de pagar.

Capítulo 31

Enquanto isso, Dalva estava em frente à casa espírita com Antônio.

Firmino veio até mim, apreensivo. Tinha medo de me dizer que não conseguiu impedi-la de chegar até lá. Quando ele me avisou, soprei fogo pelas ventas. Fiquei muito, muito irritado.

Fui com ele até à casa, mas não pudemos entrar. Pedi então que Firmino ficasse ali na entrada, vigiando, e me avisasse quando eles estivessem saindo.

Enquanto isso, fui verificar, pessoalmente, como cada um dos integrantes daquela família estava e se cada comparsa estava fazendo o seu trabalho direito.

No centro espírita, Antônio foi orientado a ficar no salão, fazendo uma prece, enquanto Dalva conversava com o senhor Gustavo sobre a situação de sua família.

Gustavo era um senhor idoso, com um cabelo branquinho e sorriso largo. Sempre muito solícito, escutava a todos com paciência e sempre tinha uma palavra amiga para transmitir àqueles que dela precisavam.

Dalva, imediatamente, se sentiu acolhida e logo se iniciou o diálogo entre eles:

— Penélope me falou sobre os problemas que a sua família está enfrentando, mas antes de começarmos a conversar, gostaria de saber se alguém da sua família sabe sobre a sua vinda aqui.

— Para falar a verdade, não. Mas, eu já falei com mamãe que iria em um lugar que poderia nos ajudar. Dependendo das orientações que o senhor me der, vou conversar com ela hoje à noite.

— Então fico um pouco mais tranquilo de que você terá o amparo e o apoio de um responsável seu para este auxílio. Penélope me disse que você pôde ver, em seus sonhos, um grupo espiritual em sua casa, minha filha?

— Sim, senhor Gustavo, não só um, mas dois. Como eu disse para ela, antes estava junto ao Marcos e Rodrigo um grupo mais desorganizado, eu diria. Eles tinham um interesse muito direcionado para eles, não se preocupando com o restante da família. Meu mentor me disse que Rodrigo, para a infelicidade do primeiro grupo, não se deixava influenciar porque, quando percebia a presença desses irmãos, sempre tentava se centrar. Por isso, eles ficavam muito irritados.

— Então, Rodrigo é médium também?

— Disseram que sim. Porém, assim como eu agora, não deve saber como agir.

Dalva explicou a ele tudo o que sabia e tinha visto naqueles sonhos, descrevendo, por fim, a chegada do nosso grupo e os nossos objetivos.

— Foi aí que o seu irmão mais velho piorou?

— Sim. Depois da presença desse novo grupo, ele afundou nas drogas e se suicidou.

Dalva parou de falar. As lembranças do suicídio do irmão ainda eram vivas em seus pensamentos e ela sempre se angustiava quando falava sobre isso.

— Por favor, Dalva, não se fixe nesse momento ruim. Nada do que ocorreu foi sua culpa. Seu irmão fez as suas próprias escolhas e ninguém poderia fazê-lo desistir, se era isso o que ele queria. Continue, por favor.

— Depois que meu irmão se foi, sinto que o grupo intensificou o trabalho para trazer a desarmonia ao nosso lar, mas estávamos conseguindo aguentar, apesar de papai e mamãe ainda brigarem muito e Rodrigo estar mais apático e triste por tudo o que aconteceu. Foi aí que sonhei com Marcos lá em casa e ele não estava sozinho. Ele estava ligado à sua antiga namorada, a ponto de serem um só. Nunca tinha visto aquilo. A imagem deles fundidos em um só ainda me incomoda e dá medo.

— Entendo. Mas, o que você faz diante desse quadro que a incomoda?

— Sempre rezo. Preciso admitir que também evito o quarto de Marcos, que foi onde os vi. Aliás, por coincidência, depois que papai começou a beber, não sai mais de lá. Enfim, por causa da bebida, meus pais estão brigando muito mais, e agora Rodrigo também. Ele sente que precisa nos proteger de papai e está alimentando sentimentos muito ruins por causa disso.

Dalva parou de falar um pouco, pois se sentia muito cansada. Ela ficava exausta só por descrever aquilo tudo que ela estava vivendo.

— Senhor Gustavo, tenho certeza que meus familiares não entenderão se eu tiver de contar tudo isso a eles. Primeiro, porque não acreditam em espíritos, segundo porque afirmarão ser tudo muito injusto. Dirão que não fizeram nada de errado e agora sofrem com essa interferência espiritual.

Sei que os espíritos de luz nos protegem, mas, ao mesmo tempo, parece que fomos abandonados por eles. Mesmo sabendo que isso não é verdade, diante de tudo o que estamos vivenciando, será difícil convencê-los do contrário, se até eu estou descrente.

Gustavo veio logo em seu socorro:

— Não duvide da proteção divina, minha filha. Quando as experiências dolorosas são vivenciadas, é porque todos os envolvidos necessitam delas para um novo aprendizado.

— O engraçado é que eu sei de tudo isso e, pode ter certeza, eu mesma teria falado isso para qualquer um que viesse reclamar dos seus problemas. Mas quando vejo o que a minha família está passando...

— Você acha que vocês não merecem vivenciar tantos conflitos e dificuldades?

— A minha família não fez mal a ninguém! Meus pais sempre foram pessoas boas e até caridosas. Meu irmão, apesar das drogas, sempre foi carinhoso, amoroso, feliz. Por que teve que ter um fim tão trágico? E Rodrigo? Ele não faz mal nem a uma mosca...

— Sim, mas Penélope me disse ao telefone que a harmonia do seu lar já estava abalada e que, logo depois que Marcos se foi, sua família se desestruturou. Sua mãe, por um período, deixou de olhar as necessidades dos filhos em razão de uma tristeza indefinível; seu pai reagiu e age com violência contra você, sem motivos aparentes; e Rodrigo está sendo violento com o seu pai e os sentimentos dele estão em turbilhão, a ponto de você temer por uma atitude mais drástica do seu irmão contra o seu pai.

— Sim.

— Então, não retire de nenhum deles as responsabilidades de suas próprias construções, Dalva. Qual foi a orientação de seu mentor para que o seu lar ficasse protegido?

— Que deveríamos fazer orações e mudança de comportamentos.

— Vocês estavam fazendo o Evangelho no Lar, não é? Então como você acha que tais influenciadores entraram em sua casa?

Abaixando os olhos, envergonhada pelas suas palavras anteriores, Dalva respondeu:

— Acho que, primeiro, acompanhando Marcos. Depois, porque nos deixamos levar pelo desespero, desesperança e culpas.

— Como você mesma constatou, esses dois grupos espirituais entraram em seu lar, e em suas vidas, não só porque acompanhavam Marcos, mas porque vocês permitiram, através de seus pensamentos e ações.

Você me permite ir um pouquinho mais fundo? Você afirma que todos de sua família são pessoas boas, e eu acredito que sejam. Mas ser bom não significa que não tenham algo a mais para aprender. Foi só acontecer um contratempo que seus pais se entregaram à discórdia e à desarmonia. Marcos procurou nas drogas algo que não encontrava em si mesmo. Poderia ter conversado com vocês, aqueles que o amam, mas ele escolheu um caminho mais doloroso para se sentir feliz. Apesar de você afirmar que ele é o mais centrado, acredita que será pela violência que encontrará um caminho de paz para todos vocês. E você, Dalva, como estava se sentindo diante dessas experiências?

— Um pouco triste, até um pouco frustrada em ver aqueles que amo passando por tantas dificuldades.

— Agora você entende por que nenhum de vocês pode ser considerado uma vítima do acaso?

Dalva entendia. Do fundo de seu coração, ela compreendia o porquê de cada um deles estar participando daquelas experiências.

— Senhor Gustavo, eu entendo. É tão certo precisarmos dessas experiências que, na menor dificuldade, estamos ficando reprovados. Está em nossas mãos mudar essa trajetória que pode nos levar a um destino de mais dor ainda. Eu só não sei o que fazer para ajudar a minha família, porque desconfio de que esse grupo que está em nossa casa tem como objetivo fazer Rodrigo agir contra meu pai, o que seria outra desgraça que recairia sobre nós.

— Dalva, pense com carinho: o que você fazia quando não tinha nenhum de nós para ajudá-la?

— Eu rezava e tentava emanar o meu amor para cada um deles. Como eu não sabia como agir, fazia aquilo que o meu coração mandava e o meu mentor sempre me orientou!

— Então, filha, continue fazendo isso. Não se deixe contaminar pela sensação de tristeza, mas, ao contrário, permita-se abraçar essa experiência como um presente da vida para o crescimento de todos vocês. Nossos mentores não nos abandonam, Dalva. Somos nós que lhes damos as costas, quando acreditamos que as circunstâncias que vivenciamos, neste que chamamos de planeta escola, são injustas. Perdemo-nos quando começamos a aceitar a ideia de que existe o caos e de que nele não existe Deus. Assim, nossos mentores e os trabalhadores *da luz* não conseguem auxiliar-nos, porque os afastamos, a muitas léguas de nós, pela nossa baixa vibração.

— O senhor tem razão. Essa foi uma das primeiras orientações que recebi de Caio, quando eu compreendi que ele não estava neste mundo.

— Ele é sábio.

Gustavo ficou pensativo por alguns minutos, falando ao final:

— Bem, precisamos ajudar os seus familiares. Acreditamos que haja tempo para o socorro de todos. A sua parte será...

Uns vinte minutos depois, ambos saíram da sala onde estavam conversando. Ela parecia muito mais aliviada e feliz.

Antônio foi convocado para a tarefa de auxílio também.

Agora, as estratégias haveriam de ser colocadas em prática, e eu e meu grupo iríamos descobrir isso logo, logo...

Capítulo 32

Marcos e Laura permaneciam alienados no quarto de Rodrigo. Ambos viviam numa simbiose cuja visão da vida estava presa às próprias fixações de cada um. Marcos só pensava em Laura, enquanto Laura só pensava em si mesma.

Sem termos noção da presença dos *da luz*, eles conversavam sobre os encarnados:

— Sinto tanto por nossos amigos! – disse o mentor de Laura.

— Eu também sinto, mas nosso grupo não os abandonará à própria sorte – afirmou o mentor de Marcos. – O que eles estão vivenciando é uma consequência de suas escolhas e ninguém poderá tirar isso deles.

— É impressionante como podemos, por nossas ideias obsessivas, nos transmutar perispiritualmente no mundo extracorpóreo. Quando Marcos colocou em sua mente que sua felicidade estava ligada à presença de Laura, ele formou e alimentou, com o tempo, aquele elo que o ligava a ela e o escravizava. Por livre escolha, ele se tornou escravo dela, e quando ela desencarnou, ele se desiludiu. Ele achava que não poderia ser feliz sem ela, convencendo-se de que não valia a pena continuar vivendo. Como Marcos se esquecera do real valor da vida, furtou de si mesmo, novamente, a oportunidade que ganhara para resgatar débitos e crescer.

É claro que, se essa fixação fosse somente dele, a simbiose poderia não acontecer quando estivessem no plano astral. Mas, a partir do momento que Laura, na matéria, começou a usá-lo para manter o seu vício e a manipulá-lo para conseguir o que queria, utilizando--se de seu próprio corpo como moeda de troca para não o deixar ir, ficou firmada entre eles uma simbiose.

Em razão de suas experiências passadas, Marcos, nesta existência, acreditava que ele era imprescindível para a segurança e direcionamento daqueles que ele amava. Quando ele percebia que não detinha tantos poderes, ele se sentia inseguro e extremamente frustrado, não conseguindo, intimamente, lidar bem com essa situação.

Laura, por sua vez, era uma criança muito bonita e mimada. Seus pais lhe davam tudo o que pedia, apesar das dificuldades de uma família de classe média. Era para ela valorizar a vida, mas nada lhe satisfazia. Os pais de Laura não compreendiam que aquela alegria que ela estampava em seu rosto, a cada presente, não significava que o seu vazio existencial estava sendo preenchido. Foi somente quando descobriram sobre os furtos em casa e suas atitudes desregradas que tentaram socorrê-la, negando-lhe o que pedia e até ameaçando interná-la contra a sua vontade. Mas tudo fugiu ao controle, não porque eles erraram, mas porque ela já havia desistido de viver se não fosse com as drogas.

Agora, como resumo de suas obras no vício, Laura e Marcos estão sendo usados por aqueles que foram usados por eles antes. Quando nos colocamos em uma posição de vampirizados, estamos criando laços que poderão nos fazer dependentes também no plano astral da vida. Na maioria das vezes, quando o grupo vampirizador se une ao vampirizado, forma-se uma simbiose que duplica as sensações do prazer, por isso o convite velado aos desencarnados pelos encarnados. Então, quando os vampirizados desencarnam, transformam-se em vampirizadores nas organizações que antes os amparavam em seus desejos de prazer. Uma das formas para que os laços se partam é pela sua conscientização de que eles não mais necessitam disso, e assim a liberdade acontece. Por enquanto, Laura e Marcos estão ligados pelos laços da dependência, e somente sairão desse estado com o auxílio dos que os amam e rezam por eles.

Aqueles dois irmãos de luz ficaram ali em profunda oração, para que os seus protegidos pudessem sentir o lampejo de suas almas e, quem sabe, dar início ao seu resgate redentor.

Capítulo 33

Na hora do almoço do dia seguinte, Dalva chama a sua mãe para ir ao seu quarto.

— Mãe, você se lembra de que ontem eu pedi para a senhora confiar em mim?

A mãe fez que sim com a cabeça, e Dalva continuou:

— Então, preciso da sua ajuda, e a do Rodrigo também. Preciso de sua compreensão para as dificuldades que passaremos, mas sei que não posso exigir que a senhora as aceite com facilidade. Peço apenas que desconsidere qualquer ideia preconceituosa que ainda possua sobre coisas que a senhora não conhece.

— Você está me assustando, filha.

— Não falo isso para assustá-la, mãe, não é a minha intenção. Mas preciso que a senhora me ouça e confie em mim, para que o laço de nossa família não se desfaça.

— Está certo. Eu confio em você, e o que me pedir vou tentar fazer.

— Está bem! Espere só um minuto que vou chamar o Rodrigo.

Logo que Rodrigo entrou no quarto, Dalva fechou a porta, com receio de seu pai chegar em casa e ouvir a conversa

— Preciso que hoje à noite vocês saiam comigo.

— Para onde? E o seu pai, não vai?

Rodrigo, só de ouvir a menção de seu pai, já fechou a cara e falou:

— Com ele, eu não vou a lugar nenhum.

— Ele ainda não pode ir, mãe.

E, olhando profundamente para o irmão, apontou para os seus braços cruzados em sinal de contrariedade, dizendo:

— Rodrigo, é sobre o fato de você ter sempre essa reação quando, nós simplesmente mencionamos papai que preciso conversar com você também. Escutem e, mãe, abra a sua mente e o seu coração para o que eu vou revelar.

Após uma respiração profunda, Dalva falou:

— Mãe, uma vez você e papai levaram Rodrigo a um centro espírita para fecharem o corpo dele porque ele estava tendo, diariamente, problemas com a sua mediunidade, não é verdade?

— Sim. Foi a explicação que tivemos e, mesmo não acreditando, o levamos ao centro.

— A minha pergunta é: ele se curou, mãe?

Rodrigo olhava para Dalva e não entendia onde ela queria chegar.

— Sim, Dalva. Ele não teve mais aquelas atitudes estranhas que tanto nos amedrontava naquela ocasião.

— Então posso dizer que, mesmo vocês não acreditando, houve um resultado positivo ao pedido de socorro feito por vocês na casa espírita?

— Sim, isso é verdade.

— Está bem, então. Rodrigo, eu posso afirmar que a sua mediunidade se abriu novamente? Você estava sentindo a presença de irmãos espirituais em nossa casa, principalmente quando Marcos não estava tão bem, não é?

Ele não queria responder.

— Meu irmão, não é hora de melindres. Precisamos uns dos outros, sem segredos, sem mentiras. Mamãe, mais do que ninguém, precisa saber o que você está sentindo, para que possamos achar uma cura para todos nós. Porém, já explico que a sua cura não é fechar de novo o seu corpo, ou alguma ação paliativa nesse sentido, mas sim você aprender a lidar com essa ferramenta, esse lindo instrumento de auxílio que você possui.

Aparecida olhou assustada para o filho. Será que eles iriam passar por tudo aquilo de novo? Logo agora!

— Não, mamãe, não se assuste. É exatamente o contrário. Se eu não tivesse falado, a senhora nem ia ficar sabendo. Então, se a senhora analisar a situação, sem qualquer preconceito, verá que Rodrigo já está sensível há um bom tempo e não lhe deu nenhum trabalho até agora.

Aparecida lhe deu razão.

— Sim, de fato eu sinto algo – respondeu Rodrigo, finalmente. – Comecei a senti-los há algum tempo.

Acredito que foi logo quando Marcos começou a trilhar o caminho das drogas. Quando ele chegava em casa, eu sentia muito peso nas costas e dor de cabeça. Chegava ao ponto de ficar mal-humorado sem qualquer motivo. Então, uma vez, depois de já termos instituído o estudo do Evangelho em nosso lar, você veio conversar comigo e me falou que tinha visto uma entrevista na televisão que chamou muito a sua atenção, e nela falavam sobre Espiritismo e o valor da oração para o nosso equilíbrio. Sem saber, você me deu uma ferramenta para eu me equilibrar.

Dalva nada comentou.

— E hoje, Rodrigo, como você está? – perguntou a mãe, preocupada.

Rodrigo não respondeu imediatamente. Ele não sabia... — "Mesmo depois de Dalva me alertar para eu olhar para dentro de mim, eu não soube fazer isso! Parei até de orar!" – pensou ele.

— Mãe, acho que não estou muito bem, mas, acredito que, como disse a Dalva, não é por causa da mediunidade. Sendo honesto, acho que joguei toda a minha frustração nas atitudes de papai, culpando-o pela minha tristeza excessiva, mas eu já estava mal antes de ele se refugiar na bebida.

— Eu não entendo, meu filho!

— Desde aquele dia em que Marcos foi para o hospital, eu não tenho paz. Me sinto culpado por ele ter descido tão baixo e continuo me sentindo culpado por não o ter impedido de cometer o suicídio.

Sabe, nós já sabíamos de sua condição de viciado, mas ele nos pediu segredo, prometendo que iria parar e contar para vocês. E nós, ingenuamente, prometemos não contar, mãe!

Como nós pudemos acreditar nele? Antônio já tinha nos avisado que todo viciado joga com os sentimentos daqueles que os amam, mas nós não falamos nada porque vocês estavam brigando muito e não queríamos piorar a situação. Se tivéssemos falado, talvez ele ainda estivesse conosco.

— Filho – disse Aparecida, abraçando-o –, não se culpe. Se alguém é culpado, somos seu pai e eu, porque tivemos todos os sinais para enxergarmos o que estava acontecendo, mas nada vimos. Quero, porém, acreditar que demos o nosso melhor sempre, e, pelo bem de nossa família, não devemos, nenhum de nós, abraçar essa culpa. Marcos escolheu esse caminho e nós teremos de viver com isso sem nos culpar, até porque nada o trará de volta.

Dalva deixou que ficassem abraçados por um momento. Depois, disse, de supetão:

— Preciso que vocês venham comigo a uma casa espírita esta noite.

Ambos olharam para ela, surpresos.

— Por que temos de ir a uma casa espírita, Dalva?

— Mãe, eu não sei se a senhora tem conhecimento sobre o que é uma influenciação espiritual, mas quando nós, encarnados, nos perdemos do roteiro, podemos sofrer a influência de irmãos espirituais que também estão trilhando esse caminho de equívocos.

Hoje, infelizmente, nossa casa está aberta para essas companhias, porque cada um de nós está dando brecha para que esses irmãos estejam conosco. Por isso, quando nos magoamos, nos irritamos, nos enraivecemos, se ficarmos atentos, perceberemos um aumento exagerado desse sentimento, repentinamente. Quando nos sentimos culpados, com baixa autoestima e tantos outros sentimentos, abrimos um canal de influenciação, nos colocando numa faixa energética difícil de abandonar, e somente com muito esforço conseguiremos fechá-lo.

Se a senhora acredita que Rodrigo foi ajudado em algum momento quando era mais novo, então a espiritualidade poderá nos ajudar de novo, se fizermos a nossa parte. Hoje, o nosso ponto de desequilíbrio somos todos nós, mas o papai está pior e não está sozinho. Por isso, se não o ajudarmos, ele poderá não conseguir abandonar o seu vício.

Aparecida não conseguia entender o que ela queria dizer com Cleto não estar só. Antes de ela verbalizar a sua pergunta, o próprio Rodrigo disse:

— Então é por isso que eu estou tão avesso ao nosso pai? Ele está acompanhado de algum espírito diabólico, alguma coisa assim?

— Rodrigo, eu não entendo muito sobre esse assunto, mas quero deixar claro que eu não aceito essa denominação. Nenhum filho de Deus pode ser considerado diabólico só porque fez, ou ainda faz, alguém sofrer. Ele, como qualquer um de nós, está trilhando o seu caminho, e por isso erra. Esse espírito é nosso irmão em Cristo e devemos respeitá-lo como tal, por mais equivocado que esteja. Tanto isso é verdade que Jesus disse que justificaria cada um de nós ao Pai, não só os bons. Se pensássemos como você, teríamos de aceitar que Marcos é mau e diabólico, e que deveria padecer eternamente no inferno, só porque ele nos fez sofrer muito com a sua ação equivocada.

Rodrigo e Aparecida se surpreenderam com aquele pensamento simples, mas cristão de Dalva.

— Acho que você tem razão.

— Acredito que nosso pai está sofrendo alguma influência espiritual e a sua aversão a ele, mano, terá de ser compreendida por meio dos ensinamentos e aprendizados que teremos lá na casa espírita.

Rodrigo entendia que a sua irmã não poderia explicar o que estava acontecendo e que, se eles quisessem mais esclarecimentos, precisariam buscá-los. No entanto, ele precisava tirar uma dúvida com ela:

— Como você soube que a minha sensibilidade estava aflorada?

— Porque eu sonho com o mundo espiritual. Não é todo dia e não é sobre tudo, claro, mas em alguns momentos eu tenho a oportunidade de conversar com os espíritos nos sonhos e eles me orientam sobre vários aspectos da vida.

— Minha filha – disse Aparecida –, como nunca nos contou sobre isso?

— Mãe, desde muito cedo eu vejo e ouço o mundo dos espíritos através dos sonhos. Como vocês tiveram aquela reação com Rodrigo, percebi que não poderia lhes falar sobre algo que somente para mim era natural e muito libertador.

Claro que não vejo só o que é bonito. Infelizmente, também vejo e sinto a falta *da luz* em muitos irmãos que se encontram na ignorância. Meu mentor me ajuda a compreender as dificuldades e enxergar com carinho o momento de cada um deles. Sinto-me amparada pela espiritualidade e tento, dentro do possível, estar sempre em sintonia com o bem. Isso me ajuda a não sofrer diante das trevas.

— Meu Deus, como seu pai e eu não sabemos nada do que acontece na vida de vocês!

— Não se culpe, mamãe. Lembre-se do que disse para o Rodrigo. Vocês nos deram o melhor, e é só o que podemos pedir. De qualquer forma, ainda preciso que vocês me acompanhem à casa espírita. O senhor Gustavo estará nos esperando para nos dar as explicações que precisamos. Penélope e Antônio também estarão lá. A senhora ainda não a conhece, mas ela foi enfermeira de Antônio no período de sua recuperação, e foi ela quem o apresentou ao Espiritismo.

— Meus filhos, farei o que puder para apoiá-los neste momento. Entendo pouco de Espiritismo, mas quando o seu irmão precisou de ajuda, fomos ajudados. Então, que sejamos de novo, pela Graça de nosso Senhor Jesus Cristo.

— Primeira coisa, temos de fazer da oração o instrumento que trará ao nosso lar a harmonia que precisamos. Ao entrarmos ou sairmos, oremos com o coração para que a nossa casa possa reencontrar a sua sintonia nas paragens cristãs. Podemos começar fazendo isso agora.

Assim Rodrigo, mesmo sentindo uma certa vergonha de ficar orando ali com elas, tentou superar o desconforto. Eles então conseguiram, pela primeira vez em muito tempo, fazer uma oração, singela, pela família e pelo lar que os acolhia.

Sem termos noção do que estava acontecendo, pois não conseguíamos entrar no quarto de Dalva, meu grupo e eu começamos a sentir um grande incômodo, que me fazia crer que aquela menina já estava aprontando de novo.

Capítulo 34

À noite, tentamos de tudo para impedi-los de sair de casa, mas nada do que fizemos deu resultado. Às dezenove horas e trinta minutos, Antônio, Aparecida, Dalva e Rodrigo estavam no salão da casa espírita. O senhor Gustavo veio pessoalmente acolhê-los na porta.

Nós não conseguimos entrar, então mandei Firmino e Boca irem atrás de Barril, que até aquele momento não tinha chegado em casa com Cleto. Somente Beto e eu ficamos do lado de fora, aguardando.

Nós víamos que muitas pessoas entravam naquelas instituições, mas nem todas saíam de lá modificadas. Era só darmos corda para que elas retornassem aos velhos costumes de sempre. Na real, para que os encarnados se livrem de nós, eles precisam querer mudar os pensamentos e comportamentos que nos ligam a eles, e isso nem sempre acontece.

O engraçado é que, mesmo não estando lá dentro, eu conseguia acompanhar tudo o que estava acontecendo entre eles. Percebi que não era um dia normal de trabalho na casa. Lá se encontrava um grupo de meia dúzia de trabalhadores, incluindo Penélope, já sentada à mesa em oração. O senhor Gustavo perguntou a Dalva se ela havia explicado à sua família o que estava acontecendo e o que eles vieram fazer ali. Dalva lhe disse que preferiu deixar para que ele explicasse, melhor que ela, o que fariam, mas que deu uma ideia do que estava acontecendo. Então, ele esclareceu para os visitantes:

— Já expliquei aos nossos trabalhadores que Dalva veio pedir o nosso auxílio, porque vocês estão, segundo chegou ao nosso conhecimento, sofrendo a interferência de um grupo espiritual que quer muito o seu desequilíbrio.

Por orientação da espiritualidade, vamos iniciar realizando um trabalho de harmonização a distância para o seu lar e a sua família, e também, se Jesus assim permitir, tentaremos conversar com algum representante desse mesmo grupo de influenciadores, para melhor entendermos o que está acontecendo.

Precisaremos que vocês estejam bem, abraçados à fé que possuem na Misericórdia do Altíssimo, para não se sentirem vítimas diante dessa experiência, mas, sim, Seus filhos muito amados, que estão vivenciando um momento de enorme aprendizado.

Para presidir os trabalhos, o senhor Gustavo se afastou da família, não sem antes indicar-lhes um lugar confortavelmente próximo à mesa.

Após uns quarenta minutos de orações e harmonização direcionados ao lar de Rodrigo e aos seus integrantes, foi encerrada a primeira parte dos trabalhos, sendo iniciada, imediatamente, a segunda parte com uma oração:

— Meu querido e amado Mestre Jesus, estamos aqui para agradecer a Sua presença, sempre junto de nós e de nossos amados irmãos desencarnados, que, por questões pessoais, se afastaram de Seu amor, de Seu carinho e de Seus ensinamentos. Precisamos do Seu auxílio, porque, apesar de portadores de muito amor, ainda somos ignorantes para entendermos a simplicidade e a grandeza das leis divinas. Sabemos, entretanto, que nada poderá ir contra nós quando o Senhor está presente em nossos corações. Abençoe este trabalho, Mestre querido, hoje e sempre. Assim seja!

Desde o início, mesmo estando do lado de fora, fui tendo uma sensação de dormência e, sem perceber, fui sugado para dentro daquela casa, para participar daquele trabalho.

Levei algum tempo para entender o que estava acontecendo, e quando percebi, já estava próximo da mesa. Vi Penélope e queria chegar perto dela, mas não consegui. Estava como imantado naquele lugar, perto de um homem que eu nunca tinha visto.

Então ouvi de um trabalhador espiritual da casa que era para eu me apresentar, para aproveitar aquela oportunidade e falar tudo o que eu gostaria de dizer aos meus perseguidos.

Mas eu não queria fazer isso. Nunca havia pensado em passar por uma experiência como aquela e estava me sentindo inseguro, como se tudo aquilo fosse uma perigosa armadilha. Subitamente, porém, pensei que poderia colocar ainda medo neles e talvez, finalmente, subjugá-los. Concentrei-me e, para a minha surpresa, tudo aquilo que eu pensava em falar era repetido pelo médium do meu lado:

— Olá! Meu nome é Jefferson e eu sou um obsessor!

— Seja bem-vindo, meu irmão! Por que você veio até nós? – disse o senhor Gustavo.

Como resolvi que aquela visita seria para demonstrar poder, então eu disse:

— Vim aqui para mostrar a essas pessoas que vieram pedir auxílio que não adianta procurar Jesus. Nem Ele poderá ajudá-los. Percam as esperanças.

— Mas, por que você diz isso, meu irmão? Quando titubeamos em nossa fé, somos, pelo menos, portadores da esperança de que Jesus jamais nos abandona.

— Isso não é verdade. Jesus não liga para nenhum de vocês. Se fosse assim, o tal Marcos não se suicidaria e aquele pai, o tal Cleto, não estaria fazendo tantas atrocidades com essa família.

— Jefferson, esses fatos são reais e isso só nos dá a certeza de sua presença espiritual na casa de nossos irmãos, mas você, mais do que ninguém, sabe que tudo isso só está acontecendo porque eles permitiram. É pela vontade deles que vocês os subjugam e será pela vontade deles que vocês deixarão de fazê-lo.

— Não os iluda, dando-lhes um poder que eles não possuem. Eles são espíritos fracos, que na menor das dificuldades têm a harmonia de seu lar estraçalhada. Por nossa vontade, os fazemos de marionetes, e continuarão assim por ser o que são.

— E você, meu irmão? Não é também uma marionete? Não está sendo escravizado a uma função que já não suporta mais desempenhar?

Novamente, aquela palavra: escravidão! Fiquei muito irado com aquela interferência e me perguntei quem era ele para dizer aquilo para mim e reagi:

— Não sou escravo, sou o líder de uma falange. Mando e desmando em meu grupo e posso fazer o que eu quero com os fracos, encarnados ou desencarnados.

Veja o Marcos que, por ser um fracassado, deixou-se levar pela ausência da namorada e tirou a própria vida. Primeiro foi ela, depois ele. Tudo muito fácil!

Aparecida soluçou alto. Era muito difícil para ela encarar aquela realidade. — "Como aquele homem, sentado àquela mesa, podia saber tanto sobre eles? Como o seu filho foi influenciado a se matar? E Laura? É aterrador pensar que alguém pudesse fazer isso com dois jovens que tinham uma vida toda pela frente" – pensava ela.

Aparecida ainda não havia entendido que quem estava se manifestando era eu e não o médium, que somente transmitia os meus pensamentos, as minhas palavras.

O senhor Gustavo, que recebia as orientações dos coordenadores espirituais daquele trabalho de auxílio, continuou com os esclarecimentos:

— Meu irmão, você é o líder de seu bando, mas existe alguém acima de você. Há sempre uma hierarquia, sabemos como funciona. Há alguém que lhe dá ordens e, geralmente, não é muito paciente. Como você ficará se não cumprir com o que foi determinado por ele?

— Ora, isso não é problema seu.

— Mas é claro que é! Nós temos como missão ajudar a todos os irmãos que necessitam de Jesus e, se você necessita Dele, estaremos aqui para ajudá-lo.

— Quem são vocês para me dizerem do que eu preciso? Não sabem com quem estão lidando.

— Sabemos que Jesus jamais desampara quem Dele precisa, e todos nós, inclusive você, somos os Seus amados irmãos. Só precisamos pedir com o coração, que o auxílio virá.

De repente, a imagem de minha avó preencheu todo o meu ser. Senti um desamparo imediato e senti que desabaria ali mesmo. Mas não poderia fazer isso. Não poderia abandonar a minha função. Os meus homens precisavam de mim e eu deles.

— Vocês não conseguirão me influenciar – falei com uma raiva que foi vivamente expressada por aquele médium a quem eu estava ligado. – Eu conseguirei atingir o meu objetivo. Primeiro, foi Marcos. Depois, serão o pai e o filho. E se qualquer um dos não mencionados se opuser a mim, estará na lista daqueles a quem prejudicarei.

Senti que estava sendo liberado, devagar. Ainda pude ouvir, vindo daquele senhor:

— O seu tempo está se esgotando, Jefferson, por isso, escute-me: Jesus jamais dá às costas aos Seus irmãos. Lembre-se que você, por mais que tenha errado, não está só, e aqueles que o amam ainda rezam por você. Reflita!

E não ouvi mais nada.

✳ ✳ ✳

Em meu quarto, Beto estava ao meu lado, batia em meu rosto e perguntava:

— Jefferson, Jefferson, o que houve?

Fui acordando, devagar, sem entender o que ele estava perguntando. Eu apenas o ouvi falar:

— Ainda bem, está acordando!

As lembranças foram chegando e, num rompante, levantei daquela cama e perguntei:

— O que você está falando, Beto? O que houve?

— Ora, Jefferson, você sumiu! Estávamos em frente daquele centro espírita e, de repente, você não estava mais do meu lado. Para onde você foi?

Então, percebi que ele não sabia. Ninguém soube que eu fui levado lá para dentro. Respondi com raiva e certo alívio:

— Eu não tenho que dar satisfação do que faço para você. Precisava pensar e saí.

Vi que Beto estranhou aquela minha reação. É claro que eu fazia isso com todos, mas não com ele, meu brother, para quem nunca me recusei a dar algum tipo de informação. Mas, diante daquela situação, eu não tinha uma boa desculpa para dar.

E ele foi me passando as notícias:

— Eu preciso avisá-lo que aquele centro espírita fez alguma coisa, porque não estamos conseguindo entrar na casa de Rodrigo. Firmino, Boca, Barril e Cadu estão aqui, aguardando instruções. Cleto retornou para casa e Barril não pôde acompanhá-lo, mas disse que ele já estava péssimo e não tinha parado de beber ainda. A preocupação dele é que Cleto tinha entrado com uma garrafa ainda pela metade, e Barril sabe que ele teria disposição para beber a outra metade. Como o que queremos é a sua desencarnação pelas mãos de Rodrigo, Barril nos alertou que aquela quantidade já é suficiente para Cleto ter problemas. Quanto a Cadu, que estava lá dentro, foi expulso pela energia desconfortável que tomou toda a casa, não conseguindo resgatar Marcos e Laura a tempo. Não sabemos o que aconteceu com eles.

Eu precisava pensar. *Os da luz* eram muito mais ardilosos do que eu imaginava e não me sentia forte para enfrentá-los. Pedi para Beto sair, não sem antes mandar que ele falasse com Firmino para ficar de guarda na frente da casa de nossos alvos.

Foi o tempo suficiente para que Firmino visse a família chegando em casa.

Fora de nossos olhos, dentro daquele lar, Dalva subiu imediatamente para o segundo andar, porque queria saber de seu pai. Já era tarde e ela queria ter certeza de que ele já tinha chegado em casa. Foi direto para o quarto de Marcos, porque há muito tempo os seus pais não dormiam juntos. Abrindo a porta, em silêncio, o viu jogado na cama, ainda vestido, com uma garrafa vazia caída ao seu lado. Percebeu que algo estava errado. Chegando próximo, viu que ele não estava bem e, com certo terror na voz, gritou para todos, dizendo:

— Chamem uma ambulância. Papai não está respondendo!

Capítulo 35

Pela manhã, a família de Rodrigo estava no hospital. Cleto tinha tido um coma alcoólico e o seu estado era muito grave. Uma equipe médica já havia feito lavagem em seu estômago e agora ele estava no oxigênio. Como não havia acordado ainda, os médicos pensaram em usar a técnica de hemodiálise para filtrar o sangue. Por enquanto, porém, estava tomando soro na veia para a hidratação necessária.

Aparecida sentia-se desolada. Pensava que poderia ter perdido mais uma pessoa que ela amava. Não entendia o que Cleto estava querendo com aquilo tudo. — "Seria morrer?" – pensou assustada.

Dalva estava ao seu lado e, num lampejo, Aparecida lhe perguntou:

— Filha, o que aconteceu ontem? Não era para estarmos melhor do que quando nós fomos àquela casa espírita? No entanto, agora estamos no hospital com o seu pai e quase o perdemos!

— Não pense assim, mamãe. Primeiro, a senhora precisa se lembrar do que o senhor Gustavo nos disse, no final da reunião, sobre o livre-arbítrio que cada um dos filhos de Deus possui.

— Sim, eu me lembro. Cada um de nós tem o direito de escolher o caminho que quer trilhar, mas nenhum de nós poderá se esquivar da responsabilidade de sua escolha. Ele foi muito claro ao explicar isso.

— Exatamente! Quando se afirma que ninguém pode ir contra o livre-arbítrio do outro, não significa que não podemos tentar ajudá-lo a sair de um caminho que percebemos lhe fará muito mal. Se a pessoa não nos escuta, nada a fará desistir do caminho escolhido. Vimos isso claramente com Marcos!

Dalva abaixou a cabeça ao se lembrar das inúmeras vezes que pediu ao irmão para ele parar de se drogar. Ele dizia o que ela queria ouvir, mas fazia somente o que desejava. Ela balançou a cabeça para espantar aquelas lembranças e continuou:

— Se a gente já começa a entender isso, por conta das experiências que nos rodeiam, imagine a compreensão já conquistada pelos mensageiros do Cristo! A senhora mesma percebe que, por mais que supliquemos, a decisão de parar de beber cabe apenas ao papai. Se todo o amor que ele tem por nós não está sendo suficiente para ele parar, e sabemos que ele nos ama muito, não será por meio de um trabalho espiritual que conseguiremos nosso propósito tão imediatamente.

— Então, em que eles nos ajudarão?

— Acredito que eles poderão nos auxiliar na fortificação de nossos laços familiares, de nossa fé, de nossa força de vontade em seguir pelo bom caminho se, e somente se, nós auxiliarmos neste processo. Eles não podem viver as nossas vidas, mas podem estar conosco e nos ajudar a enxergá-las com os olhos mais livres das ideias limitadoras que carregamos, e que só nos trazem dores e sofrimentos.

— Eu também estava pensando no que aconteceu e entendo que a misericórdia divina esteja dando ao papai o que ele precisa para perceber o excesso de suas ações. Quem sabe, não é? Se não for suficiente para ele, outras experiências virão. O que sei é que se não ficamos sós em nossas batalhas íntimas, ele também não ficará.

Aparecida ficou pensativa. Realmente, Cleto somente parou de beber a primeira vez quando as suas ações atingiram um resultado extremo e desesperador. Diante dele, Cleto entrou nos Alcoólicos Anônimos e não bebeu mais.

— Então, o que aconteceu ontem naquela reunião? – questionou Aparecida. – Tivemos uma experiência muito forte, mas eu não entendi como aquele homem, sentado à mesa, poderia saber tanto e ter tanto poder sobre nós. Fiquei com medo. O que você contou para ele?

— Aquele homem era só um médium, mamãe. Ele estava recepcionando um espírito de nome Jefferson que, pelo que eu entendi, comanda um grupo espiritual que está querendo nos destruir. Aquele trabalho realizado pela casa espírita faz parte do acolhimento de Jesus, direcionado para esse grupo e também para nós.

Todos nós merecemos o amor do Cristo e o receberemos, se assim o quisermos.

Como a família toda estava no hospital com o Cleto, achei melhor que os esforços do meu grupo fossem para tentar entrar na casa e descobrir o que havia acontecido com Marcos e Laura naquele meio de tempo. Pelo menos foi o que eu disse, para afastá-los dali. Na realidade, eu tinha receio de a família comentar sobre o que tinha acontecido na noite anterior, como estava fazendo agora, e o meu grupo descobrisse a minha fraqueza. Eu não queria arriscar, e estava apavorado. O que aconteceu só me provou que os *da luz* eram muito fortes. Eu não percebi que estava sendo levado para dentro daquela casa e, tampouco, que tinha sido depois levado para o nosso quartel general. Mas o que mais me espantou foi eles não terem usado isso contra mim! Poderiam ter mostrado a minha fragilidade aos meus comandados, mas não o fizeram!

A imagem de minha avó voltou à minha lembrança. Ela era pura angelitude e nunca me forçou a segui-la. Queria que eu escolhesse o meu caminho e respeitou a minha vontade.

Às vezes, eu penso se estou certo em querer defender esse meu orgulho, que só me dá uma vida de subjugação.

No hospital, Dalva continuava a explicar, sem perceber que estava sendo intuída pelo mentor de Aparecida:

— Por que você ficou com medo, mamãe?

— Você viu o que aquele espírito falou: ele fez o Marcos se suicidar e o Cleto voltar a beber!

Eu fiquei satisfeito com aquela declaração. Consegui atingir o meu intento e a apavorei com o nosso poder. Mas Dalva foi incisiva:

— Preste atenção! Eles não fizeram isso acontecer. Eles somente alimentaram algo que já estava nos corações de Marcos e de papai. Se ambos não quisessem fazer o que fizeram, ninguém os determinaria a agir contra a sua vontade.

Aquelas palavras soaram fundo em mim. Afinal, eu também já havia me questionado sobre qual era o nosso poder.

— Claro que eles são fortes, não devemos desconsiderar isso – disse Dalva –, mas são porque lhes damos munição e eles não têm pena de usá-la contra nós. Isso se dá porque eles acreditam que nós merecemos esse destino que, possivelmente, foi o que viveram. Se eles erraram e, no plano espiritual, se viram submetidos à vontade de alguns, então todos os outros deverão também ser submetidos como eles. Mas a lei de Deus não exige isso de nós. Ela quer que sejamos livres para aprendermos sempre mais.

O problema é que, se acreditamos que precisamos sofrer para aprender, será pelo sofrimento que aprenderemos. Se acreditamos que temos em nossas mãos o poder de julgar o outro, será com esse mesmo poder que julgaremos a nós mesmos e, por consequência, estaremos nos submetendo, consciente ou inconscientemente, aos castigos que acreditamos estar determinando ao outro.

Veja, por exemplo, o caso daquele nosso irmão espiritual, o tal Jefferson. Ele é o líder do grupo, é aquele que determina os suplícios que serão impostos aos seus alvos encarnados. Fico me perguntando que tipo de suplícios interiores ele também não sofre por não poder abandonar essa função ou se vier a falhar. Talvez, por um tempo, ele nada sinta ou até se divirta com tudo isso, mas chega um momento em que isso tudo cansa, porque queremos ser felizes de verdade e progredir.

Eu estava pensativo. Aquilo tudo era muito novo para mim.

Quantos anos eu tinha desperdiçado naquela vida? Há quanto tempo estou trabalhando para essa organização, sentindo medo e apreensão a cada falha? Eu não estaria sofrendo os suplícios que eu ministrava aos meus alvos? Será que eu estava sendo feliz de verdade?

Eu queria sair dali correndo, mas, ao mesmo tempo, queria escutar mais.

Rodrigo estava num canto. Seus pensamentos acompanhavam as palavras de Dalva. Ele também estava muito mal. Agora que seu pai estava ali, entre a vida e a morte, pensava em seus últimos desejos em relação a ele. — "Meu Deus, eu pensei inúmeras vezes que o queria morto! Pensei, eu mesmo, em matá-lo se ele levantasse a mão para mamãe. Como eu pude pensar nisso?"

Aproveitando a análise pessoal, o mentor de Rodrigo tentou, por meio de Dalva, transmitir-lhe as orientações devidas:

— E você, meu irmão, que também estava sofrendo a influência deles, percebeu como, não observando as suas emoções e sentimentos, você deu brecha para pensamentos e ações irracionais? Percebeu como um pensamento seu pode ser desequilibrado, quando não vigiado? Eu me pergunto: se você tivesse visto isso antes, o que faria?

Dalva mostrou os roxos em seus braços e ombros. Rodrigo se levantou de um salto e pegou no seu braço direito, e uma raiva quase o sufocou.

Eu senti um repuxo impressionante vindo de Rodrigo. Percebi que eu não tinha feito nada, mas fui quase sugado pela raiva dele.

— Ele fez isso? Como você não nos contou? – perguntou Rodrigo, irado.

— Eu não contei porque você ficaria assim.

Dalva fez um gesto, mostrando ao próprio Rodrigo como ele ficava com toda a sua indignação.

— E eu lhe pergunto: o que acabou de pensar?

Rodrigo ficou vermelho de raiva.

— Queria matá-lo.

— Seja sincero comigo, irmão, você não estava agora mesmo se recriminando por causa desses mesmos pensamentos?

— Como você sabe disso?

Dalva deu uma resposta ponderada:

— Porque eu vi como você olhava para ele enquanto mamãe e eu estávamos conversando. Não contei por saber o quanto você estava indignado com as bebedeiras, brigas e ações violentas de papai contra mamãe. Imagina se eu comentasse que ele chegou às vias de fato comigo também! Eu afirmo que se eu tivesse falado com você antes, o grupo espiritual que nos está influenciando estaria comemorando mais uma vitória.

Era verdade. Era tudo o que eu queria. Se Rodrigo tivesse feito qualquer coisa contra o seu pai, ele estaria em nossas mãos. A culpa que ele sentiria depois o faria nosso escravo.

Ele abaixou a cabeça e perguntou:

— Então essa raiva que sinto está sendo alimentada por eles? Estamos sendo observados aqui também?

Sem dar tempo para Dalva responder, ele perguntou, entristecido:

— Dalva, por que eles querem nos pegar?

— Rodrigo, não sei muito, mas acredito que eles estejam aqui também. Agora, posso afirmar que essa raiva que acabou de sentir foi sua, com um pouco do resquício da ligação do que já foi alimentado por eles antes. Se você se desequilibra, eles estarão com você. Quanto à sua última pergunta, lembre-se do que o senhor Gustavo nos falou, ao final da reunião, sobre as nossas ações de hoje ou do passado serem motivo para nos tornarmos alvo de irmãos que se sentiram atormentados por elas.

Já eu, não ouvia mais nada. Aquilo foi um choque para mim. Então, quando nos ligamos a eles para que façam o que queremos, também estaremos ligados a eles para nos usarem em seus próprios desequilíbrios.

É uma via de mão dupla?

Isso era demais para mim, precisava sair dali. Precisava me sentir livre deles.

Meus pensamentos estavam confusos. Eu queria fugir de mim mesmo. Já estava até me sentindo arrependido de não ter aceitado o convite de minha avó. Sentia como se não tivesse para onde ir. Nenhum lugar era suficientemente seguro para eu ficar. Não queria ninguém ligado a mim. Não queria ser usado por ninguém. Queria ser livre para ser feliz.

Então, saí apressadamente dali.

* * *

Lá fora, senti os raios do sol de novo. Parei. Como da primeira vez, senti como se fizesse parte de algo novamente, parte de mim mesmo. Eu estava sentindo algo, era eu! Minhas lágrimas caíam soltas pelo rosto, e não eram de raiva. Eu estava simplesmente chorando por mim, por tantas escolhas erradas que fiz.

E eu não podia culpar ninguém, a não ser a mim mesmo, porque tive minha avó para me orientar. Mesmo tendo morrido cedo, ela já tinha me dado a base para que eu pudesse me nortear.

Qual era o problema de eu ir para um orfanato depois que ela partiu?

Talvez eu tivesse tido uma família que iria me amar. Porém, e se não tivesse?

Talvez eu pudesse ter me dado outras oportunidades que não o tráfico para me sustentar. Sei lá. Agora o que eu queria era chorar. Desabafar toda a mágoa que eu sentia por mim mesmo. Durante anos culpei a Deus por ter levado a única pessoa que me amava. Agi contra Ele como uma forma de dizer que eu não me importava com o que Ele fez para mim, mas, em todos esses anos, a única coisa que fiz foi agir contra mim mesmo. Agora nada disso importava. Depois de tudo o que escutei, eu tinha voltado a fazer as pazes com Deus. Não era Ele o culpado, era eu.

Após alguns minutos de um tormento profundo combinado com uma paz interior indescritível, que eu não sentia há anos, eu percebi uma luz se fazendo visível à minha frente.

Apesar do sol, essa luz era maior que ele. Percebi a presença daquele homem que eu sabia que era alguém importante para mim e, de novo, ao lado dele, estava a minha avó.

Eu não tinha mais forças para correr até ela, mas eu sentia uma paz que não me lembro de ter sentido antes.

Minha avó veio até mim, com muito carinho, com todo o amor que ela poderia sentir por aquele neto que tanto havia errado. Enlaçou-me em seus braços e me deu de seu amor.

Senti como se ela estivesse recarregando as minhas energias. Senti, novamente, o que era ser amado. Aninhei-me em seu colo e ali fiquei. Nenhuma palavra foi dita, nenhuma reação foi feita.

Então, eu adormeci.

E ela me levou.

Capítulo 36

Acordei em um quarto de hospital. Nos primeiros instantes, não podia me lembrar o que tinha acontecido. Aos poucos, porém, fui recordando e, ao mesmo tempo, me sentindo um pouco envergonhado. Tentei me levantar, mas não consegui, toda a sala rodou.

Quase que imediatamente, entrou no quarto um rapaz que imaginei ser um enfermeiro. Ele estava todo de branco e com um sorriso aberto no rosto.

— Bom dia, Jefferson! Meu nome é Tadeu. Como está se sentindo hoje?

— Eu não sei ao certo – disse, um pouco constrangido.

Tinha receio de que se ele soubesse quem eu era, aquele sorriso sairia de seu rosto.

— Não se preocupe com minha opinião sobre você, meu amigo. Todos nós somos devedores e temos muito ainda a aprender. Sua avó chegará daqui a pouquinho com o nosso querido Aurélio.

Aurélio me parecia um nome familiar. Mas o enfermeiro saiu e não pude perguntar quem seria ele.

Com uma música ambiente no quarto, eu fui ficando sonolento novamente e voltei a dormir.

Pouco depois, acordei com um carinho no rosto. Sentia saudade daquele gesto. Abri os olhos devagar, com medo de ser somente um sonho. Era a minha avó, minha mãe do coração. Ela estava sorrindo para mim.

— Boa tarde, meu querido! Dormiu bem?

— Vovó? Sim, muito bem. Mas onde estou?

Ao olhar ao redor, percebi que não estávamos sós. Aquele ser de luz que havia me visitado antes com a vovó estava ali também.

Olhei para ele e, antes que eu perguntasse qualquer coisa, ele me falou:

— Sou Aurélio, Jefferson. Seu amigo.

Eu não conseguia deixar de olhar para ele. Queria me lembrar, mas estava longe. Sabia de algo, mas esse algo não vinha.

— Não se preocupe, meu amigo, no momento certo você se lembrará.

— "No momento certo? Quando seria isso?" – essa pergunta ressoava em minha mente. Eu me voltei para vovó e perguntei:

— O que acontecerá comigo agora, vó? Serei julgado pelas minhas ações?

— Só depende de você, Jefferson. Os seus esclarecimentos e arrependimentos o trouxeram aqui. Agora, é você quem dará norte à sua vida. Quanto a ser julgado, você se acha merecedor de julgamento?

— Eu creio que sim, minha vó. Fiz coisas erradas e creio que não conseguirei fugir de um julgamento!

— Então, ele acontecerá mais tarde. O seu juiz o chamará no tempo certo.

— Eu não quero mais aquela vida, vovó. Não quero mais viver daquela forma. Quero ser livre.

Mas, admito, tenho medo desse juiz. Tenho medo, porque mereço cada castigo que será imposto por ele – eu disse, baixando a minha cabeça, pesaroso.

— Não se preocupe com isso agora, Jefferson. Lembre-se de que esse juiz trabalha no Tribunal de Jesus e seguirá as regras impostas por Deus. Apenas confie Nele!

— Acho que confio, vó. Eu acho que confio!

— Então permaneça aqui conosco. Mas entenda, meu neto, que a liberdade está em nós e não à nossa volta. Em qualquer lugar que você esteja, há regras e posturas a serem adotadas, e aqui não é diferente.

— Eu as aceito, porque se a senhora está aqui, significa que elas são justas e sábias.

Parei de falar. Precisava descansar. Fechei os olhos e adormeci novamente, não sem antes perceber o sorriso de esperança daqueles dois seres que me amavam.

Tive um sonho tumultuado. Vi Beto correndo, todo sujo e assustado. Ele era um menino, lutando numa batalha que não era a dele. Queria ajudá-lo, mas ele parou perto de uma pedra e se agachou, longe de mim.

No sonho, eu gritava para Beto correr, mas eram muitas balas e explosões que estavam acontecendo entre nós dois. Ele olhava para mim com medo no olhar. Eu dizia que ele não poderia continuar ali, mas ele não se movia. Quando tomei coragem para ir até ele, uma explosão o pegou, matando-o na hora.

Acordei, gritando, com lágrimas nos olhos. Foi tudo tão real!

Tadeu veio, amparou-me e me deu algo para me acalmar, um remédio, talvez.

Quando vovó chegou, eu contei o sonho a ela e perguntei:

— Vó, por que eu não consigo esquecer esse sonho? Eu sinto que vivi aquela experiência e que Beto era meu irmão mais novo. Sinto-me responsável pelo que aconteceu, porque eu o encorajei a ir para aquela guerra. As convicções eram minhas, mas ele me admirava e quis me acompanhar. Só que ele era um menino, e quando precisou de mim, eu não estava ao seu lado.

— Meu neto, você teve reminiscências de uma vida de seu passado. Se essa lembrança veio até você, assim, espontaneamente, é porque você precisa se deparar com algumas respostas.

— Respostas? Mas, o que mais tenho são perguntas, vó!

— A maioria delas têm as respostas em seu coração.

— Como saber que Beto foi meu irmão pode me ajudar agora? Eu não consigo ajudar nem a mim mesmo!

— Isso não é verdade, meu querido. Você é um espírito forte e pode ajudar, não só ao Beto, como também a qualquer um que você queira.

— Tenho medo de eles me pegarem. Tenho medo do que farão comigo porque eu fugi. Eu os abandonei no meio de uma missão. De novo, eu abandonei o Beto à sua própria sorte.

— Com medo ou não, o que você quer fazer?

— Eu gostaria de resgatá-lo. Mas, se ele for tão teimoso quanto eu, não me escutará. Eu não escutei a senhora!

— Sim, é verdade, mas, naquele momento, a semente foi lançada em seu coração. Ela demorou o tempo que você permitiu para florescer, mas ela estava lá. Talvez ele precise de mais algumas sementes lançadas por quem se importa com ele.

— A senhora me ajuda, vó?

— Claro, meu querido. Precisaremos de Aurélio para essa tarefa.

— Vó, quem é esse espírito de luz?

— No tempo certo, você mesmo descobrirá.

Capítulo 37

Fiquei três dias naquele quarto de hospital. Sentia-me mais forte, e então vovó veio me buscar.

— Aonde vamos?

Ela não respondeu, mas descobri, rapidamente, que ela tinha me levado à casa de Rodrigo.

Eu senti um frio na barriga. Vi Beto e os demais do lado de fora. Eles estavam lá, mas não faziam nada. Somente os viciados andavam de um lado para o outro, com o olhar mais aéreo que o normal.

— Ainda não sabem o que aconteceu com você – disse a minha avó. – Beto impediu os demais de irem ao seu chefe e informá-lo de seu desaparecimento. Ele diz o tempo inteiro que você retornará com um plano maquiavélico para resolverem aquela situação. Apesar do medo que eles sentem, eles concordaram em esperar.

Eu me senti culpado e quis voltar para o grupo. Mas minha avó apenas me alertou, sem me impedir:

— Está na hora de você auxiliá-los e não se juntar a eles de novo.

— Mas... mas... eu não sei o que fazer. Não acho certo... acho que... era para eu estar lá!

— Vou perguntar de novo: com medo ou não, o que quer fazer?

Antes de eu responder, me dei conta de que eles não estavam nos vendo. Como podia ser isso?

— Meu filho, eles não o veem porque eu estou em outra sintonia... E você está comigo.

— Então, era assim que vocês faziam? Estavam do nosso lado o tempo inteiro, mas não os víamos. Eu sempre achei isso muito injusto.

Vovó deu um sorriso meigo.

— Como pode ser injusto, se nada fizemos para prejudicá-los? Sempre estivemos aqui para ajudar.

— Ora, vocês estavam aqui para ajudar aquela família, e não a nós.

— Meu neto, quantas vezes você se sentiu amparado quando parecia que o mundo estava contra você?

— Eu sempre me lembrava da senhora quando me sentia assim.

— Então, não diga que Jesus o desamparou, se estávamos sempre ao seu lado para lhe dar o conforto que você se permitia sentir.

— Eu ainda não entendo. Mas confio na senhora.

— Pois vai entender quando chegar a hora.

— Observe o seu amigo Beto. Ele está pensando em você. Quer acreditar que você não o abandonaria para enfrentar a fúria de seu chefe sozinho.

— Por que você não vai lá e dá a ele o conforto que o seu coração deseja?

— Vó, eu só sei odiar.

— Não, meu neto, você também sabe amar. Você me ama, e ama Beto como a um irmão. Apenas deixe esse amor florescer.

Mesmo reticente, fui até ele.

Queria abraçá-lo, mas o meu orgulho me impedia. A morte de Beto na guerra não saía da minha cabeça. Minha avó tinha razão, eu senti o quanto eu amava o meu irmão caçula quando o vi morto à minha frente. O arrependimento era o resumo de mim naquele instante. Percebi que me importava com o Beto do mesmo jeito.

Todo aquele sentimento estava ali.

Minha avó me dizia para eu falar com ele. Então tomei coragem e falei:

— Beto, jamais o abandonaria novamente. Estou aqui e quero ajudá-lo a sair dessa situação. Não precisa mais seguir as minhas ideias, como você já fez em nossas vidas na matéria. Eu sei que você é muito mais humano do que eu, e você jamais me abandonou, o que só tenho a agradecer. Aguente que eu vou ajudá-lo.

Senti que Beto relaxou um pouco mais.

Ele me escutou!

Como reflexo daquele contato, Beto pensou: — "Eu sei que Jefferson, antes de ser meu líder, é meu amigo, por isso sei que ele não me decepcionará. Ele não fugiu, mas sim foi buscar ajuda para nós."

Minha avó estava comovida. Ela via, em minhas palavras, o seu neto querido.

Sim, eu queria acreditar que eu estava voltando a ser humano de novo.

* * *

No outro dia, voltei à casa de Dalva com vovó Lúcia e Aurélio.

Cleto já havia retornado para casa. Permanecia acamado, mas estava melhor.

Os jovens não se encontravam em casa, apenas Aparecida estava ao lado do leito, alimentando o marido com uma sopa.

Pedi permissão para olhar toda a casa. Queria ver aquele ambiente sob um novo ângulo, e me surpreendi.

Pude entrar no quarto de Dalva. Era um lugar bom de se estar. Os demais quartos eram agradáveis, mas não tanto quanto o dela. O quarto de Marcos, que ainda não estava tão limpo dos miasmas impregnados, estava melhor do que quando eu estive ali pela última vez.

Percebi que Marcos e Laura não estavam na casa. Precisava saber o que havia acontecido com eles.

Quando cheguei próximo de Aurélio, perguntei, encabulado, o destino do casal. Ele me respondeu:

— Não se preocupe, eles já estão sob os nossos cuidados.

— Mas como vocês os resgataram? Eles eram nossos!

Antes mesmo de terminar a frase, já tinha me arrependido do que falara. Olhei para Aurélio, rubro de vergonha, e ele me devolveu um sorriso de compreensão.

— Meu amigo, não pertencemos a ninguém além do Altíssimo. Quando construímos a nossa trajetória, nada nos tira dela, a não ser a nossa própria vontade e a atuação sábia da vida, que nos direciona para experiências que nos serão mais úteis. Marcos e Laura construíram um caminho e vocês apenas puderam se utilizar deles por um tempo, porque todos estavam trilhando a mesma estrada.

Mas aqueles dois tinham muitos amigos que os amavam e pediram pela sua recuperação. No momento em que esta casa recebeu a proteção conjugada daqueles que nela viviam e da espiritualidade amiga, Marcos e Laura receberam as mesmas bênçãos, porque eles, por não estarem mais conscientes de seus atos, não conseguiriam por si próprios sair do abismo que cavaram para si.

— Desculpe, Aurélio, mas não entendo. Quer dizer, então, que basta uma casa espírita orar por um lar ou por alguém, que ele fica protegido?

— Claro que não, Jefferson – ele disse, sorrindo. – Se não houver uma reciprocidade entre os que pedem ajuda e os trabalhadores de Jesus, pouco poderá ser feito. Mas esse não foi o caso, porque Aparecida, Dalva e Rodrigo entenderam a necessidade de mudanças em suas vidas. Apesar ainda das dificuldades de entendimento de Aparecida, todos eles compreenderam que se não buscassem a harmonia, ninguém faria isso por eles. Tudo foi explicado no final daquela reunião, onde você se fez conhecer.

— Eu não me lembro disso.

— Você já tinha sido retirado do local, Jefferson. Gustavo, após a reunião, explicou para eles a ativa participação que precisariam ter para que pudessem florescer em seus caminhos. Eles voltaram para casa com esse novo propósito, e nem a ida de Cleto para o hospital tirou daquela família a vontade de viver essa nova etapa, querendo aprender sempre mais.

Para você, no entanto, vou explicar algo mais: somente a presença de Dalva neste lar já seria suficiente para a formação de uma barreira enérgica de proteção que impediria vocês de entrarem aqui.

— Mas, então, como conseguimos?

— Porque apesar de Dalva merecer a proteção, essa experiência era importante demais para não ser vivida por todos vocês.[11]

Eu fiquei confuso, e Aurélio percebeu. Mas ele também precisava que eu amadurecesse o meu entendimento sobre a Lei de Causa e Efeito, por isso, não disse mais nada sobre aquele assunto.

---

[11] A energia de proteção de um lar pode ser mantida por um só de seus componentes, pelo seu simples comportamento moral. Por seu merecimento, a espiritualidade o auxiliará a manter tal barreira, se precisar. No entanto, se alguns dos moradores daquele lar ainda precisam de algumas experiências que os levariam ao um crescimento justo, tal proteção não existiria e aqueles moradores, por suas ações e pensamentos, dariam liberdade para a entrada de seus convidados. Podemos pensar que isso é injusto com aquele que segue os preceitos da boa conduta, mas se analisarmos que ele, continuando fiel aos seus comportamentos, não sofrerá diretamente a influência dos convidados alheios, por não se encontrar na mesma sintonia, a experiência pode ser muito produtiva para o crescimento daquele coletivo. (N.A.)

— Quanto tempo tenho antes do meu julgamento?

— O seu juiz atuará quando ele entender que deve, nem um minuto a mais ou a menos.

— Se ao menos eu tivesse tempo de ajudar Beto e os outros antes do julgamento!

— Você quer ajudá-los, mesmo sabendo que eles o delatariam ao seu chefe?

Fiquei alguns segundos quieto, pensando, para finalmente responder:

— Sim. O que sei é que eles estão em perigo por terem acreditado em mim. O fato de eles não terem avisado ainda sobre o meu sumiço os colocará em um perigo ainda maior. Preciso ajudá-los, entende?

— E você ao menos saberia como ajudá-los, meu filho? – perguntou vovó Lúcia.

— Só existem dois jeitos: um, é eu voltar para o grupo como se nada tivesse acontecido, levando o desamparo para aquela família; o outro seria eu me entregar a eles, me recusando a continuar com o processo opressor, para que me prendam e me levem aos nossos chefes, para os castigos de praxe aos desertores.

— E qual caminho escolheria?

— Eu não poderia voltar a fazer o que eu fazia antes, vó. Ou melhor, talvez até pudesse, mas não sei mais se eu quero isso. Logo, eu não vejo outra forma a não ser a de me entregar, para que não sejam eles a suportar as dores da minha escolha. Mas se antes eu conseguir fazer com que me escutem, lançarei as sementes que os levarão, no futuro, a sair dessa situação.

— É meu dever esclarecê-lo que, se você se mantiver íntegro em seus ideais de aprimoramento, eles não conseguirão prendê-lo ou obrigá-lo a se entregar e, sendo assim, você estará a salvo de qualquer ação direta deles. Preciso, então, perguntar novamente: o que você deseja fazer?

— Vó, eu não serei feliz aqui se souber que Beto e até os outros sofreram por mim. Então quero fazer o que é certo. Eu me entregarei e me submeterei aos suplícios que entenderem ser eu merecedor. Acho até que esses castigos não seriam diferentes dos que seriam aplicados pelo juiz do Cordeiro!

— Se é assim – disse Aurélio –, jamais o deixaremos só. Pense em uma forma de mandar um recado para o Beto, dizendo que você os encontrará hoje à noite em seu quartel-general. Mas pense bem em quem você escolherá para dar o recado, porque, aos olhos dos seus amigos, você já não é mais o mesmo!

Senti uma pontada forte na boca do estômago. Eu estava com medo. Aurélio percebeu isso e me disse:

— Confie em nós. Confie em você. Confie em Jesus, que jamais o deixará.

Capítulo 38

Conhecendo aquele grupo como conheço, pensei que, se eu fosse até Cadu, ele não perceberia qualquer mudança em mim. Eu o encontrei no antigo grupo de amigos drogados de Laura. Sob a orientação de Aurélio, eu me fiz enxergar para ele.

— Oi, chefe! – disse Cadu, completamente dopado.

— Cadu, quero que dê um recado ao Beto. Quero todos no nosso quartel-general hoje à noite, que eu explicarei o meu sumiço. Vá agora, Cadu! – gritei.

Ele saiu cambaleando de lá e foi dar o recado que mandei.

Beto estranhou e pensou: — "Por que Jefferson foi até Cadu, em vez de me procurar? Algo está acontecendo e não me parece ser boa coisa! Porém, confio em Jefferson. Vamos esperar."

Eu agradeci a Deus o bom amigo que conquistei.

Vovó Lúcia e Aurélio conseguiram me trazer muito consolo naquele dia, fazendo-me sentir capaz e forte para ajudar os meus amigos.

Para um melhor entendimento de minha parte, me fizeram uma grata surpresa. Levaram-me para rever um velho conhecido.

Eu estava sentado em uma praça, no meio da zona hospitalar, onde havia sido internado quando ali cheguei. A praça era linda. Havia muitos anos que eu não sentia tanta paz e via tanta beleza e luz.

De repente, vi alguém ao meu lado, que disse:

— Olá, Jefferson, como você está?

— Glauco? É você? – disse, levantando-me rapidamente e fazendo continência.

— Sim, meu amigo, sou eu – disse ele, sentando-se e me fazendo sentar ao seu lado.

— Nossa, que honra! Você era um dos melhores e mais perversos líderes da organização que eu conheci. Nossos chefes tinham dito que você tinha sofrido uma emboscada e sido preso pelos *da luz*. Disseram também que você deveria ter sofrido horrores nas mãos de seus algozes, e todos nós pensamos que jamais o veríamos novamente... – interrompi a minha fala, quando percebi a idiotice que estava dizendo.

Glauco deu um sorriso de compreensão.

— Entendo, meu amigo. Não se preocupe. Ficamos tanto tempo ouvindo versões deturpadas das verdades divinas que, mesmo quando nos deparamos com a realidade, temos dificuldades de absorvê-la rapidamente. Eu, como você, não fui capturado *pelos da luz*, mas sim socorrido de mim mesmo. Estava tão cansado de viver na escuridão que percebi que o verdadeiro supliciado era eu. Não sentia alegria, não sentia paz, não sentia mais nada. Eu já estava no limite do meu sofrimento quando percebi que era eu quem me colocava naquela posição degradante; era eu quem escolhia viver na imundice de meus próprios sentimentos. O que aconteceu, realmente, foi que fui preso pelo Grande Chefe, que me mandou para as masmorras. Mas, quando voltei o meu coração para Jesus, fui resgatado pelos Seus mensageiros, que nunca me abandonaram, e aqui estou. Agora, eu trabalho para o Cordeiro e me sinto muito feliz.

— O que você me diz me dá muita esperança, Glauco. Agora sei que também não ficarei só.

Parecia que a experiência dele poderia ser um consolo para um futuro melhor para mim.

— Glauco, Aurélio me disse que eu encontraria alguém hoje que iria me dar instrumentos para eu superar os meus temores, e me ajudaria a compreender como eu posso auxiliar aqueles que me eram fiéis na tarefa de influenciação. Seria você?

— O que eu puder fazer para auxiliá-lo, eu farei, meu amigo.

— Isso tudo é muito novo para mim e eu me sinto perdido! Terei, hoje à noite, uma reunião com o grupo que quero ajudar, mas não sei o que falar ou fazer para convencê-los que o caminho que estão trilhando é errado.

— Se eu tivesse voltado para avisar a vocês que o caminho que trilhavam era um embuste, eu seria escutado?

— Sinceramente? Acho que não.

— Então, não será essa a melhor forma de ajudá-los. Converse com eles o quanto conseguir, mas não tente convencê-los de que estão errados. Fale simplesmente sobre suas novas verdades. Elas farão eco em suas mentes e corações no momento certo de suas vidas.

Mas, preciso alertá-lo que, como as suas palavras não germinarão imediatamente, a sua atitude os levará a prendê-lo por alta traição.

— Se for essa a escolha deles, eu me deixarei levar. Sabe Glauco, apesar de uma parte de mim ficar dizendo que o problema é deles por terem sido idiotas, outra parte me diz que eu não poderei ser feliz aqui sabendo que Beto e os outros serão supliciados por minha causa. Por terem confiado em mim, eles deixaram passar muito tempo para avisar da minha deserção. Isso não é perdoado pelas nossas lideranças. Mas agora sei que vocês estarão lá por mim, então eu aguentarei qualquer suplício. Percebo a sua mudança e sinto que poderei, algum dia, ser feliz da mesma forma.

— Meu amigo, tenho certeza que isso acontecerá em sua vida. Peço, agora, que você tenha fé e me escute...

Foi assim que Glauco me contou com mais detalhes sobre a sua experiência, me dando condições de entender um pouco mais sobre o que é a verdadeira caridade e como Jesus não desampara os Seus irmãos amados.

Capítulo 39

À noite, conforme combinado, fui ao meu antigo quartel-general. Mas não fui sozinho, vovó Lúcia, Aurélio e Glauco foram comigo.

Quando chegamos, vi que todos os meus comparsas estavam lá, me aguardando, e pareciam apreensivos. E Beto era o mais preocupado de todos.

Engraçado como eu conseguia percebê-los melhor agora do que antes. Não havia esforço, não havia nenhuma intenção, era somente mais perceptível ao meu olhar que, agora, se voltava interessado pelo bem-estar de cada um deles.

Eu olhei para a minha avó, que me fez um sinal positivo com a cabeça. Então, firmei meu pensamento e me fiz visível a todos. Como primeira reação deles, veio a surpresa. Meus comparsas olhavam para mim sem entender. Mas ainda não tinham coragem de formular qualquer palavra, para não serem punidos, se estivessem entendendo errado.

O silêncio era total, até que Beto falou primeiro:

— Jefferson, o que está acontecendo? Você...

Beto não queria acreditar no que os seus olhos estavam vendo. Ele pensava que eu tinha fugido por medo dos castigos a que seríamos submetidos, talvez por não estarmos tendo sucesso na nossa missão, mas nunca por ter me associado aos nossos inimigos.

Lembrei-me das vezes que havia me deparado com um dos nossos que tinha debandado para o outro lado. Nunca tinha parado para pensar que o que o delatava era a sua energia, a sua vibração mais serena e mais equilibrada, que destoava da nossa.

Acho que, quando a gente se volta para Deus, a nossa vibração se altera, e isso desagrada a quem não está em sintonia com ela.

— O que você acha que está fazendo, Jefferson, vindo aqui nos afrontar dessa forma? – perguntou Beto, já indignado por ter percebido rapidamente o que havia acontecido.

— Eu não vim aqui para afrontar nenhum de vocês – eu disse, percebendo que tudo estava indo rápido demais, não havendo mais nada a esconder. – Ao contrário, vim dizer que vocês não precisam se prejudicar por minha causa. Podem informar ao chefe, se quiserem, que desertei.

Minha saída não é responsabilidade de vocês, é somente minha. Não quero mais continuar nessa vida, não quero continuar me sentindo escravizado a uma função que não me traz nenhuma felicidade ao meu coração.

Estou cansado de manipular a vida de quem não me fez mal algum, somente porque os chefes querem isso. Estou cansado de ter uma espada sobre a minha cabeça para ser usada sempre que eu falhar nas missões que me impõem. Eu não planejei sair para prejudicar vocês. Eu simplesmente me dei conta, e acho até que levou muito tempo, que não quero mais continuar.

Eles olhavam para mim, buscando entender. Deviam estar pensando como eu mudei tão rápido, a ponto de traí-los de modo tão abrupto. Se eles soubessem há quanto tempo estava lutando contra essas mudanças e as escondendo de todos!

Eu estava ali confessando as minhas dificuldades, mas sem perder a minha altivez. Além de meu orgulho exigir isso, eu sabia que se me apresentasse como um fraco, eles caçoariam de mim e minhas palavras de nada valeriam.

— Jefferson, eu não o reconheço mais. O que houve com você? Como você pôde me... nos abandonar em nossa missão, nos trair desta maneira?

— Eu não os abandonei, Beto. Veja, ainda estou aqui. Mas, vou corrigi-lo em um outro ponto: essa missão não é nossa. E nem sequer é uma missão. Na verdade, é uma guerra sem propósito. Estamos fazendo a vontade de alguém que nem conhecemos. Deixem-me contar a vocês o que aconteceu comigo e, se quiserem, posso até ajudá-los a sair dessa situação também.

Conheci pessoas especiais, que nos esclarecem sobre todas as mentiras que nos são contadas desde quando desencarnamos. Eles nos permitem acessar verdades que nos libertam dessa vida de escravidão. Mas, se vocês quiserem continuar, se estão satisfeitos com essa vida, ignorem o que eu disse e continuem nela.

O grupo estava desconfiado, mas escutou minhas revelações e minha narrativa sobre o que aconteceu comigo. Eles me escutaram porque sempre foram muito fiéis a mim, apesar das mudanças repentinas.

Quando estava para terminar, Boca disse baixinho aos demais:

— Isso é uma armação, com certeza. O chefão, eles, enfim, querem saber se somos fiéis à organização. Devem estar nos espreitando para ver a nossa reação.

Diante daquela reflexão, todos pararam de me escutar e, imediatamente, começaram a me xingar, a dizer que eram trabalhadores das trevas e que estavam muito satisfeitos com a vida que tinham.

Beto, no entanto, nada dizia, nem expressava qualquer emoção. Tudo o que eu dizia já tinha passado por seu coração em algum momento naqueles últimos tempos. Sendo ele o meu braço direito, todos aguardavam as suas ordens para tomarem alguma atitude, até mesmo contra mim. Ele, então, sem muita opção, mandou me prender para que eu fosse levado às lideranças.

Vovó Lúcia, Aurélio e Glauco estavam satisfeitos com o meu esforço, apesar do desfecho. Sabiam que minhas palavras tinham sido lançadas em alguns terrenos férteis.

Capítulo 40

Enquanto estive preso em um dos quartos do meu antigo quartel, eu simplesmente orei.

Não me lembrava da última vez que havia orado espontaneamente, mas, naquele momento, era o que eu queria fazer. Não via meus novos companheiros, mas tinha a certeza de que estavam ao meu lado.

Comecei a me lembrar das palavras de Glauco me dizendo que eu precisaria ser honesto se quisesse que as minhas sementes gerassem bons frutos nos corações de meus comparsas. A princípio, eu não queria aceitar as suas orientações, mas ouvia atento as suas explicações:

— Não tente convencê-los de que estão errados, porque eles não estarão abertos a isso. Não ainda. Você não terá muito tempo, por isso, use-o para deixar bem claro que é você que não quer mais continuar a servir a organização. Abra o seu coração e diga a eles o que está sentindo, fale de suas dificuldades, de suas apreensões. Mas não deixe de demonstrar o homem forte que você ainda é. Eles admiravam a sua liderança, então continue sendo o homem que sempre foi; só que, agora, melhor.

— Mas, mesmo você dizendo que eu posso me manter forte, eu não posso falar dos meus sentimentos. É muita humilhação falar sobre as minhas dores e dificuldades? Eu era o chefe deles e eu não quero me rebaixar de modo algum!

— Meu amigo, isso não é se rebaixar. E se for, você precisa aprender que, no reino de nosso Senhor Jesus Cristo, os que se rebaixam serão exaltados e os que se humilham serão elevados.

Cada um que doar o mínimo de si para auxiliar um irmão terá o tesouro do amor e da compaixão. Observe que o seu objetivo é divino, e divina será a sua atuação para chegar aos corações de seus amigo. Pense melhor em tudo o que eu lhe disse e faça como achar melhor, dentro do seu livre arbítrio.

— Glauco, já esteve em alguma situação como a minha?

— Sim, filho. E talvez até pior.

— E como conseguiu não se revoltar contra Deus? Eu estou com medo, admito. Tento não pensar, mas fico com medo de, no momento em que terei de provar a minha conversão, eu não consiga; que ela não seja verdadeira e eu me revolte.

— Jefferson, segundo o Evangelho, Jesus, ante o Seu martírio, pediu ao Pai as forças necessárias para o cumprimento da sua missão e Ele seguiu e enfrentou os dissabores em Seu caminho.

Você acredita que precisa agir assim para se salvar e salvá-los, então não duvide de que estaremos ao seu lado, mesmo que não nos veja a todo momento.

Após algumas poucas horas de conversa, fui para a casa da vovó e me pus mais fortalecido para colocar em prática os ensinamentos daquele ser que conheci opressor e que agora, com humildade, me ensinara uma bonita lição de amor e fé.

❊ ❊ ❊

Eu estava orando, quando Beto entrou no cômodo, que tinha sido transformado em minha prisão. Eu senti que era ele, mas nada disse. Aguardei que ele falasse. Por sua vez, Beto, ao entrar, viu um reflexo de luz naquele ambiente escuro, mas pensou que estava imaginando coisas.

— Jefferson, ainda há tempo para você dizer aos homens que foi tudo armação sua para ver quem era fiel à nossa organização. Não é o que você quer provar com tudo isso?

— Beto, meu amigo, eu não quero provar mais nada pra ninguém. Estou aqui para que vocês não sejam penalizados por uma escolha que foi só minha.

Quando percebi que vocês não avisaram imediatamente sobre a minha saída da gangue, entendi que os tinha colocado em uma situação muito perigosa. Mesmo que pensassem em mentir sobre o momento em que eu fugi, eles teriam meios de fazer algum de vocês confessar.

Infelizmente, há o Cadu e o Barril, que não são tão fortes quanto os outros. Por isso, eu senti que precisava voltar. E a verdade é que estou farto de levar na minha consciência o peso das dores alheias que provoquei.

— Então, é mesmo verdade? Você enlouqueceu de vez mesmo! Você nunca se preocuparia com alguém a não ser com você mesmo.

— Não, Beto, eu não enlouqueci. Na verdade, veja, eu acordei. Estou farto de viver nesta escuridão. E só percebi isso porque eu vi uma luz no fim do túnel. Estou cansado de rir das desgraças alheias. Eu quero ser livre, quero poder escolher as minhas próprias batalhas. Quero ser feliz também, antes de tudo. E, por incrível que pareça, quando a gente acha a nossa luz interior, a gente se volta para o próximo.

— Mas, nós éramos felizes!

— Éramos? Tem certeza? Será que podemos ser felizes sentindo medo? Quando foi a última vez que você se lembra de não ter sentido medo, Beto?

Em uma retrospectiva geral, sinto medo desde que a minha avó morreu e tive de entrar naquele orfanato pela primeira vez. Depois, quando ingressei para o tráfico, o medo sempre esteve me acompanhando, apesar de todo o poder que conquistamos. E após a minha morte, não foi diferente. Nessa organização, para a qual fomos aliciados, eu jamais deixei de ter medo, e me pergunto: não foi assim com você também?

Beto se surpreendeu com a minha fala. Ele estava perplexo com a minha mudança abrupta de atitude. Senti que ele entendia esse meu novo ponto de vista e flagrou-se relembrando os momentos de grande terror que passamos quando estávamos encarnados. Depois, quando, por diversas vezes, foi supliciado por não satisfazer aos seus chefes nas tarefas a ele determinadas. Ele também percebeu o quanto estava aterrorizado naquele momento por ele e por mim.

Então confessou:

— Também sinto medo. E, quando estou assim, não fico satisfeito, tampouco feliz, mas, temos uma certa autonomia e poder.

— Qual autonomia? E que poder nós possuímos? Eu, por não querer continuar com essa vida, perdi o meu cargo, estou preso e serei flagelado. Sejamos honestos, você, mesmo não querendo o meu mal, não vê outro caminho a não ser me levar para a masmorra, para sofrer suplícios inenarráveis.

Respirei fundo. A cena que veio à minha mente me fez tremer por dentro. Senti medo, mas não podia me acovardar. Não agora. Eu estava semeando um novo entendimento no coração do meu amigo e não perderia aquela oportunidade.

— Beto, somos tão escravos dessa organização que quando pedi para você buscar Marcos e Laura na zona dos desiludidos, mesmo não querendo, você não teve autonomia para me dizer não!

— Isso é verdade. Eu sei que não posso ir contra a ordem de um chefe direto meu, mesmo esse chefe sendo você.

Ele parou de falar como se lembrasse de algo e me perguntou:

— Foi por causa dessas ideias que você me perguntou se eu queria que Firmino fosse comigo? Eu estranhei muito aquela sua atitude.

— Sim, naquele momento, eu me importei com o seu bem-estar, do mesmo jeito que, agora, eu não quero que vocês sofram, por causa dessa situação em que nos metemos. Sabe, Beto, eu não quero nunca mais deixar de me importar com as pessoas.

Beto estava muito confuso. Eu, desde menino, sempre fui o amigo que lhe causava admiração. O meu jeito de liderar, as minhas ideias, a nossa amizade, sempre nos uniram, mesmo depois de nosso desencarne. Agora, eu estava dizendo que tudo o que nós acreditávamos, até então, era mentira. Eu acho que isso era demais para ele.

Quando percebi que ele iria embora, perguntei:

— Quando foi a última vez que você sentiu o sol?

Ele ficou em silêncio, como que se lembrando da minha narrativa sobre a minha autodescoberta, até que disse, com uma certa tristeza:

— Amanhã, bem cedo, levaremos você ao nosso chefe.

Capítulo 41

Sabendo que seria questionado sobre o andamento da missão, Beto mandou Boca achar uma brecha naquele elo de proteção que foi levantado pela casa espírita. Cadu e Barril ficariam de sobreaviso para acompanhar Cleto, caso este resolvesse sair novamente.

Beto e Firmino me levaram para o centro de comando da organização. Lá chegando, foi um estardalhaço. Quando os integrantes da organização me viram chegando acorrentado, começaram a produzir um barulho enorme, o que chamou logo a atenção dos maiorais.

Imediatamente, mandaram me levar para a sala do conselho, onde se encontrava o Grande Chefe.

Ao nos ver, o chefe foi logo dizendo:

— Mas, o que significa isso? Como podem trazer seu líder acorrentado? Daremos a você os parabéns ou as grades por tamanha ofensa?

— Acredito eu que tê-lo acorrentado foi melhor, meu senhor. Esse infame foi iludido pelos *da luz*. Disse que não aguenta mais viver na escuridão e que tudo o que sabemos hoje não passa de mentiras.

O Grande Chefe ficou muito irritado com o que ouviu. Então, cresceu sobre mim e vociferou:

— Como se atreve a falar essas baboseiras? Como é que um dos nossos permite se enganar dessa forma?

Eu, por minha vez, não me acovardei diante dele. Continuei calado, mas sereno.

— Não tem coragem de me responder, seu verme?

E vendo que eu estava altivo em minha atitude, arrebatou:

— Levem-no daqui! Preciso pensar no que faremos com ele.

Beto tinha esperança de que, na frente do chefe maior, eu mudasse a minha versão e voltasse à minha razão, mas não foi o que eu fiz. Ele não conseguia entender que eu não tinha mais condições de voltar. Eu tinha sentido os raios do sol, eu tinha visto a luz. E ela era boa.

Colocaram-me no cárcere.

O local era fétido, escuro, desolador. Eu já tinha estado lá uma vez e tinha me prometido que não voltaria nunca mais. Hoje, no entanto, eu tinha retornado por livre e espontânea vontade.

Pela segunda vez, desde que fui resgatado, eu senti necessidade de rezar espontaneamente. Engraçado como, por anos a fio, eu não me lembrava de como era boa a sensação que ficava ao término de uma oração.

Ajoelhei-me no chão frio e sujo e elevei os meus pensamentos Àquele que chamamos de Pai. Não sabia falar bonito, mas Glauco me ensinou que a verdadeira oração não é composta por palavras, e sim pelos sentimentos que emanamos junto delas. Então, naquele momento, a minha prece foi silenciosa, sentida apenas.

Primeiro, emanei meu temor de não conseguir ir até o fim com aquela missão, de acabar me revoltando contra Ele pelas tormentas das quais poderia ser alvo. Sem perceber, senti-me novamente criança, e comecei a emanar a tristeza de me ver sozinho, de novo, sem o apoio de minha avó.

De repente, porém, eu a senti ao meu lado, emanando o seu amor! Então, tudo se renovou. Voltei a ter a certeza de que os meus amigos estavam ali comigo e de que a minha escolha tinha sido a certa. Emanei o meu sentimento de gratidão por saber que tinha sido dada a mim a oportunidade de ajudar o meu antigo grupo.

Minhas lágrimas lavavam o meu rosto de pura gratidão. Sentei-me em um colchão de palha sujo e fino que havia ali no canto e comecei a lembrar do dia que senti, depois de tantos anos, os raios de sol sobre mim, e de todos os reflexos daquele dia na minha vida.

Já fazia bastante tempo que eu estava ali, quando ouvi um barulho na minha porta. Alguém a abriu, devagar, e pude ver um vulto entrando por ela. Senti que era o Beto.

— Jefferson, o Grande Chefe resolveu que você será supliciado até o seu esgotamento, para dar exemplo aos demais. Você precisa fugir.

Respirei fundo e disse, de modo seguro:

— Não posso ir, Beto. Ainda não é o momento certo para isso.

— Mas qual é o momento para isso? A porta está aberta agora e ela não se abrirá nunca mais. Você será reduzido a nada e, depois, será um prisioneiro eterno da organização.

— Se for esse o meu merecimento...

Beto me encarou, sem entender, e eu expliquei.

— Você talvez ainda não entenda que não são somente estas portas que me mantêm aqui. Sou eu que espero que vocês possam perceber o caminho equivocado que todos nós tomamos. Eu senti o sol, Beto! Depois que vemos a luz, não há como nos escondermos de novo na escuridão, só se nos deixarmos cair de novo na tentação de nossas fraquezas.

Agora eu sei que, nesse tempo todo que eu fiz parte dessa organização, era a mim que eu escravizava todos os dias. Os meus amigos *da luz* me disseram que eu estava livre para agir como eu quisesse, que eles respeitariam minha escolha. Então, estou aqui, e sinto no meu coração que ainda devo ficar para resgatar os inúmeros débitos que possuo, bem como para que vocês possam repensar sobre a minha proposta de seguirem para a liberdade.

— Jefferson! Ouça o que você está dizendo, você está delirando. Você está maluco. O que eles fizeram com você? Não há como seguirmos para a liberdade, se, na nossa conversão, o que nos espera é a prisão para toda a eternidade. Eu não posso aceitar esse destino para você, muito menos para mim. Não posso!

— Confie em mim, meu amigo. Vá agora, para que ninguém o veja aqui. Não quero que você se prejudique por mim. Uma última coisa, gostaria de dizer que você é meu irmão, Beto, e eu jamais o abandonarei de novo. Nunca mais. Se precisar de mim, onde estiver, lá eu estarei, mesmo que não me veja.

Beto saiu da cela, arrasado. Ele pensava no que eu havia me transformado: — "Um fraco!" – pensou, apressadamente, mas depois se corrigiu. – "Não, Jefferson não é fraco. Mesmo eu não compreendendo as suas ideias, ele mantém-se forte em suas convicções. Eu posso chamá-lo de louco, mas nunca de fraco ou derrotado. Eu abri as portas de seu cárcere e ele se manteve firme. Eu não posso deixar de admirá-lo."

Beto tinha sido sabatinado sobre a missão a que nos foi incumbida. O chefe não estava satisfeito. E isso seria, com certeza, sentido por mim nas navalhas do açoite.

Em razão de Beto não poder dizer o destino de Marcos e Laura, o Grande Chefe mandou que ele e Firmino voltassem ao lar de Rodrigo para as medidas necessárias à queda daquela família, não sem antes eles verem o meu padecimento.

A ira do Grande Chefe era tão grande que agora ele queria a derrocada de toda a família, e não poderia haver desculpas. Ele iria colocar Beto na liderança daquela missão, porque usaria isso como um aviso a todos os seus subjugados. Se ele falhasse, todo o seu grupo padeceria. Planejou, também, uma prisão longa e exaustiva para mim, após a primeira sessão de tortura, para que a minha fortaleza se enfraquecesse.

Diante do meu olhar, naquela manhã, ele sabia que eu não me dobraria com facilidade. E não levou muito tempo para que fosse feita uma leitura de meu veredito na praça central de nossa cidadela, tendo sido considerado culpado por alta traição. Ante a sentença, fui informado que a aplicação da pena a que fiz jus seria aplicada também na praça principal dali a algumas horas, e que todos estavam convocados para assistir.

Somente Deus sabe o quanto foi difícil para mim não abandonar as minhas novas convicções enquanto era supliciado. Mas, quando eu tinha vontade de pedir clemência, eu me lembrava dos raios de sol a me tocar e me mostrar que não havia mais lugar para mim na escuridão. Pensava em minha avó, me abraçando e me colocando em seu colo quando eu era criança, dizendo que eu era forte e poderia fazer muito mais do que eu imaginava.

Eu fui cuspido, chutado, apedrejado e açoitado até poder ver os ossos sob a minha carne. Apesar de não ter conseguido de mim o pedido de clemência, o Grande Chefe estava convencido de que tinha atingido o seu objetivo. Então, mandou me levarem de volta ao meu cárcere, sem água e provisões.

Enquanto me levavam, eu vi Beto e Firmino no meio da multidão. Eles eram os únicos que não riam de minha desgraça.

Eu estava esgotado, mas ao mesmo tempo, não sei explicar como, eu estava em paz.

De volta ao cárcere, uma lágrima caiu sobre a minha pele descamada. Senti a ardência e abri um pequeno sorriso. Parece doideira, mas eu me senti feliz. Pensei: — "Vovó, eu consegui".

Sentia que o que eu tinha passado não se comparava ao que eu já tinha submetido a muitos dos meus alvos, mas eu tinha conseguido superar um dos inúmeros obstáculos que viriam. Pensava em Marcos, Laura e muitos outros que foram alvo de minha ignorância.

Eu queria ajoelhar-me, mas não suportei a dor, porque meus joelhos estavam muito ensanguentados, porém, na posição que eu consegui ficar, eu agradeci a Deus por aquela oportunidade de pagar um pouco de meus débitos.

Para minha surpresa, quando abri os olhos eu vi a minha linda avó, Aurélio e Glauco. Eles sorriam para mim e em meus pensamentos eu os ouvia dizendo o quão orgulhosos estavam por eu ter superado todas as minhas expectativas.

Percebi que uma chuva de pequenas pétalas de luz caía sobre mim, aliviando as minhas dores.

Com a imagem deles gravada em minha retina, adormeci.

Capítulo 42

A situação tinha mudado para o grupo do Beto. Apesar de eles não terem conseguido ainda entrar na casa, a ponte construída com Cleto não se desfez. No dia seguinte à internação de Cleto, Aparecida ligou para o emprego dele justificando a sua falta, quando foi surpreendida com a notícia de que já há algum tempo ele não trabalhava mais ali.

Aparecida ficou arrasada. Rodrigo, que estava ao seu lado, sabendo do ocorrido, teve vontade de repreender severamente o pai, mas desta vez ele buscou a razão. Seu mentor o intuía que não era o momento e que quem deveria tomar essa medida seria a sua mãe, e não ele. Rodrigo então abraçou Aparecida e lhe disse que eles iriam superar aquele momento difícil.

Aparecida esboçou um sorriso e agradeceu ao filho pelo apoio afetuoso.

Depois de muito pensar, Aparecida resolveu que daria uma chance para Cleto falar com ela sobre os seus problemas. Deixaria passar esse período mais tumultuado, e quando fossem para casa ela veria o que fazer.

Já havia se passado algum tempo desde que Cleto havia voltado para casa, mas ele nada falava sobre a perda do emprego. Logo depois de liberado pelo médico, Aparecida perguntou se ele não iria para o trabalho. Com um sorriso fingido, disse que o chefe lhe devia uns dias de folga e que tinham sido concedidos agora.

Aparecida sentiu tristeza com a postura do marido, mas percebeu que aquele ainda não era o momento para confrontá-lo, pois estava de saída para trabalhar. Ela não podia correr o risco de perder o próprio emprego também. Então, pediu a Dalva que olhasse o pai, mas que não era para enfrentá-lo. E se Cleto teimasse em sair e voltasse mal, era para Dalva sair de casa e aguardar a hora de Rodrigo chegar.

Dalva acalmou sua mãe e disse para ela ir tranquila. Rodrigo também estava preocupado e deu mil recomendações a Dalva. Por fim, quando ambos estavam para sair, Dalva disse:

— Por duas vezes, tivemos a graça de receber os efeitos dos trabalhos de harmonização de nosso lar pela casa espírita. Não esqueçam que eles precisam de nós para tudo dar certo.

Ambos entenderam o recado. Antes de saírem, fizeram uma singela, mas sentida oração de agradecimento pelas bênçãos recebidas e pela proteção do Altíssimo.

Cleto, no entanto, se sentia incomodado com tudo. Ele já estava completamente restaurado, mas sua vontade de beber o estava matando. Por meio dos laços com Barril e Cadu, ele sentia sede de álcool. E para se justificar, ficava repetindo que não havia problemas de ele beber um pouco: — "Com certeza eu estava distraído, perdi a noção e bebi demais. Mas eu não tenho problemas para parar de beber."

Com esse pensamento, Cleto desceu com o intuito de sair para beber. Dalva o alcançou na escada e, por mais que ela pedisse para ele ficar em casa, nenhum argumento o convenceu.

Quando Cleto abriu a porta, Dalva elevou seu pensamento a Jesus e pediu a proteção e o amparo para que a sua família suportasse passar por mais aquela experiência dolorosa.

Cleto voltou para casa antes de Rodrigo e Aparecida chegarem. Ele já estava bem embriagado, mas foi direto para a geladeira atrás de umas garrafas de cerveja que tinha comprado na semana anterior à sua internação. Elas já tinham sido jogadas fora por Aparecida e Cleto sabia disso, mas, embriagado, somente se lembrava de tê-las comprado. Ao ver que elas não estavam mais lá, Cleto subiu, extremamente irado, para o quarto de Dalva e, abrindo a porta com violência, começou a tirar satisfações:

— Onde foram parar as cervejas que comprei na semana passada?

— Eu não sei, papai – disse, nervosa e já se encolhendo para se proteger de sua investida.

— Não minta para mim. Vocês jogaram fora?

— Pai...

— Então foi você que bebeu, não foi?

— Pai, eu não bebo. Como eu poderia tomá-las?

— Eu não acredito em você. Vai apanhar para aprender a não mentir para mim.

Dalva foi atingida várias vezes antes de Rodrigo agarrá-lo por trás e o impedir de continuar. Cleto, já completamente fora de si, tentou se desvencilhar do filho, mas Rodrigo era forte, e da forma que agarrou Cleto, ele não conseguiu se soltar.

— Dalva, liga o chuveiro, frio. Ele precisa esfriar a cabeça.

Rodrigo então levou o pai à força para debaixo d'água fria, o que o fez urrar com o choque térmico. A chuveirada o fez parar de lutar e Rodrigo o libertou. Cleto sentou-se no chão. E então chorou feito um bebê.

Dalva e Rodrigo saíram do banheiro. Ele levando uma toalha para se enxugar, e outra para limpar o sangue do rosto de Dalva. Antes de descerem para a cozinha para buscar gelo e remédios, Dalva o parou no corredor e lhe disse:

—Obrigada, mano, por me ajudar e por ter se controlado, principalmente.

— Não se preocupe. Estou tentando compreender toda essa situação. Quando eu o ouvi lá de fora, tive um lampejo de matá-lo só de pensar no que ele estava fazendo. Mas quando o agarrei, percebi que ele está doente e, se o amamos, precisamos ser duros com ele, mas não precisamos ser violentos.

Dalva sorriu, orgulhosa.

Cleto escutou os filhos no corredor. Ele tinha acabado de desligar o chuveiro. Parecia que aquelas palavras ressoavam em seu cérebro.

Ele se olhou no espelho e não se reconhecia mais. — "O meu maior sonho era ter filhos. O que estou fazendo senão os afastando de mim? Sempre fui um bom pai. Nossa família era unida. O que eu estou fazendo conosco?" – pensou.

Lá de fora, Beto percebeu a possível conscientização de Cleto e mandou Barril e Cadu fazerem algo para mudar aquele estado. Mais do que depressa, através da ligação existente entre eles, mentiram e debocharam daqueles pensamentos, dizendo:

— O que eu vi mesmo foi o maior desrespeito à figura de um pai, isso sim. É você quem sustenta esses pirralhos, e olha como eles o agradecem? Primeiro, tomam da sua cerveja e, depois, o jogam embaixo de uma ducha fria, sem qualquer respeito! Isso não deveria ficar assim!

Cleto estava muito cansado. Recebeu aqueles pensamentos como se fossem seus, mas a violência que o habitava não surgiu daquela vez. Ele estava muito envergonhado e só queria se deitar. Retirou, sem muito equilíbrio, a sua roupa molhada, enrolou-se na toalha e foi para o quarto de Marcos. Mudou de roupa e, quando se dirigia para cama, recebeu um aviso mental que o sobressaltou. Sob a orientação de Beto, Cadu teve sucesso em convencer Cleto a descer as escadas e ir falar com os filhos. Ele precisava convencê-los de que não poderiam dizer para a mãe o que havia acontecido. Ele sabia que Dalva não contaria, mas Rodrigo era uma outra história.

Após falar com eles, ouviu do filho, um tanto emotivo:

— Pai, quando Marcos estava vivo, ele utilizou de nosso amor para que não contássemos o segredo dele para vocês. Pela nossa inocência, prometemos que não iríamos contar, porque ele disse que ele mesmo falaria, como o senhor está fazendo agora, mas isso nunca aconteceu. Ele não contou para vocês sobre o vício dele e, por isso, vocês não puderam agir a tempo para impedir que a sua dependência o levasse a cometer o suicídio. Essa culpa terei de levar pelo resto de minha vida, mas o que aprendi com essa experiência é que o meu amor não será mais utilizado como instrumento de chantagem para que você, ou quem quer que seja, se esconda de seus próprios vícios. O senhor é um alcoólatra que está descontrolado. Dalva e eu não temos poder ou força para exigir de você um comportamento diferente, mas não aceitarei acobertá-lo. Essa não foi a primeira vez que levantou a mão para Dalva, mas posso dizer que não aguardarei uma próxima.

Cleto abaixou a cabeça, sem saber o que falar, até que ouviu Rodrigo falar de novo, apontando para Dalva inteira:

— Além do mais, pai, o senhor acha que tem como escondermos isso tudo da mamãe?

Cleto tentou encarar a filha. Pela primeira vez, ele a olhava diretamente depois de um ato de violência, e ficou desconcertado. Ela, com uma sacola de gelo nas mãos, estava com o lábio inchado e cortado, olho roxo, braços vermelhos e marcados, a camisa ensanguentada. Mesmo que eles quisessem, não teriam como esconder tudo aquilo de Aparecida.

Quando Cleto ia falar algo para se defender, eles escutaram o som da porta se abrindo.

Capítulo 43

A partir do cumprimento da pena a mim imposta, fiquei esquecido no cárcere. Uma vez ou outra, alguém jogava pelo buraco inferior da porta alguma coisa ruim para eu comer. Era um pouco de um líquido gosmento e algo que parecia um pão duro e mofado.

Minhas feridas foram cicatrizando com o tempo, mas eu percebia que a cada oração elas me atormentavam menos.

Como haviam prometido, eu recebia a visita dos meus amigos, trabalhadores do Cordeiro, todos os dias. Sempre tínhamos algo para conversar naquele tempo em que podiam ficar comigo. Se alguém da organização me visse, pensaria que eu estava enlouquecendo, falando sozinho ou com as paredes.

Em uma das noites, ou pelo menos eu achava que era noite, em que minha avó esteve comigo, por eu estar muito necessitado de palavras de consolo para tranquilizar o meu coração, ela me contou sobre uma passagem do Evangelho[12] onde Jesus ensinou sobre as bem-aventuranças. Dentre elas, as que me chamaram mais a atenção foram aquelas mencionadas nos versículos onde diz que os mansos herdarão a Terra e os pacificadores serão chamados Filhos de Deus.

De início, não compreendi por que Jesus disse que os mansos herdariam a Terra, se Ele mesmo afirmou que somos seres espirituais e, portanto, não devemos dar tanta importância aos bens materiais. Com as singelas explicações de minha avó, um dos ensinamentos que me marcou foi que, se necessitamos viver no mundo da matéria, desejaremos o que nele existe. O que não podemos, e esse foi um dos meus graves erros na minha última encarnação, é desejar viver as opulências da vida terrena, sem

---

[12] Mateus, 5:5 e 9.

termos noção de que tudo isso é passageiro e que elas não suprirão os bens imateriais não conquistados, aqueles que deveríamos trazer conosco quando o nosso tempo na vida corporal terminasse.

Por não ter essa compreensão quando estava encarnado, eu não trabalhei os verdadeiros tesouros de um espírito e, quando voltei para o plano verdadeiro da vida, vivenciei o reflexo da minha ambição e ignorância. Pude entender que fui escravizado porque antes eu escravizava os outros em seus vícios e necessidades, para eu ter o poder e a riqueza dos quais me achava merecedor.

Naquela prisão, tive tempo de olhar para mim mesmo. Comecei a relembrar de minha última encarnação e vi que fiz de tudo para ser detentor de um poder temporário. Depois que desencarnei, continuei fazendo de tudo para ter o mesmo poder, sem perceber que aqui também ele era uma ilusão.

Foi pela violência que eu conquistei o poder. Foi pela ambição que aniquilei e desonrei muitas famílias. Ao final, percebi, com muita dor, que eu não fui manso, e talvez por isso não me considerasse ainda Filho de Deus, merecedor de Seu amor e Sua compaixão.

E agora eu rezava para poder vivenciar os estados de mansidão e pacificação em meu ser. Eu precisava senti-los em meu espírito para enfrentar esse momento de minha trajetória espiritual.

O incrível era que, apesar de todas as adversidades e do meu enfraquecimento, pela falta de um alimento mais nutritivo, eu estava me sentindo mais satisfeito com as minhas atitudes do que quando possuía algum poder.

Muitas vezes, naquele cárcere, meu pensamento buscava por Beto. Meu irmão em outra vida, meu brother nesta última. Nós sempre nos demos bem, desde pequenos. Ele sempre vinha atrás de mim. Fiquei imaginando desde quando eu interferia nas vidas dele com as minhas ideias erradas. Sentia um peso desconfortável quando pensava sobre isso.

Aurélio veio até mim e eu aproveitei para conversar com ele sobre o assunto.

— Por que Deus não fez nada contra mim, se eu prejudiquei tanto o Beto? Quando eu penso na nossa relação, vejo que, nesta minha última vida, e na que eu pude relembrar em sonhos, Beto sempre foi melhor que eu, mas eu sempre o levava para o mau caminho!

— Não abrace uma responsabilidade que não lhe pertence, Jefferson. Se Beto aceitava segui-lo, com ou sem questionamento, ele é tão responsável quanto você nessa colheita. Cada um de nós colherá o que plantar, na proporção de nosso entendimento e aprendizado. Você e ele vieram juntos, em algumas existências, com um propósito de crescimento. Se desviaram esse propósito, ainda assim vivenciaram experiências que os fizeram crescer, na medida que se permitiram perceber quem eram, o que queriam e como viveriam diante das consequências de suas próprias ações. Isso foi ontem, isso é hoje, isso será amanhã.

— Mas, Aurélio, você não entende que eu o manipulava para fazer o que eu queria?

— Não, Jefferson, isso não é verdade. Você poderia até manipular as verdades, os fatos, para que ele fizesse o que você queria, mas ele tinha a escolha de agir conforme as suas concepções de ética, moralidade e valores. Quando ele aceitava agir de modo contrário às leis divinas, estava mostrando para ele próprio e para o mundo a sua verdadeira face. Você só o incentivava a colocar para fora a sua essência. Pense no agora, qual o exemplo que você deu a ele?

— Bem, acho que tentei mostrar para ele o caminho errado que estávamos trilhando.

— E o que ele fez?

— Provavelmente, teve medo e me trouxe para cá.

— Então, será que você não está se enxergando com muito poder sobre o Beto, não? Quando ele não quis atendê-lo, ele não o fez!

Eu percebi o que Aurélio, com muito carinho, estava tentando me mostrar: somos responsáveis pelo que fazemos ao outro ou junto com ele, sim, mas somente na proporção de nossas ações e nossa intenção. Todo o resto impulsionado pelo outro é de sua responsabilidade, e por essa parte não cabe a nós tal débito.

Eu tinha muito o que pensar naquela noite.

Capítulo 44

— Dalva, eu não acredito que seu pai fez isso com você!

— Antônio, por favor, não o julgue. Ele estava embriagado e não se conteve diante da raiva que sentiu.

— Ah, Dalva, como ele não percebe o que está fazendo com vocês?

— Antônio, perdoe o que vou dizer, mas se você sabe o que é ter um vício, também sabe que passamos por várias etapas até a nossa conscientização. Ele ainda está na fase da negação. Você mesmo disse que somente quando viu o seu amigo quase morrer foi que tomou a decisão de mudar o rumo de sua vida. Até lá, você se preocupava com os seus pais?

Antônio baixou a cabeça, envergonhado. As palavras de Dalva foram meigas, mas o feriram como uma flecha. Ela tinha razão. — "Quem sou eu para criticar o pai dela, se não tinha agido diferente?" – pensou.

Em seguida, ele disse:

— Está bem, você tem razão. Desculpe-me. Mas, e agora? Qual foi a postura de sua mãe?

— Bem, colocou papai para fora de casa. Mamãe, quando chegou em casa e viu o meu estado, nem deu tempo para papai se defender. Subiu correndo as escadas, colocou todas as roupas dele em uma mala e a jogou pela janela. Desceu e mandou que ele saísse, de pijama mesmo, do jeito que estava. Excetuando a morte de Marcos, esse foi o pior momento das nossas vidas!

— Imagino! Não gostaria de ver meus pais se separando, até porque eu sei o quanto eles se amam. Acredito que os seus pais também se amem muito.

— Sim, Antônio. Pude escutar mamãe chorando durante toda aquela noite. Meu coração ficou estraçalhado por ter sido eu a causadora dessa separação.

— Opa, peraí, isso não é verdade, Dalva! Agora sou eu quem vai dizer e você vai me escutar. Você não causou a separação de seus pais. Foi o seu pai quem estragou tudo, batendo em você. Vê se tem cabimento você ter bebido toda a cerveja dele? Quem colocou isso na cabeça dele? Só estando embriagado mesmo para ele pensar isso.

Desculpe eu dizer, mas acredito que você era o alvo dele porque ele percebeu que você era o elo mais fraco da família. Você não o delataria, como não o delatou.

— Não sei se isso é verdade, Antônio, porque ele tentou bater em mamãe primeiro, e foi Rodrigo quem não deixou. Nesses quase trinta anos de casados, papai sempre tentou proteger a nossa família, sempre foi um pai exemplar, mas acredito que a morte de Marcos tenha sido demais para ele; e ele resolveu acalmar o seu coração com a bebida.

— O que eu posso dizer é que, pela frequência e pela quantidade de ocorrências, ele é um alcoólatra, e como todo viciado, sempre arranjará desculpas para retornar ao vício. Essas justificativas sempre estarão ligadas a acontecimentos provocados por outras pessoas. Fica mais fácil colocar a culpa nos outros, sabe? Porém, e ele? Onde está o seu pai agora?

— Não sabemos. Já faz mais de uma semana e não o vimos desde aquele dia. Estou muito preocupada, até porque ele estava mesmo desempregado.

— Então, a situação é bem pior do que imaginei!

— Sim! Onde ele poderia ir sem dinheiro e sem emprego? Apesar de mamãe dizer que ele recebeu um valor considerável na rescisão, esse dinheiro não vai durar para sempre, até porque ele já gastou muito nesses últimos meses. Já tentei ligar para o celular dele, mas sempre informa que aquele número não está disponível. Desconfio que ele ou o tenha desligado ou esqueceu de pagar a conta – disse, já lacrimejando.

Dalva sempre transmitiu muita força. Agora ela se mostrava fragilizada, o que fez com que Antônio, sem raciocinar, a abraçasse com carinho.

Ela gostava muito dele e sentia que ele também gostava dela, mas todas as vezes que algo acontecia e os aproximava, ele construía uma barreira entre eles e se afastava dela. Agora, contudo, ela só queria aproveitar aquele abraço, deixando-se ficar ali.

❊ ❊ ❊

Rodrigo chegou naquele instante e deu um sorriso maroto. Pigarreou estrondosamente para que eles o vissem chegar. Ambos ficaram sem graça, mas Rodrigo, respeitando o casal, nada comentou.

Eles tinham combinado de ir ao cinema e estavam somente aguardando o término das aulas de Rodrigo. Quando estavam saindo da praça, Antônio foi surpreendido por Guilherme, que apareceu do nada!

— Olá, Antônio, como vai? Não vai me apresentar os seus amigos?

Antônio, surpreso, os apresentou, meio sem graça.

— Vocês estão indo para algum lugar? – perguntou Guilherme, olhando diretamente para Dalva.

Inocentemente, Rodrigo responde que estavam indo ao cinema.

— Nossa, que coincidência. Eu também estou doido para me distrair. Posso ir com vocês?

Novamente, foi Rodrigo quem respondeu positivamente.

Dalva se lembrava do que Antônio havia lhe contado sobre Guilherme e sentiu certo desconforto com os olhares dele para ela. Antônio, por sua vez, também não ficou satisfeito.

Não tendo como mudar a situação, foram os quatro para o cinema. Apesar de tudo, foi um final de tarde agradável para todos, pois Guilherme era muito simpático quando queria.

Como Antônio iria acompanhar os irmãos até em casa, Guilherme fez questão de ir junto. Ele queria saber onde Dalva morava.

Ao se afastarem de lá, Antônio falou para o amigo:

— Fico feliz que você tenha conquistado a confiança de seus pais.

— O que quer dizer com isso?

— Bem, eles não estavam liberando a sua saída, por isso, pensei que...

— Claro que não. Eu saí dizendo que ia encontrá-lo. Por sorte, vi vocês ali, e, por fim, não menti – Guilherme disse, rindo com desdém.

— Você não teme que eles descubram que você está mentindo?

— Claro que não. Sei que se eles ligarem, você me acobertará. E outra, já estou bem crescidinho.

Antônio ficou muito irritado. Ele não queria esse tipo de coisa em sua vida de novo. Queria a verdade, queria a sinceridade, queria recobrar a confiança total de seus pais, e nada disso que Guilherme estava fazendo iria contribuir para isso.

Então, sob uma forte emoção, Antônio lhe disse:

— Cara, desculpa, mas eu não vou fazer isso por você. Estou há meses tentando reconquistar a confiança de meus pais, e essas suas mentiras não vão me ajudar. Sabe que temos uma amizade de longa data, mas não poderei mentir para os seus pais se eles me ligarem. Por favor, não faça mais isso.

Guilherme ficou muito irritado. Ele só tinha falado aquilo para saber até onde Antônio iria pelo amigo, mas percebeu que ele não iria muito longe.

A verdade é que Guilherme estava enganando os seus pais. Resolveu ser o melhor filho que alguém já desejou, fazendo com que acreditassem que ele tinha mudado. Então eles fizeram um trato com o filho: enquanto ele não voltasse para a faculdade, que seria no próximo semestre, ele poderia sair por algumas horas, sozinho, durante algumas tardes da semana. Mas aquela liberdade tinha um preço, eles poderiam a qualquer momento entrar em seu quarto, remexer nas suas coisas e até revistá-lo.

Guilherme aceitou prontamente, dizendo que não tinha nada a esconder. Agora, portanto, ele não precisava mais de Antônio. Por isso, ele já saía sozinho e, por várias vezes, usou de sua liberdade para consumir e vender a droga que tinha.

Naquela tarde, ele tinha decidido sair para levar uns papelotes para vender em um ponto que conhecia, próximo daquela praça onde os três jovens se encontravam. Mas quando, de longe, viu Antônio abraçando aquela menina tão linda, sentiu uma raiva imensa dele. Depois daquele dia que Antônio quase o expulsou de sua casa, Guilherme queria se vingar dele a qualquer custo, e achou que retirar dele a sua garota poderia ser interessante.

Agora que estava voltando para casa, precisava esconder as drogas em seu esconderijo, porque não poderia levá-las com ele.

Capítulo 45

Dalva e Rodrigo chegaram em casa e Aparecida estava ansiosa esperando por eles.

— Mãe – disse Rodrigo –, está tudo bem?

— Preciso contar uma coisa a vocês antes de irmos ao grupo espírita hoje, e é sobre o seu pai.

Aparecida estava com a aparência cansada. Parecia que estava carregando todo o peso do mundo nas costas. Ela olhou para os filhos, respirou fundo e falou:

— Eu sempre amei seu pai com todas as forças do meu ser. Quando nós nos casamos, pensei que era a mulher mais sortuda do mundo, porque ele era meu companheiro.

No entanto, em razão de algumas dificuldades que tivemos no início, ele começou a beber mais e mais, chegando ao ponto de, em algumas vezes, me empurrar com violência contra as paredes, móveis, o que fosse, bem como me bater em outras tantas; mas eu sempre o desculpava e o recebia de volta.

Uma noite, ele chegou em casa completamente bêbado. Não conseguia ficar em pé direito, muito menos perceber com clareza as coisas que estava fazendo. Ele foi direto para a geladeira em busca de qualquer outra bebida. Eu, sabendo que todo corpo tem um limite alcoólico, tentei retirar de suas mãos uma garrafa que ele tentava abrir. Eu tanto tentei que ele, num impulso irracional, bateu com a garrafa na minha cabeça.

Aparecida estava envergonhada e chorosa. Ela mostrou a cicatriz que estava por baixo do cabelo, que disfarçava o retalho provocado por aquela violência.

Rodrigo teve ímpetos de xingar o pai, mas preferiu o silêncio naquele momento, em respeito à mãe, que continuou:

— Tendo ele chegado àquele ponto, eu não podia mais suportar tanta violência e, após ter voltado do hospital, o coloquei para fora de casa, dizendo que não haveria mais volta. Eu admito que aquela não tinha sido a primeira vez que o havia expulsado. Depois de uns quinze dias, ele passou a ir todos os dias lá em casa, pedindo que eu o perdoasse, até que, vendo que eu não o aceitaria de volta, ele entrou para os Alcoólicos Anônimos. Pouco tempo depois, ele veio até mim com o seu padrinho e me relatou todos os seus progressos, inclusive sobre a sua sobriedade.

Aparecida pegou fôlego para continuar. Parecia que ela estava sufocando, de tanta dor moral que sentia em seu peito:

— Eu realmente acreditei que, por mim, ele tinha mudado. Mas, aliado a isso, confesso que tinha descoberto que estava grávida de Marcos e não queria estar só para amá-lo e educá-lo. Sabia que tudo o que Cleto mais desejava era ter filhos, então o aceitei de volta.

Admito que, até a morte de Marcos, eu nunca tive motivos para me arrepender dessa minha decisão. Mas eu errei, meus filhos. Não por tê-lo aceitado de volta, mas por ter relevado o fato de ele ter voltado a beber e achar que isso não nos levaria a reviver toda aquela tormenta.

Sou professora e sei o quanto ainda temos para aprender. Conversando com o pedagogo da escola, descobri que o alcoolismo não tem cura. Para se preservar, o alcoólatra é orientado a jamais degustar, a jamais bebericar, a não colocar nem uma gota de álcool no organismo. Ele deve viver um dia de cada vez, que será mais um dia somado aos outros tantos até o final de sua vida. Você foi alvo da violência dele, minha filha, porque eu, antes, não busquei saber mais a fundo sobre o problema do seu pai, como também agora não agi severamente quando precisei.

Ela agora chorava livremente. Dalva a abraçou e disse-lhe:

— Mãe! Não fale assim. A senhora não tem culpa do que papai fez. Como a senhora bem disse, foi somente quando a morte de Marcos veio que papai se perdeu. Ele nunca bebeu, mãe. Nem socialmente, nem em casa, nunca. Ele sempre respeitou a promessa que fez à senhora. Eu acredito que a experiência que tivemos foi demais para ele. Todos nós, cada um em uma intensidade diferente, sentiu essa culpa. Cada um de nós reagiu da forma que conseguiu para lidar com a situação. Por isso, não podemos criticar o papai.

Rodrigo não dizia nada. Ele estava tentando lidar com as suas emoções. Tentava não ser duro em seu julgamento, mas estava sendo muito difícil pra ele.

Percebendo o silêncio do irmão, Dalva perguntou se ele estava bem. Rodrigo respondeu num rompante:

— Não, não estou bem, Dalva. Nosso pai sempre exigiu de mim e de Marcos que respeitássemos as mulheres de nossa casa e fora dela. Sempre nos dizia que a bebida ou as drogas não eram o caminho para afogarmos as nossas tristezas e frustrações, mas agora eu vejo o quão hipócrita papai tem sido durante toda a sua vida. Talvez Marcos tenha percebido essa hipocrisia, o que o fez não levar tais ensinamentos a sério.

— Acredito que papai tentou ensinar para vocês aquilo que o fez sofrer muito no início do casamento. E, se você for muito honesto, concordará que papai jamais bebeu ou levantou a mão para nós até a sua recaída. Então, não desconsidere a boa educação que ele nos deu, só porque ele não conseguiu, naquele momento tão trágico, agir como ensinava.

— Sua irmã tem razão, filho. Eu só estou contando isso porque vocês precisam saber que o seu pai está doente. Ele é um alcoólatra, mas não admite essa condição debilitante. Agora, ao contrário do início de nosso casamento, ele não parece estar arrependido. Vindo para casa, o vi num bar, cambaleando, sem conseguir ficar em pé. Pensei em ir lá e trazê-lo de volta, mas, diante de tudo o que já vivenciei com ele no início, pensei que isso não o ajudaria em sua mudança de comportamento. Mas foi muito doloroso vê-lo naquele estado, meus filhos.

— Mãe, eu não acho que ele estar bêbado num bar significa que ele não se arrependeu! – disse Dalva. – Acho que isso quer dizer que ele não está conseguindo lidar com as suas perdas e busca na bebida o seu consolo.

Primeiro, ele perdeu o Marcos, depois a família, por culpa exclusivamente dele. Mas eu quero acreditar que ele irá melhorar, por isso, não desistamos de papai em nossas orações e em nossa disposição para perdoá-lo.

— O problema é que, quando cheguei aqui, já estava arrependida de não tê-lo trazido para casa, meus filhos. Não sabemos onde ele está morando, como está sobrevivendo...

— Mãe, não se arrependa, porque a sua escolha foi para ajudá-lo. Na última semana de vida de Marcos, estávamos todos querendo o seu melhor, atentos, preocupados, mas quando ele quis agir, ninguém foi capaz de ajudá-lo. Com papai também foi e será assim.

Tenho pensado muito que se algo desagradável acontecer com papai agora, temos de estar unidos para passarmos por mais essa experiência juntos, consolando-nos mutuamente e não nos culpando pelas ações cuja responsabilidade cabem somente a ele. Sei que estamos falando sobre isso tranquilamente porque, apesar de tudo, sabemos que ele está vivo. Mas, seja qual for o resultado dessa saída dele daqui de casa, quero deixar claro que nem eu nem Rodrigo condenamos a sua atitude de mandá-lo embora na semana passada. Se a senhora já fez isso uma vez e deu certo, quem disse que não dará de novo, não é? Então não se culpe por isso também.

Diante das palavras reconfortantes de Dalva, os três se abraçaram e ficaram ali por um tempo, como uma família que buscava se reencontrar.

Capítulo 46

Beto estava no quartel-general, esperando o retorno de Firmino. Ele havia dado ao seu comparsa a missão de fazer com que Aparecida visse Cleto no bar. Como Laura e Marcos tinham sumido, Cadu foi designado para ajudar Barril.

Eles estavam fazendo o trabalho muito bem. Naquela última semana, estavam levando Cleto para o buraco e precisavam que a família soubesse disso e sentisse culpa. A desarmonia precisava acontecer naquele lar, porque o chefe maior não queria desistir da derrocada de todos eles.

Beto resolveu seguir com o meu plano original. Apesar de não ter como alvo principal toda a família, no final, toda ela seria atingida. Então, seguindo o meu plano, o resultado faria Cleto mergulhar em seu vício, e a culpa por tê-lo abandonado e expulsado de casa levaria todos para o fundo do poço, principalmente o Rodrigo.

Firmino chegou com um sorriso satisfeito no rosto.

— E aí, me conta o que aconteceu?

— Chefe, tudo foi feito como planejamos. Conseguimos fazer Aparecida mudar o caminho habitual para que ela visse o marido no bar e chegasse muito chateada em casa. Pude até sentir por uns instantes o desequilíbrio vindo de dentro da casa quando os jovens lá estavam. Foi por pouco tempo, mas aconteceu, chefe.

Todas as vezes que Beto ouvia os seus comparsas o chamando de chefe, sentia uma coisa muito ruim. Ele não conseguia deixar de pensar em mim. Tudo o que ele havia planejado para me resgatar foi em vão. Ele tinha ficado muito irritado comigo por eu ter recusado sua proposta. Ele queria se convencer de que eu era um fraco por ter sucumbido às mentiras dos *da luz*.

Agora ele entendia que não adiantava ficar chorando por minha escolha. Ele precisava estar focado, porque mais um problema vindo daquele grupo, e todos responderiam com a perda de sua liberdade ou integridade física.

— Muito bem, Firmino. Estou satisfeito.

Beto não era como eu, ele tinha um lado bom. Mas ainda precisava depurar em seu íntimo as ideias deturpadas sobre a vida e suas consequências. Quando ele era pequeno, tinha entrado para o tráfico porque não aceitava a pobreza em que vivia a sua família. Sua mãe era uma trabalhadora honesta e muito esforçada. Ela tentava educar os quatro filhos com carinho e entendimentos cristãos, mas ela trabalhava dois turnos para poder alimentá-los e, por isso, não tinha muito tempo para ficar com eles.

Os dois irmãos mais velhos de Beto conseguiram enxergar com mais propriedade os seus exemplos. Eram hoje bons pais e trabalhadores honestos. Quanto a ele e sua irmã caçula, sentiram mais o abandono do pai e a ausência da mãe. Apesar de poderem usar o exemplo de seus irmãos, ambos escolheram seguir por caminhos transviados. Eu só não sei dizer qual foi o destino da irmã.

Beto era o meu melhor amigo e aprontávamos muito. Enquanto minha avó era viva, eu tinha freios, mas quando ela se foi, me tornei rebelde, um perdido, e Beto me seguiu. Agora ele estava só e tinha medo de não dar conta do serviço, de não ser mal o suficiente.

Ele mandou Boca ficar junto de Cleto, que vivia agora numa pensão bem barata. O dinheiro que ele tinha não era suficiente para mantê-lo naquele lugar por muito tempo, mas ele não queria pensar nisso. Cadu e Barril também não permitiam muita sobriedade de Cleto para raciocínios mais elaborados. Ele sofria um verdadeiro bombardeio de pensamentos sobre a sua vida sem sentido e desejos desenfreados pela bebida que anestesiaria todas as suas dores.

Cleto chegou em seu quarto com a ajuda de Boca indicando o caminho, porque ele, assim como os dois espíritos viciados, estava muito mal. Sem conseguir fazer ao menos o seu asseio pessoal, Cleto caiu na cama e apagou.

Ele quase não se desprendeu de seu corpo, em virtude de se encontrar completamente entorpecido pelos efeitos da bebida alcoólica consumida.

O mentor de Cleto o aguardava dormir para levá-lo à casa espírita onde os seus amados estavam frequentando. Infelizmente, percebeu que isso não seria possível naquela noite.

— Meu amigo, espero que você não se esqueça de seus objetivos. Foram anos de trabalho no plano espiritual para a conscientização dos seus vícios. Quantos cursos e quantas visitas você fez às clínicas de reabilitação para compreender suas dificuldades. Não desanime e não desista de você novamente.

Enquanto emanava uma energia repleta de amor e refazimento para os corpos físico, perispiritual e espiritual de Cleto, os meus antigos comparsas nada percebiam. Era necessário fazer isso devido à grande quantidade de álcool consumida, pois Cleto poderia ter outro coma alcoólico e, desta vez, ele poderia não encontrar quem o ajudasse.

— Ainda não é o seu momento, Cleto. Por favor, busque ajuda. Pare com esse comportamento suicida!

Cleto recebia essas emanações e as absorvia como uma esponja seca absorve a água. Seu inconsciente escutava as palavras do mentor, porém pareciam longe, como um sonho bom, mas fora do seu alcance.

Boca, Barril e Cadu não tinham noção do que estava acontecendo e permaneciam no canto daquele quarto, cada um com os seus pensamentos e alienações.

Osmar, apesar de espírito experiente na função de mentor, sabia que precisaria de auxílio para o caso de Cleto. Por isso, após realizar a sua energização, decidiu se dirigir à colônia para conversar com Aurélio, coordenador do grupo de proteção daqueles espíritos.

Capítulo 47

Rodrigo, Aparecida, Dalva e Antônio estavam conversando com Penélope, antes do início dos trabalhos da casa. Penélope iria ministrar uma palestra naquele dia e todos estavam muito ansiosos pelas palavras que os auxiliariam a entender o contexto que estavam vivendo. O tema era: Suicídio[13] e as suas consequências.

Beto e Firmino foram atrás da família de Rodrigo e, para a surpresa deles, naquela ocasião a instituição espírita estava aberta para quem quisesse entrar. Eles então entraram, mas ficaram alertas para não caírem em alguma armadilha dos *da luz* como, segundo eles, havia acontecido comigo.

A maioria dos presentes, com algumas exceções, arrastava seus pensamentos para algum conhecido que tinha partido da vida material pelo suicídio. Aparecida não era exceção, mas a sua tristeza estava vinculada também ao que tinha presenciado, quase uma hora antes, com o seu marido. Ela tentava superar aquele sentimento sorrindo para todos que conversavam com ela. A sua família tinha sentido o amparo daquela casa por meio de seus integrantes e era muito agradecida a todos por isso.

Os pais de Antônio também estavam lá. Eles frequentavam as palestras com o filho sempre que podiam, e muitos esclarecimentos tinham sido recrutados para aqueles seres que ansiavam pela paz.

Penélope se preparou para dar início à palestra.

— Boa noite, meus irmãos! Hoje, como vocês sabem, vamos falar sobre suicídio. Posso afirmar, sem exagero nenhum, que em cada um de nós existe um potencial suicida e que, diante de nossa ignorância

---

[13] Mais sobre esse tema em *O livro dos espíritos* - questões 943 a 957 – Allan Kardec – FEB Editora.

sobre as leis divinas, colocamos a nossa vida em risco, somente pelo fato de acreditarmos que ela é chata e sem sentido.

A fala de Penélope era clara e sua voz muito calma e firme. Também permitia uma sintonia muito harmônica com o grupo de espíritos que a inspiravam naquela tarefa.

— Sempre reafirmo o que digo ao me deparar com as duas formas de suicídio: o consciente e o inconsciente. Numa definição muito simples, o suicídio consciente é aquele no qual, voluntária e lucidamente, o indivíduo quer dar fim à sua própria vida e consegue. Já o inconsciente seria praticado por aquele que se mata sem saber ou perceber o está fazendo.

Com esse começo, Penélope já conseguiu que muitos se mexessem em suas cadeiras.

— Suicídio ainda é um tabu para a nossa sociedade atual, e quando mencionado, é feito vinculando-o aos que bebem ou fumam em demasia, ou àqueles que se utilizam das drogas ou dirigem em alta velocidade, sem os cuidados devidos.

Existem, entretanto, muitos outros exemplos, que estão mais presentes em nosso cotidiano e que nos qualificam como potenciais suicidas, conscientes ou não: se comemos sem moderação, prejudicando a nossa saúde; se não nos alimentamos direito, não dando ao nosso corpo o combustível que ele necessita para realizar as tarefas que lhe são exigidas; se ingerimos doces, quando somos diabéticos; se bebemos, quando estamos tomando remédios controlados; se dirigimos após ter bebido, mesmo que moderadamente; se não usamos os equipamentos de segurança que nos são ofertados quando trabalhamos em locais perigosos ou na prática de esportes radicais...

Em cada um desses exemplos, estamos nos colocando em risco de morte, mas nos abraçamos à esperança de que nada nos acontecerá ao final.

Temos de entender o que realmente nos move na busca da prática irresponsável dessas atividades e na manutenção dessas atitudes. Quem pode dizer que hoje não recebe informações, a cada instante e de todos os lados, sobre tudo o que pode trazer benefícios ou malefícios, imediata ou lentamente, para os nossos corpos físico e mental?

Se somos tão bem informados, por que não corrigimos as nossas atitudes para uma vida mais salutar? Eu diria que a resposta está no fato de nos sentirmos satisfeitos com a forma que estamos vivendo, mesmo sabendo que não é um exemplo de vida saudável e que essas posturas poderão nos trazer consequências ruins no futuro.

Tais informações pegaram alguns de surpresa, porque se viam, indiretamente, em uma ou em outra daquelas descrições.

Penélope percebeu que conseguiu prender a atenção dos ouvintes, então continuou:

— As leis divinas incidem sobre todos nós, atendendo ao quesito da compreensão das experiências vivenciadas. Temos, por consequência, a sabedoria suprema atuando, levando os suicidas inconscientes a serem menos afetados pelos reflexos característicos do suicídio provocado pelos conscientes.

Os suicidas conscientes agem querendo acabar com uma dor qualquer, já os inconscientes agem também para isso, mas sempre na esperança, lúcida ou não, de que o resultado de sua ação em acabar com a sua dor não resulte no fim de sua vida.

Penélope parou por alguns segundos e correu o olhar pelo auditório. Depois, perguntou:

— Vocês prestaram a atenção no que eu disse? Seja em um ou no outro tipo, todo suicida é aquele que atenta contra a sua própria dor, não contra a sua vida! O mundo precisa desmistificar a visão que tem de que todo suicida quer o seu fim, que todo aquele que tentou, mas não conseguiu se matar, está querendo somente chamar a atenção, como se fosse algo fácil de se fazer ou como se ele conseguisse enfrentar tudo isso sozinho.

Nenhum de nós, filhos de Deus, quer o fim de sua vida, mas sim o fim da dor insuportavelmente vivenciada, seja ela qual for. A dor, para a maioria das pessoas, é uma experiência ruim, um momento de incômodo, de transtorno, de infelicidade. A dor é bastante desagradável, mas, por ser assim, é uma eficaz ferramenta, que nos faz parar e repensar as nossas ações e os nossos conceitos sobre a nossa própria existência.

Após estudarmos sobre as verdades espirituais, descobrimos que o que nos faz lutar contra a morte, o que nos mantêm firmes no curso de nossa existência, apesar das adversidades enfrentadas, é a existência de leis divinas ou naturais que nos motivam a viver, como a Lei de Conservação, por exemplo. Isso porque, no patamar evolutivo em que estamos, enquanto não temos problemas, nada nos faz interromper a trajetória que escolhemos trilhar, seja ela dentro dos conceitos morais e éticos aceitáveis ou não.

Mas, se há qualquer dissabor, paramos e planejamos novos caminhos, repensando os nossos valores. Por isso, viemos para este Planeta Escola para aprender a vivenciar esses momentos de reflexão, mesmo os que acreditamos não suportar, porque somente neles nos enxergaremos fortes quando os superarmos.

O que acontece é que muitos de nós não aceitamos essa vida de aprendizado e superação, abraçada por nós mesmos quando nos determinamos ao reencarne, e nos rebelamos ante as dores sofridas na carne, enxergando-as com tamanha intensidade que chegam ao ápice do insuportável. Assim, para tais pessoas, a dor, que é um instrumento para o nosso crescer, se transforma em um mal intolerável e que precisa ser abolido.

Mas como modificarmos essa visão equivocada? Poderíamos começar mudando a forma que enxergamos Deus, extremamente humanizado no Velho Testamento, e que nos pune quando agimos no pecado. Jesus nos ensinou que nosso Deus é um Pai de amor e, portanto, um Pai que nos dará várias oportunidades para nos frearmos, pensarmos e corrigirmos o que estamos fazendo de errado. Não nos aplicará uma punição, mas sim nos dará oportunidades de crescimento, colhendo o que plantamos.

Pensemos em uma sala de aula, onde o professor trouxe atividades para avaliar os conhecimentos de seus alunos. Estaria ele punindo-os porque os submeterá a uma avaliação? Como esse bom professor escolhe o que aplicar na prova? Normalmente, da matéria ensinada, ele colocará questões que os alunos demonstraram mais dificuldade, para que, tanto ele quanto os alunos, possam constatar o que aprenderam após as explicações em sala de aula e o estudo individual. Porém, esse mestre também colocará questões mais fáceis para firmar a autoconfiança de seus alunos ao enfrentar suas dificuldades.

Se um bom professor se utiliza dessa didática, como o Maior de Todos faria pior?

Cada questão contida em nossas provas é indicada por nós frente à dificuldade que portamos, tornando cada uma delas especial e útil para o nosso crescimento individual.

Meus amigos, completando tudo o que já foi dito antes, a dor é somente uma reação da vida às escolhas que fazemos no nosso presente e somente nos depararemos com ela quando já tivermos tido as explicações devidas e nos preparado minimamente para a prova que virá.

Vocês já devem estar se perguntando o porquê de eu estar destrinchando esse tema.

Porque todo o nosso ser luta para se conservar íntegro em qualquer um dos dois planos da vida, mesmo diante de um momento de intensa dor. Não há quem, antes de pensar em concretizar o ato contrário à vida, já não tenha desistido, em pensamento ou atos omissivos, inúmeras vezes. Alguns, no entanto, primeiramente no silêncio, depois no desabafo, através de reclamações, das lamúrias, da revolta contra Deus pelas injustiças entendidas como não merecidas, revelam a instabilidade de seu ser diante da dor. Da dor que o sufoca, que o oprime, que o aniquila dia a dia, até que, convencido de que nada mais há a fazer, acredita que somente no silêncio da morte a dor não será mais sentida.

Neste instante, Aparecida relembrou a última semana de Marcos. Ele estava péssimo. Não comia, não conversava, não sentia prazer em viver. No penúltimo dia de sua vida, ele veio até ela, dando-lhe um abraço apertado, como se nunca mais fosse vê-la, e lhe perguntou:

— Mãe, quando foi a última vez em que fui feliz? Essa vida não tem sentido! Eu amava Laura e ela se foi. Como viver sem ela?

Eles ficaram ali, no quarto de Aparecida, por um bom tempo, conversando sobre os seus questionamentos. Ela tentava lhe falar com todo o seu carinho e amor, levando-lhe o consolo que ele necessitava. Ela não sabia que ele estava pedindo socorro. Achava que aquilo iria passar e que o tempo seria um bom conselheiro. Na manhã seguinte, Marcos parecia até mais animado. Comeu um pouco com a família, mas, infelizmente, não se dera tempo nem oportunidade para que o consolo fosse concretizado em seu coração. Aparecida sentiu um aperto no peito e, como se adivinhasse sua dor, Penélope continuou a sua explanação:

— Um dos efeitos sentidos é que aqueles que ficam se culpam por não terem visto os alertas dados pelos seus amados. Mas não há como saber. Podemos dar o melhor de nós, podemos dar a eles o melhor acompanhamento profissional, mas somente eles serão capazes de se salvar de si mesmos. O que todos nós precisamos entender é que as leis que nos regem não exigem de nós que vençamos essas dificuldades, mas sim que as vivenciemos e aprendamos com elas.

E por que não vencer? Infelizmente, porque o nosso conceito sobre vencer é equivocado. Alguém poderia me dizer o significado dessa palavra?

Antônio levanta a mão e a palestrante lhe dá a vez para responder:

— Eu acredito que vencer significa chegarmos ao final de qualquer meta e percebermos que a alcançamos com o nosso esforço pessoal ou coletivo.

Claro que isso é muito subjetivo, porque, para uns, atingir a meta pode ser o primeiro lugar numa corrida; para outros, só de ter chegado já é uma vitória. Mas entendo também que, para aqueles para os quais vencer é só chegar em primeiro lugar, chegar em segundo já os coloca como perdedores!

— Você deu um bom exemplo e explicou muito bem, Antônio! No fim das contas, uma parte desse conceito de vitória está muito mais no nosso mundo interno do que no externo. Nesta sociedade competitiva em que vivemos, cada dia menos nos satisfazemos em somente cruzar a linha de chegada, mesmo não podendo fazer melhor. Estamos num processo de autocrítica tão profundo que não aceitamos atingir o máximo que conseguimos, e sim queremos o máximo do outro, sem nos prepararmos como ele se preparou. Daí vêm as insatisfações e as frustrações. Não estamos aqui para superar o outro, mas sim a nós mesmos. O outro é somente um exemplo que nos mostrará que é possível fazer, mas cada um a seu tempo.

Não podemos esquecer de que se não percorremos os mesmos caminhos que o outro, não possuímos as suas experiências para atingir o mesmo fim.

Toda plateia estava em silêncio e atenta às palavras de Penélope. Ela permitia receber as inspirações dos espíritos que contribuíam com explicações valorosas sobre o tema.

— Por acreditarmos que não temos condições de suportar algumas de nossas dores, reagiremos como filhos rebeldes: reclamaremos muito, culparemos os outros, fugiremos das dores, ou seja, buscaremos amenizar as adversidades da forma que conhecemos.

Se não tomarmos cuidado com essas posturas, poderemos deixar o posto de suicidas inconscientes para nos tornarmos suicidas conscientes, porque criaremos uma dor tão intensa em nós que não a suportaremos por muito tempo.

Mas, ainda assim, não se iludam! Ainda neste momento, não iremos querer acabar com a vida, mas somente nos afastar da dor que acreditamos nos dilacerar a alma e que não daremos conta de suportá-la.

Podemos fazer uma comparação interessante quando pensamos que a visão de um suicida é muito lógica: estou vivendo na dor; a dor é insuportável; logo, se não houver vida, não haverá dor. Sufocado pela dor e pelas emoções que não lhe dão folga, aquele filho de Deus poderá tomar a decisão que o levará perante o seu juiz mais cruel, aquele que o levou até ali. Esse juiz saberá todas as respostas sobre o suicida. Tudo estará descortinado para ele, e da mesma forma que ele entendeu que deveria tomar uma medida drástica para acabar com a sua dor, esse mesmo juiz o julgará e o condenará com o mesmo peso.

Rodrigo estava muito triste ao pensar que Marcos tinha feito a escolha que o levaria a um julgamento perante esse juiz. Penélope continuava:

— Por acaso alguém aqui está entristecido com essa notícia? Que esse suicida padeceria num tribunal que não o perdoaria ou o condenaria severamente por toda a eternidade, em razão de seu pecado?

Alguns levantaram a mão. E ela voltou ao assunto:

— Por acaso, vocês se esqueceram de que nada foge à Justiça Divina? Que estamos falando sobre a aplicação das leis de Deus? Se Ele é perfeito, Suas leis também são! Jesus nos disse[14]: "Não julgueis, para que não sejais julgados. Porque com o juízo com que julgardes sereis julgados, e com a medida com que tiverdes medido vos hão de medir a vós". Aí está . Aí está a delimitação desse julgamento. E nada além da Justiça Divina se fará presente.

Muitas de nossas ações suicidas estão vinculadas ao nível de julgamento pessoal, não nos aceitando com as dificuldades que ainda portamos e que, em razão disso, nos avolumam as dores sentidas, nos fazendo agir no extremo de nosso desespero.

Por isso, insisto, não se iludam, porque somente o que é justo se faz em nossas vidas, e essa mesma justiça dependerá de como nós desejamos viver a nossa existência carnal ou espiritual. Então, quem é esse juiz sobre quem estamos falando?

Penélope continuou por vários minutos trazendo muitos esclarecimentos, e, ao finalizar a palestra, ela disse de modo claro e meigo:

---

[14] Mateus, 7:1-2

— Que tenhamos o nosso comportamento diário como parâmetro para enxergarmos o que estamos construindo. Se compreendermos que a dor que sentimos é um reflexo de nossas ações, ela deixará de ser insuportável e conseguiremos lidar com ela, sem termos de abandonar a trajetória programada. Se, ao contrário, o nosso julgamento está ativo, nos massacrando, então não nos julguemos. Mas, se for impossível, que julguemos as nossas ações e as do próximo com amor, porque, no mesmo peso que julgarmos seremos julgados e, portanto, com amor estaremos nos dando a oportunidade de não vivenciarmos o inferno que pode ser criado em nossas consciências pela dor não compreendida.

Feita a oração final, todos estavam se sentindo leves.

A mãe de Rodrigo foi até ela e disse:

— Muito obrigada, Penélope, por ter nos mostrado o quanto Deus é bom e generoso conosco.

Elas se abraçaram e todos saíram de lá consolados.

Beto, no entanto, saiu incomodado com tudo o que ouviu.

Capítulo 48

Após deixar Cleto em seu quarto, o seu mentor se dirigiu à Colônia para conversar com Aurélio. Sabia que, por mais experiente que fosse, não poderia tomar nenhuma medida mais enérgica sem as orientações de seu coordenador e dos instrutores responsáveis pelos projetos reencarnatórios.

— Aurélio, meu grande amigo, que bom revê-lo!

— Osmar, como vai? Há alguns dias que não nos vemos, não é? Como está indo o Cleto?

— É sobre ele mesmo que eu vim conversar com você. Como sabemos, Cleto retornou à carne para superar suas dificuldades com a bebida, dentre outras coisas. Infelizmente, o suicídio de Marcos deu a ele uma boa justificativa para recair nos laços de seus antigos vícios. O desamparo e a culpa pela ação do filho foram suficientes para ele desmoronar.

— Sim, eu sei.

— Não posso tomar nenhuma medida sem buscar auxílio em nossas programações coletivas. Qualquer descuido pode atrapalhar todo o processo.

— É verdade, Osmar. Nossos irmãos determinaram para si um plano mais seguro para os resgates que acreditam possuir, mas, na carne, usam de seu livre-arbítrio para contornar alguns de seus próprios planejamentos. Cada escolha de Cleto, nesta encarnação, promove mudanças nos caminhos que ele e, por consequência, os demais percorrerão. Porém, como sabemos, os objetivos, com raras exceções, são mudados.

— Por tudo isso, Aurélio, preciso muito de sua ajuda.

— E você a terá, meu amigo. Diante de tantas mudanças no curso dessa reencarnação, vamos buscar auxílio com os nossos superiores para não nos perdermos nesta empreitada divina.

Ambos, com a certeza da atuação da Mão Sacrossanta de Jesus na vida de cada um daqueles que se encontram envolvidos naquele planejamento, foram conversar com os seus orientadores, para o auxílio a ser empreendido.

Ao final do encontro, ambos saíram com a certeza de que jamais estamos sós e que Jesus jamais desampara qualquer um de seus irmãos.

Capítulo 49

Beto estava fazendo uma análise do progresso de sua missão e não ficou satisfeito: eles tinham conseguido resgatar Marcos, mas o perderam posteriormente. Também tinham perdido o seu líder e, apesar de terem tido uma evolução com Cleto e Rodrigo, depois que a família se integrou à aplicação dos conceitos espíritas, eles não estavam mais conseguindo atingir nenhum deles, só a Cleto.

Depois que fui preso, Beto ficava o tempo todo no quartel-general. Ele dava as ordens, mas tinha perdido a garra e estava sem estômago para ver a gradativa degradação daquele pai de família.

Beto queria gritar de ódio daquela situação, mas não conseguia. Sua única revolta era comigo.

Apenas Firmino estava ali com ele, os outros continuavam com Cleto. Beto não sabia mais o que fazer. Estava perdido. Ele tinha consciência de não ter o perfil de um líder, sendo limitado para tomar alguma iniciativa ou fazer planejamentos.

Para não surtar na frente de Firmino, Beto disse que iria sair um pouco, mas que o chamassem caso houvesse alguma novidade.

Talvez por um ato inconsciente, Beto acabou se dirigindo para a mesma praça que eu lhes descrevi quando fui me entregar a eles. Sentou-se ali e ficou tentando imaginar o que poderia fazer para prejudicar a família de Rodrigo, mas a cada pensamento ruim, ele se sentia incapacitado de colocá-lo em prática.

Beto estava realmente cansado.

De repente, ele percebeu a presença de duas crianças encarnadas que brincavam ali perto. Elas riam com gosto, o que o fez prestar atenção no que elas faziam. O mais novo tentava imitar o mais velho em tudo. E o mais velho não se incomodava. Achava graça e tentava criar uma nova situação para que o outro pudesse se divertir.

Beto sentiu algo estranho. Não sabia o que era, mas aquela cena lhe era muito familiar e comovedora. De repente, sem perceber, estava com a respiração suspensa e o coração batendo mais forte. Lembranças sobrepostas a outras vieram em sua mente: duas crianças inseparáveis que sempre se colocavam em confusão. Sempre uma seguindo os passos da outra. Quando maiores, a mais nova alistou-se na guerra para acompanhar o seu irmão mais velho, em razão de sua admiração e amor. Em meio ao campo de batalha, atrás de umas poucas pedras, amedrontado e vendo ao longe o seu irmão, teve o seu fim na explosão de uma bomba.

Beto sentia um calor tomando conta dele ao lembrar-se daquele jovem, ainda quase uma criança, naquela guerra sem sentido. De repente, uma revirada em seus pensamentos, e essas crianças estavam em outras paragens. Elas viviam em uma favela. Ainda eram inseparáveis e viviam se encrencando, não parecendo tão frágeis quanto as primeiras crianças de tempos idos. Cresceram, tendo a cada dia um dia de guerra. Sempre na espreita, sempre na defensiva, prontos para o ataque. O resultado não podia ser outro. Na busca de riqueza e poder, sem ética e moralidade, uma morte violenta e por traição chegou para ambos.

Beto se sentia desnudo. Nunca havia analisado com tanta nitidez a sua última encarnação. Sempre havia desculpas e justificativas para cada escolha feita. Porém, ali não havia qualquer filtro. A verdade se estampava aos seus olhos.

E as lembranças não paravam. Mais tarde, no plano espiritual, os amigos se reencontraram como trabalhadores das trevas. Muitas foram as missões a eles ordenadas. Estando juntos ou separados, sempre achavam um momento para se encontrar. A amizade de ambos não se extinguiu com a morte. Ele se lembrava dos momentos em que sorriam juntos e que choravam também. Tudo se passava muito rápido, mas era tão esclarecedor.

Aurélio e vó Lúcia estavam ao seu lado, auxiliando-o no processo de autoconhecimento. Beto estava exausto, por sentir com tamanha intensidade aquelas emoções que transbordavam a cada lembrança. Quando os obreiros perceberam que ele estava pronto, se afastaram um pouco e, apesar de cansado, ele sentiu um calor diferente! Neste momento, lembrou-se do que eu lhe falei, quando estava aprisionado em nosso quartel-general: — "Beto, quando foi a última vez que você sentiu o sol?"

Ele estava sentindo todo o ambiente ao redor. Sentiu o vento e o calor do sol em seu peito e em seu rosto. E, surpreso, ele viu as cores das árvores e pôde escutar os pássaros que cantavam sobre elas. — "Será que era isso que Jefferson quis me dizer? Será que foi isso que ele sentiu quando percebeu que não conseguiria continuar morto em seus sentimentos e emoções? Será que está acontecendo o mesmo comigo?" – pensava Beto, emocionado e apreensivo. — "Se o que eu lembrei é verdade, Jefferson foi meu irmão e alguém especial para mim além desta última vida e, como nesta, minha grande referência. Eu o seguia sempre, mesmo que não concordasse com algumas de suas decisões. Continuei com a mesma postura, seguindo-o até aqui no plano imaterial, porque ele sempre foi o meu porto seguro."

Beto estava surpreso. Percebia, nitidamente, as suas ações repetidas em todas essas vidas. Como aquela pequena criança encarnada que seguia o seu irmão mais velho, naquela praça, ele também me seguia sem pestanejar! — "Se eu não tivesse conhecido Jefferson nesta última existência, talvez a minha mãe e os meus irmãos poderiam ter preenchido o papel de bons exemplos a serem seguidos. Mas, a todo instante, Jefferson insinuava que aquela honestidade toda só me levaria a uma vida medíocre de trabalhador pobre."

Ele sorriu de si mesmo e continuou divagando consigo: — "Nossa! Como seria fácil colocar a culpa em Jefferson por minhas fraquezas! Ele pode ter tentado me influenciar com as suas ideias, mas se ele não tivesse encontrado eco de suas tendências ou ideais em mim..." — "Foram as minhas escolhas que me levaram a segui-lo por todas essas vidas!"

Beto estava fazendo algo extraordinário: ele abraçou a tarefa de se reencontrar sem temor. Não escondia de si nenhuma de suas facetas, tampouco os seus sentimentos ou emoções. — "E aqueles que vieram antes de mim nesta última existência?" — "Minha mãe, meus irmãos, meus amores, meus bons exemplos... que por minha escolha não quis escutá-los. Como me arrependo de não ter lhes dado uma oportunidade maior para me explicarem o que realmente queriam para mim!" — "E agora? O que posso fazer? Agarrar-me a esta luz que faz com que tudo o que vivo pareça sem sentido e imoral? Se fizer isso, possivelmente terei o mesmo fim de Jefferson em uma cela escura, sendo supliciado a cada momento em que o Grande Chefe desejar. Eu não queria isso para ele, muito menos quero para mim. Preciso pensar."

Beto afastou-se daquele parque, dando uma última olhada para aquela dupla, que se sentia tão feliz pelo simples fato de estarem juntos.

Aurélio e vó Lúcia estavam emocionados.

Era o primeiro passo de Beto para uma possível recuperação e fortalecimento de si mesmo.

Capítulo 50

O Grande Chefe estava irritado. Havia feito um acordo com uma das facções vizinhas para dar cabo de Rodrigo, mas, até agora, tudo que tentou deu errado. Ele tinha muito interesse em atingir o seu objetivo, porque ganharia a fidelidade e a inserção de mais alguns homens em sua organização. O problema é que tudo tinha ficado pior comigo na prisão. E a paciência do contratante estava acabando. — "O que eu posso fazer para tentar reverter essa situação?" – pensava consigo mesmo. — "Eu preciso dar um tempo para Beto, porque o que ele fizer me será satisfatório no final. Se ele conseguir atingir a meta, terei novos trabalhadores; mas, se ele falhar, castigarei o grupo todo, dando o recado aos meus homens, colocando-os contra Jefferson." — "Todos pensarão duas vezes antes de me enfrentar. Para isso, preciso fazer o traidor do Jefferson me suplicar clemência. Vou mandar açoitá-lo mais uma vez. Talvez assim ele desista dessa ideia idiota de seguir o Cordeiro e volte a sua atenção para as trevas. Sei que ele, apesar de ser do baixo escalão, tem os que o admiram aqui. Não posso demonstrar misericórdia."

O Grande Chefe era um homem alto, gordo e com muitas deformidades. Todos que chegavam perto dele tinham medo. Seus olhos negros, avermelhados, davam a ele um aspecto demoníaco, e ele não tinha problema algum em torturar quem o decepcionasse.

Há alguns anos, antes de ele ser o único chefe, quem mandava na organização era um conselho composto por três integrantes, e ele era um deles. Cada um tinha uma função específica, mas era ele quem colocava em prática os planos maquiavélicos dos outros dois. Quando cansou de discutir com os outros sobre assuntos de que ele discordava, deu um golpe no conselho e os aprisionou, se tornando o "Grande Chefe". Um título pomposo, até caricato, mas muito eficiente nas baixas esferas.

Um deles ainda estava em suas masmorras, mas o outro tinha sumido de lá. Até hoje o Grande Chefe não sabia o que realmente havia acontecido. Claro que ele castigou os guardas das masmorras por terem dado cobertura à fuga do antigo conselheiro, embora nenhum deles tenha confessado tê-lo libertado.

Pensando que conseguiria me fazer mudar de ideia, marcou nova data para a minha tortura. Os carcereiros, quando avisados, foram me humilhar. Pelo buraco da porta, na escuridão de minha cela, mandaram eu me preparar para os novos castigos.

Mas, naquele momento, eu não estava com medo. Eu me entreguei para que Beto e os outros não passassem pelo que eu estava passando, e iria até o fim com aquilo, mesmo que o fim fosse a eternidade. O que importava para mim era que sentia o meu coração livre, e isso me trazia satisfação.

Naquela noite, recebi a visita de Aurélio e minha avó Lúcia. Com a presença deles, sentia uma paz enorme. Eles me informaram o que havia acontecido com Beto e estavam muito esperançosos. Somente o fato de saber que ele poderia sair daquela vida me fez ficar muito feliz.

Dessa vez, eles ficaram conversando comigo por um bom tempo.

Capítulo 51

Cleto acordou se sentindo muito mal. A sua cabeça doía e ele não conseguia comer nada, queria apenas sair e beber um pouco mais.

Antes de sair, porém, ele foi procurado pelo dono da pensão para que pagasse o aluguel da semana seguinte. Quando foi buscar o dinheiro, percebeu que não tinha muito mais para gastar. Já tinha retirado todo o dinheiro do banco e este já estava quase acabando. Pagou o que devia, sabendo que não teria dinheiro para muito tempo mais. — "Eu não entendo. Recebi um valor razoável de rescisão e não tenho mais nada. Onde foi que eu gastei tanto?" – pensou.

Ele não conseguia entender que já havia se passado um bom tempo de sua demissão e que gastara muito com bebidas. Além do mais, quando já estava bastante embriagado, era induzido a pagar para os outros beberrões dos bares que frequentava. — "Eu preciso fazer algo por mim. Não posso voltar para casa sem mostrar para Aparecida e para as crianças que eu mudei. Tenho que arranjar um emprego" – pensou.

Cleto saiu determinado a levar o seu currículo para algumas agências de emprego. No caminho, no entanto, Cadu e Barril iniciaram o trabalho de aniquilar qualquer vontade sincera de melhora. Em seus pensamentos, só vinha a satisfação e segurança que a bebida lhe trazia. Cleto tentou lutar contra a vontade de parar em qualquer bar, mas ele queria muito beber. Desde que acordou, era só o que ele queria fazer.

No entanto, ele conseguiu resistir e chegar em uma agência de empregos, que estava lotada, e ficou muito tempo ali, sem comer e com muita dor de cabeça. Infelizmente, ele não tinha feito a sua higiene pessoal à noite, tampouco pela manhã, o que incomodou as pessoas ao redor. Todos foram se afastando dele discretamente, deixando-o sozinho em um canto, até que ele foi chamado.

Quando chegou próximo da atendente, ela sentiu, imediatamente, o cheiro da bebida vastamente consumida nas noites anteriores, e que agora estava sendo eliminada por todos os seus poros. Em razão disso, e apesar de estar sóbrio, para tudo que Cleto dizia estar apto a fazer, ela não tinha confiança para indicá-lo e dizia não haver nenhuma vaga para ele.

Cleto saiu de lá devastado. Percebeu claramente a repugnância da atendente, não necessitando de nenhuma ação por parte dos comparsas de Beto para que ele se sentisse o menor dos seres. Então os espíritos viciados aproveitaram o momento e, diante da sua vontade fraca de mudanças, associada ao seu distúrbio, conseguiram que ele sucumbisse, dando a desculpa de que seria somente mais uma dose. Cleto entrou em um bar de esquina, ficando ali durante toda a manhã. E ele nunca saía sozinho desses ambientes. Junto com Cadu e Barril, outros tantos espíritos o acompanhavam, vampirizando-o. Quando adormecia, todos se afastavam, ficando somente os da nossa organização.

Tudo isso fazia parte do meu plano original que Beto estava colocando em prática, pois aquelas companhias fariam com que Cleto sucumbisse mais rapidamente.

Capítulo 52

Guilherme estava em seu quarto maquinando o que poderia fazer para conquistar Dalva. Ele estava muito magoado e não admitia que Antônio se desse bem, principalmente depois de recusar o seu apoio daquele jeito. Ele, porém, não tinha consciência da inveja que o movia ao ver o seu amigo seguir com a sua vida e ele não. — "Ele não perde por esperar" – pensava.

Quando Guilherme começou a traçar o plano para se vingar de Antônio, passou a ser ajudado pela organização, porém se tornaria um novo alvo e, com certeza, depois de ser auxiliado, seria posteriormente subjugado.

Assim, em certa manhã, Firmino chamou Beto para uma conversa.

— Chefe, Guilherme pode ser uma peça importante para nós, porque ele se deixa levar por nossas ideias com muita facilidade. Será que não podemos utilizá-lo melhor para atingirmos o nosso objetivo contra a família de Rodrigo?

Percebendo aquela possível vantagem, Beto mandou Firmino ser a sua ponte com ele.

— Sim, vamos incentivar mais a sua vontade de atrapalhar esse futuro relacionamento entre Antônio e Dalva. Ela gosta dele, e se o perder, talvez seja o caminho para desestruturá-la e se tornar mais uma conquista nossa. Boca, Barril e Cadu ficarão com Cleto.

A partir daí, eles começaram a alimentar na mente de Guilherme a vingança e a sua obstinação por Dalva.

Nesse meio tempo, os sentimentos entre Antônio e Dalva estavam aumentando. Eles se viam com muita frequência. Sempre que podia, Antônio a buscava na escola, o que a agradava muito, e ele dizia que era para ela se sentir mais segura.

Um dia, porém, quando Dalva achava que Antônio a estava aguardando, foi Guilherme quem ela viu. Ela tentou não demonstrar a sua insatisfação, perguntando a ele, despretensiosamente, o que estava fazendo ali.

— Ora, eu vi o uniforme de Rodrigo, então pensei que vocês estudassem na mesma escola. Como estava passando por aqui por perto, arrisquei aguardar para rever uma velha amiga. Posso levá-la para casa?

Dalva, de uma forma bem educada, recusou a companhia, dizendo estar esperando por Antônio.

Guilherme mordeu o lábio, irritado, mas disfarçou com um sorriso e disse que valeu somente pelo fato de vê-la. Antes de ir embora, porém, pediu o número do seu telefone, para poderem se falar com mais frequência. Ela não queria fazer isso, mas passou o número para ele, porque não conseguiu se recusar a dá-lo. Guilherme não tinha feito nada contra ela, mas não confiava nele, talvez pelo fato de ela saber sobre as suas posturas equivocadas.

Guilherme se despediu, porque não queria que o amigo o visse ali, e Dalva resolveu aguardar uns quinze minutos, para ter a certeza de que Antônio não viria naquele dia.

Enquanto isso, Guilherme ficou na espreita, não muito longe dali. Queria ver até que ponto estava o relacionamento dos dois, achando ótimo vê-la indo embora sem o seu acompanhante, porque acreditou que ela tinha levado um bolo. — "Essa foi a minha primeira investida e não será a última" – pensou ele.

Chegando em casa, Dalva encontrou sua mãe preparando o almoço e Rodrigo descendo as escadas.

— Oi, Dalva. Como foi a sua aula hoje?

— Como sempre, muito boa, mano, apesar da dificuldade que tenho para entender Física – e deu um sorriso encabulado.

— Você sabe que, se precisar de mim, eu a ajudo com essa matéria.

— Eu sei, eu sei, não se preocupe. É claro que explorarei o meu irmão o quanto puder.

E ambos riram da brincadeira.

Aparecida escutava os filhos e agradecia a Deus por suas vidas. A presença deles lhe trazia paz e alegria, e se não fossem eles, ela não saberia como lidar com tantas infelicidades.

Dalva entrou na cozinha para beijar a mãe e viu aquele sorrisinho triste em seu rosto.

— O que foi, mãe? Alguma notícia de papai?

— Não, minha filha, nenhuma. Eu realmente estou começando a ficar preocupada com ele. Confesso que quando o expulsei não achei que ele se afastaria definitivamente de nós. Já se passaram algumas semanas, e a única vez que o vi foi naquele bar.

Aparecida parou por um instante o que estava fazendo e, como se tivesse sido atingida por um raio de tristeza e desesperança, disse:

— E se nunca mais o encontrarmos? E se o fato de o ter colocado para fora de casa provocar mais rapidamente o seu declínio, como acontece com muitos desses sem-teto por aí?

Rodrigo, que entrava cozinha nesta hora, ouviu a mãe e retrucou:

— Mãe, a culpa não é sua, e sim dele. Não abrace a culpa pelas escolhas que ele fez. Lembre-se de que a senhora mandou que ele saísse porque ele estava descontrolado e espancando Dalva.

— Eu sei, filho! Mas, toda noite, fico pensando onde ele pode estar, o que está fazendo, se tem dinheiro para comer, ou se conseguiu um novo emprego...

— Mãe, também penso nisso – disse Dalva –, mas ele sabe o caminho desta casa para pedir ajuda se ele a quiser. A senhora, antes de fechar a porta na cara dele, mesmo muito ressentida com a sua atitude, foi muito clara ao lhe dizer que a nossa casa estaria aberta para ele, se ele quisesse sair daquele vício.

— Dalva tem razão, mãe! Ele sabe que poderá vir aqui pedir ajuda. O que a senhora não pode é se culpar por ter agido com energia para nos proteger.

Aparecida enxugou uma lágrima que teimava em escorrer por sobre a sua face. Seus filhos a abraçaram e sentaram-se à mesa, tranquilos; mas cada um com os seus pensamentos voltados para o pai sumido.

Dalva e Aparecida já tinham ligado para Cleto algumas vezes, mas ele não atendia o celular.

Rodrigo voltou para a escola e Aparecida para o seu trabalho. Dalva estava em casa sozinha quando a campainha soou alto.

Ela estranhou, porque não estava esperando ninguém, mas foi atender e, para a sua surpresa, Guilherme estava ali.

— Olá! – disse ele, com um sorriso maroto.

Dalva percebeu que Guilherme era um rapaz bonito.

— Aconteceu alguma coisa, Guilherme?

— Não, não. Eu estava passando por aqui e percebi que essa era a sua rua. Então resolvi dar um olá.

— Ah! Que bom que não aconteceu nada.

— Não vai me convidar para entrar?

— Sinto muito, Guilherme, mas estou sozinha e não ficaria bem você entrar.

— Entendo. Já que não posso entrar, não gostaria de ir ao shopping comigo? Vou lá para lanchar e poderíamos ir juntos.

— Não posso, tenho muito que estudar, pois terei uma atividade avaliativa amanhã. Da próxima vez, liga antes, para você não perder a viagem.

Ele se despediu dela sorrindo, mas estava muito contrariado. — "Isso será mais difícil do que eu pensava. Mas essa dificuldade só atiça a minha vontade de conquistá-la" – analisou ele, tendo Firmino ao seu lado, incentivando-o.

Capítulo 53

Havia chegado o dia de meus novos tormentos. O Chefe queria que todos presenciassem a minha tortura como uma mostra do seu poder, por isso, também mandou chamar Beto e os demais.

Quando os guardas vieram me buscar, porém, tomaram um susto ao constatar que eu não estava mais lá.

Após ter sofrido todos aqueles castigos, depois ter sido esquecido ali com as minhas aflições, com pouca comida e pouca água, percebi, na noite anterior, que nada daquilo me atingia mais. Eu estava em paz!

Aurélio e vovó Lúcia estavam ali comigo, me consolando e trazendo esclarecimentos sobre a bondade divina. Como aconteceu em outros momentos em que estávamos juntos naquela cela, ela me falou de outra passagem do Evangelho, onde Jesus, no seu martírio, tinha ao seu lado dois ladrões também crucificados. Ela me contou sobre um deles que, apesar dos tantos erros cometidos em sua vida e dos tantos insultos que proferiu contra Jesus momentos antes, diante de seu arrependimento, foi recebido por Jesus em Seu coração, não exigindo nada além.[15]

Eu escutava as suas explicações com a alma serena. E, como um bálsamo que matava a minha sede, eu percebi, finalmente, que, como aquele pecador, eu também estava arrependido de meus atos e me voltava para Jesus. Senti em meu ser que Ele jamais havia me abandonado e que, apesar de tudo o que eu tinha feito, Deus jamais me desamparou. Eles estavam ali comigo, me trazendo consolo, mediante a presença dos meus amigos e das orações que confortavam o meu coração.

---

[15] Lucas, 23:40-42

Percebi, com uma nitidez incrível, que eu não mais pertencia àquele local e que nenhuma daquelas amarras poderiam prender-me, se eu não quisesse.

Aurélio e vovó Lúcia estavam ali com os olhos marejados, aguardando o meu tempo para entender o que estava acontecendo. Eu chorava e me perguntava: — "Será que eu precisava passar por mais aqueles flagelos para ser perdoado?"

Vindo de dentro, percebi que o juiz que eu tanto temia estava satisfeito com as minhas ações. Ele se sentia satisfeito com o meu retorno ao mundo do compartilhamento, do desprendimento, do amor ao próximo. Percebi que aquele juiz estava me libertando, me perdoando, me dando mais uma chance para que eu pudesse continuar a viver da forma que eu quisesse, e me chamando para um caminho melhor. Ele era um resplandecer de entendimento sobre mim mesmo.

Percebi, em minha alma, que eu tinha me perdoado pelo meu orgulho exacerbado, pelos caminhos errados que eu havia percorrido. Eu tinha a certeza de minhas responsabilidades, mas essas não pesavam em minha consciência, porque eu me sentia filho de Deus.

Finalmente, percebi que Jesus não era o meu juiz. Ele somente nos deixa vivenciar nossas torturas morais com o único propósito de nos conhecermos e, por consequência, adquirirmos a capacidade de não nos julgar. Mas, se ainda não somos capazes disso, aguarda que nos julguemos com caridade. Eu somente compreendi isso quando pude vivenciar o outro lado de minha humanidade. Finalmente eu entendi que o juiz que eu tanto temia era eu mesmo.

Eu olhei para vovó, olhei para Aurélio, e, com lágrimas nos olhos, eles me abraçaram e adormeci feliz.

Quando os guardas chegaram para me buscar, minha cela já estava vazia. Com muito temor, eles foram avisar ao Grande Chefe que eu havia fugido.

Como todos já estavam aguardando, posicionados pelo caminho e ao redor da praça central onde eu seria martirizado, o Grande Chefe precisava tomar uma medida drástica para não dar margem a uma rebelião de seus seguidores. Ele agarrou os dois guardas que o avisaram e, com aquele olhar demoníaco, os castigou pessoalmente na frente de todos. O tempo inteiro eles afirmavam que não sabiam o que tinha acontecido, mas o Grande Chefe lhes dizia que era isso que acontecia com quem falhava em suas funções. Ele entendia que não podia demonstrar qualquer compaixão.

Em seguida, em um discurso irado e com muitas ofensas, o chefe maior ameaçou a todos, dizendo que descobriria quem tinha ajudado o prisioneiro a fugir e esses também receberiam o merecido castigo.

Beto e os demais saíram de lá rapidamente. Não queriam ser relacionados ao que acontecera, pois o Grande Chefe poderia pensar que eles tiveram alguma coisa a ver com a minha fuga. Eles se lembravam de minha narrativa sobre os *da luz* e questionavam-se, intimamente, se era isso o que acontecia com os resgatados pelos Trabalhadores do Cordeiro.

Capítulo 54

Cleto estava prestes a ser colocado para fora da pensão. Ele sabia que não teria mais o dinheiro para se manter hospedado ali e, apesar de ter procurado trabalho, poucas vezes, na verdade, não tinha conseguido nada. Boa parte do seu dinheiro foi usado depois da última entrevista desastrosa de emprego, ficando apenas uma pequena parte, que não dava para muita coisa.

Ele soube de uma empresa que estava contratando pessoal na sua área. Então vestiu a sua melhor roupa, escovou os cabelos, ficando bastante apresentável, colocou um perfume agradável e se dirigiu bem cedo para a frente da empresa. Esperou no sol por três horas. Quando conseguiu entrar, a fila ainda era grande, mas ali estava na sombra e sentado. Ficou muito surpreso com a quantidade de pessoas que estavam à procura de emprego, e muitas delas, com a metade da sua idade. Tentou não desanimar. Elas tinham a juventude, mas ele tinha a experiência.

Demorou mais uma hora e ele entrou na sala de recursos humanos. O entrevistador foi muito profissional nas suas perguntas, buscando extrair de Cleto tudo aquilo que ele poderia dar de melhor para aquela empresa. Ele estava se saindo muito bem, mas, quando foi questionado sobre o motivo de ter saído do emprego anterior, ele deu a sua versão vitimizadora dos fatos.

Enfaticamente, Cleto afirmava o quanto tinha sido injustiçado pelos seus superiores e tentou, por várias vezes, relevar os seus erros e o comportamento inadequado junto aos colegas.

O entrevistador já tinha se convencido que Cleto seria uma ótima contratação, mas, na última hora, mudou de ideia, porque ninguém quer contratar um empregado que não aceita críticas de seus chefes e não enxerga os seus próprios erros nos relacionamentos em geral.

Diante daquela postura, o entrevistador disse que ele já estava satisfeito e o liberou. Cleto, ansioso, perguntou se ele poderia ter esperanças de ser contratado.

Numa tentativa de reverter o quadro, o mentor de Cleto incitou o entrevistador a pensar que precisava ajudá-lo, porque se aquele homem não fizesse nada para modificar o seu comportamento, com a sua idade, ficaria mais e mais difícil conseguir um emprego.

— Seu Cleto, o que uma empresa deseja é que cada empregado esteja em sincronia com todos os outros, como as engrenagens de uma grande máquina que funcionam independentes, mas em harmonia entre si. O senhor tem um problema, que eu não sei qual é, mas que foi grave o suficiente para que a sua empresa perdesse a confiança que sempre depositou no senhor, por todos os anos que trabalhou para ela.

Confesso que estava convencido que o contrataria, mas o senhor, após todo esse tempo desempregado, não buscou compreender a sua falta? O senhor culpa a empresa pelos seus erros, então certamente, se entrar aqui, no primeiro problema, fará o mesmo.

Fico muito triste pelo senhor, com toda a sua experiência, não ter conseguido enxergar isso ainda. Estou aqui fazendo algo que jamais faria por outro, mas acredito que se o senhor buscar resolver o seu problema, seja ele qual for, terá muitas chances de conseguir um emprego decente. Infelizmente, quanto a este emprego, o senhor não atendeu às nossas expectativas.

Cleto saiu da entrevista arrasado. Ele queria se esconder de si mesmo, porque sabia que o entrevistador, que era um homem um pouco mais velho do que ele, queria ajudá-lo, mas aquelas palavras o afetaram profundamente. Apesar da decepção, ele pensou que precisava fazer alguma coisa por si mesmo.

Cleto, que havia conseguido afastar a maioria dos comparsas de Beto, na noite anterior, deu oportunidade para o seu mentor auxiliá-lo. Isso se deu em razão da sua vontade de conseguir o emprego. No entanto, quando foi perguntado sobre o seu desligamento, não quis abrir mão de seu orgulho ferido e agiu com arrogância. Agora estava colhendo o que plantou.

Cleto parou numa esquina, ainda perto da empresa, e ficou olhando, pensando para que lado iria. O que iria fazer da vida? Estava muito entristecido consigo mesmo. Seu mentor lhe dizia para que ele procurasse novamente a ajuda dos "Alcoólicos Anônimos", que tudo daria certo, mas Cleto ainda tinha vergonha de si mesmo, ele ainda não queria admitir o seu problema. — "Eu já fui uma vez e provei para todos, quando saí, que eu posso ficar sem frequentar aquele lugar e sem beber por quanto tempo eu quiser. É só eu querer de novo" – pensava.

Era verdade que Cleto não havia mais bebido até o suicídio de Marcos. No início do seu casamento, para que Cleto saísse daquele ciclo vicioso, precisou do auxílio de quem tinha condições de ajudá-lo e de compreendê-lo em suas dificuldades. Agora, ele entrou naquele ciclo novamente, e se não estava conseguindo se reerguer sozinho, não havia qualquer problema em admitir isso. O que ele precisava era pedir ajuda.

Seu mentor o inspirava, mas, tentando salvaguardar seu orgulho, Cleto não queria ouvir. Aquela situação era dolorosa demais para ele, e como ato reflexo de um alcoólatra, alimentou a vontade de beber para amenizá-la. Dando essa abertura, mais que depressa Barril e Cadu voltaram a fazer o que sabem fazer de pior e o incentivaram a ir para o bar. E foi o que Cleto fez.

※ ※ ※

Cleto acordou, tempos depois, e foi procurar dinheiro para tomar o café da manhã, mas percebeu que havia gastado quase tudo o que tinha, ficando somente com alguns poucos trocados. Desolado, sentou-se na cama daquele quarto simples e, segurando a cabeça entre as mãos, chorou como nunca. — "O que eu fiz? Vale a pena continuar assim? Eu perdi tudo: minha família, meu emprego, meu respeito próprio… Como eu pude gastar tudo o que tinha? – dizia para si mesmo, desolado. – Onde vou parar tendo essa atitude irresponsável?"

Cleto estava com muita dificuldade para pensar, mas o seu mentor não podia perder aquela oportunidade. Como Cleto estava sem dinheiro, não poderia usar da desculpa da bebida para se consolar, pelo menos não naquele momento. Então Osmar buscava levar para ele a lembrança de quando era feliz com a sua família. No primeiro momento, não fixava a imagem de nenhum deles, especificamente, para que Cleto não lembrasse diretamente de Marcos e sofresse com a sua partida. Cleto enxugou uma lágrima e deu um pequeno sorriso. Depois o seu mentor levou à sua lembrança o olhar de medo de sua filha quando ele, sem motivo nenhum, correu até ela e a espancou em seu quarto.

Em uma ação reflexa, Cleto tampou os olhos com as mãos, como se não pudesse enfrentar a sua atitude. Mas as lembranças continuaram vindo à mente, como as duas ações defensivas de Rodrigo: uma defendendo a sua mãe e, em outra ocasião, a sua irmã. A revolta de seu filho, da primeira vez, e o seu carinho ao levá-lo para a ducha fria, na segunda.

Então, lembrou-se do olhar de sua amada esposa. Cleto não suportou aquela imagem. Suas lágrimas não tinham freios. Após anos de casamento, ele falhara novamente com ela e quebrara a promessa que fizera. Ele havia prometido que não beberia nunca mais e que jamais, jamais levantaria a mão para ela de novo.

Como em um filme, as imagens iam e vinham. Quando a imagem da cabeça de sua esposa ensanguentada, de anos atrás, chegou à lembrança, ele teve um sobressalto. Reconheceu a mesma opressão no peito que sentiu quando ela tombou ao chão, sem forças. Ele havia batido nela com uma garrafa. Claro que, na ocasião, não disse isso ao médico do pronto-socorro. A sua versão foi a de que ela foi pegar uma vasilha em cima do armário e a garrafa caiu em sua cabeça. Cleto também se lembrou do olhar da esposa para ele e o do médico, que parecia não acreditar. Mas, como ela não desmentiu, o doutor, olhando diretamente nos olhos dela, lhe disse o quanto ela teve sorte em não ter morrido, tamanha a violência com que aquela garrafa batera em sua cabeça!

A memória de Cleto então saltou para um tempo mais próximo. Lembrou-se da esposa voltando para casa e do olhar que ela lhe lançou quando viu a sua filha toda machucada. Foi muito pior do que quando ela foi o alvo de sua violência. Ela o mandou embora novamente e, pelo jeito, pela última vez, se ele não tomasse uma medida mais drástica para mudar. Ela não estava ensanguentada, mas o seu coração deveria estar. Ele espancara a filha, uma menina que nunca lhes dera qualquer problema. Ele nem se lembrava do porquê de ter subido e batido nela naquele dia. — "Aparecida teve razão em me expulsar. O que mais eu poderia fazer contra eles que eu já não tivesse feito? Mesmo bêbado, eu jamais deveria levantar a mão contra os meus filhos e nunca, nunca, bater em minha esposa com uma garrafa. Mas eu sei que eu me transformo em um monstro quando bebo!" – confessou por fim.

Cleto levantou-se daquela cama, trocou de roupa e, sem pestanejar, saiu da pensão com uma única ideia na cabeça: — "Eu preciso de ajuda!"

Capítulo 55

Quando eu já estava mais restabelecido dos ferimentos, minha avó veio até mim e me convidou para andar um pouco pelos corredores daquele hospital. Adorei a ideia, pois já estava cansado de ficar deitado. Meus pensamentos não paravam e um passeio seria ótimo para espairecer.

Fomos andando e, durante a caminhada, minha avó era parada várias vezes, por enfermeiros e internos, o que demonstrava que ela era muito conhecida e querida ali. Não que isso me surpreendesse, mas era bom ver o que ela tinha conquistado após o seu desencarne.

Passamos por uma ala onde ela foi cercada por várias crianças que apresentavam alguma deformidade, e que a chamavam de Vó Lú. Todas queriam o seu abraço carinhoso. Percebi como ela brilhava de felicidade, estando ao lado daqueles pequeninos, que também se mostravam radiantes, simplesmente por estar com ela.

Quando conseguimos nos despedir de todos, vovó me indicou para descermos algumas rampas. Não pude deixar de reparar que os corredores foram ficando diferentes, pareciam menos iluminados. O que se via neles eram vários janelões fixos de vidro que permitiam a visão de enfermarias enormes que se mantinham em uma semiescuridão. Cada cama ocupada tinha uma luminária em sua cabeceira que irradiava, ininterruptamente, uma tênue luz branca, mas também azulada, para os seus ocupantes, os quais, pelo que eu pude perceber, estavam todos em agonia.

Cada enfermaria parecia acomodar vários tipos específicos de pacientes, e a minha impressão foi de que as debilidades estavam ficando piores.

Eu queria perguntar a vovó Lúcia onde estávamos, mas não tinha coragem. Meu coração começou a bater mais forte e quase tive um colapso quando ela parou na frente de uma daquelas enfermarias e, me encarando de frente, disse:

— Filho, está na hora de você se deparar com alguns dos seus alvos.

— "Marcos e Laura" – pensei, imediatamente. Respirei fundo e ia dizer que eu não conseguiria fazer aquilo, mas ela sentenciou:

— Não tema! Deixe o seu coração guiá-lo neste encontro.

Minha avó abriu a porta e eu entrei. O quarto estava meio escuro, mas não me impediu de identificá-los entre tantos leitos, como se somente eles estivessem ali.

Marcos e Laura estavam deitados, ainda unidos um ao outro. Percebi que eles estavam adormecidos e um pouco mais tranquilos. Suas aparências estavam um pouco menos mórbidas, apesar de Marcos ainda não ter recuperado a sua forma humana e Laura ainda estar cadavérica.

Tive vontade de chorar. Eu sabia que não tinha sido eu quem os colocara naquela situação, mas não me iludia em achar que não havia contribuído para isso.

Vovó tinha dito que era um encontro, mas como, se eles estavam adormecidos?

Então, me aproximei, vi que havia uma cadeira ao lado da cama e me sentei. Olhei para os lados e respirei fundo, tentando entender o porquê de vovó ter me levado ali. Se era um encontro onde somente eu estivesse consciente, talvez eu devesse seguir o meu coração.

Será que eu poderia fazer algo por eles?

Mas eu não tinha a mínima ideia de como ajudá-los.

Lembrei que, quando estava na minha cela, eu me ajudava orando por mim e pelos meus amigos, então começaria por aí. Fechei os meus olhos e orei a Jesus, agradecendo por estar ali e por ter a oportunidade de ajudar a quem antes eu prejudiquei. Peguei em algo que parecia ser a mão de Marcos e, como num mergulho profundo, parecia que eu estava flutuando dentro de sua mente. Durante toda a minha mentalização, eu me fundia com eles e ouvia os seus lamentos como uma música triste e sem sentido.

De repente, não só escutei como também visualizei as lembranças de sua última encarnação, que se fundiam com as de outras duas reencarnações, sempre voltando à sua memória, como se fosse um disco riscado.

Após vê-las uma dezena de vezes, repetindo, repetindo, repetindo, como se fazia na mente de Marcos e Laura, eu estava arrasado. Eu estava nelas!

Diante daquelas lembranças de minhas maldades, percebi que as palavras ditas por Aurélio, na primeira vez que o vi, demonstravam que ele realmente me conhecia profundamente. Relembrei sua fala: — "Jefferson, abandone esse caminho que você está trilhando há tanto tempo. Pare de pensar nas glórias do poder e da ganância e siga por um caminho melhor, para a sua própria redenção. Está na hora de você se libertar de suas amarras seculares e se dar a oportunidade de vivenciar outras experiências mais gratificantes junto aos que o amam de verdade."

Então eu chorei, chorei segurando as mãos de Marcos e Laura. Senti as minhas feridas sangrarem de novo. Eles foram pessoas de minhas vivências anteriores, importantes para mim, e eu os levei a ficar naquele estado.

Minha avó entrou no quarto, veio em meu socorro e, me abraçando, disse:

— Hoje é o primeiro dia de muitos que você os ajudará a se libertarem deste sofrimento. Não se culpe pelas suas ações do passado, mas aprenda com elas.

Mais uma vez percebemos que jamais devemos levantar a mão contra quem quer que seja, pois podemos descobrir que essa pessoa foi alguém muito importante para nós.

Somente Deus poderá entender o direcionamento de nossas escolhas; somente Ele sabe de todas as coisas. Não devemos nos colocar como juízes dos erros alheios, porque não sabemos o que os levou a agir daquela forma. Lembre-se, meu neto, do tempo em que se encontrou encarcerado. O que o libertou foi você ter se ligado a Jesus e se desligado de todo e qualquer tipo de sentimento menos nobre.

As palavras de minha avó agiram como um bálsamo derramado sobre mim, trazendo um certo alívio às minhas culpas e dores e me direcionando para Deus.

Capítulo 56

Quando entenderam ser oportuno, Dalva e Rodrigo, desdobrados pelo sono, juntamente com seus mentores, Caio e Leonardo, se dirigiram para um quarto simples de uma pensão. Os jovens encarnados não tinham entendido ainda por que estavam lá, até que reconheceram Cleto, que se encontrava dormindo. Dalva sentiu uma vontade intensa de correr até ele, mas Rodrigo, ao contrário dela, ficou incomodado ao vê-lo.

Naquele cômodo, além de seu pai, estavam Osmar, mentor de Cleto, e mais três espíritos das sombras. Esses, no entanto, não os viam.

Foi Rodrigo quem perguntou:

— Leonardo, quem são eles?

— São espíritos que estão trilhando um caminho de dor e sofrimento, porque se esqueceram de Deus em suas vidas. Eles pertencem a uma organização que quer muito que Cleto continue nesta vida desregrada, e ele aceita as suas companhias pelos objetivos que têm em comum.

— Mas eles não estão lhe fazendo mal? – perguntou Rodrigo, com um tom de revolta.

— Sim, meu amigo, mas é um mal que o seu pai abraçou como resposta às suas próprias dores. Para Cleto, a bebida o está consolando diante das perdas que ele entende ter tido na vida, e eles o estimulam a continuar bebendo.

Irritado, Rodrigo se virou para Leonardo e falou:

— Ele é um fraco, isso sim. Só sabe bater em quem não pode se proteger. Não valoriza a família e bebe para fugir de suas responsabilidades. E por que estamos aqui, afinal?

— Para que, vendo o seu pai, você possa acionar a chave do perdão, primeiro, para perdoar a si mesmo, e, consequentemente, perdoá-lo! – respondeu o seu mentor, de forma direta.

— Mas eu não fiz nada! Eu só estava defendendo a minha mãe e irmã. Por que, então, eu precisaria me perdoar?

— Porque você ainda não entendeu o que o motiva verdadeiramente a reagir assim contra o seu pai. Agora eu o levarei a uma de nossas instituições, para que você possa buscar as suas respostas. Dalva poderá vir conosco, se quiser.

Chegando ao seu destino e vendo o temor de Rodrigo, Leonardo o orientou:

— Não tema, meu amigo! Aproveite esse momento para buscar, em seu íntimo, o porquê de ser tão difícil aceitar os erros de seu pai. Somente você tem as respostas que o libertarão dessa prisão de sentimentos em que se colocou. Os nossos superiores abriram uma exceção e deram autorização para esses esclarecimentos, porque entenderam que isso o ajudará a se reconciliar consigo mesmo. Então relaxe e permita a atuação de Jesus.

Dalva viu Rodrigo tentando atender ao seu mentor, mas ele estava com medo. Seu coração batia forte e sua respiração parecia carregada. Dalva foi até ele, deu-lhe a mão e Rodrigo sorriu para ela. Mesmo sentindo apreensão, sentou-se, tentando relaxar, e sentiu Leonardo emanando as melhores energias para aquele momento difícil, mas tão importante de sua vida.

Dalva também se colocou à disposição para o auxílio e se concentrou em orações. Rodrigo relaxou e começou a se lembrar de partes de algumas experiências, dentre tantas já vividas.

Quando acabou, ao ver Dalva, ele a abraçou com o coração despedaçado. Ele chorava silenciosamente. Ela lhe disse:

— Não sei o que viu, meu irmão, mas lembre-se que você não é mais o mesmo de antes. Se você se arrepende de algo desse passado, lembre-se que você está trilhando por outros caminhos e que tem a todos nós para ajudá-lo a superar todas as dificuldades. Eu te amo.

Voltando a sua atenção para Leonardo, Rodrigo pediu para retornar ao quarto de seu pai e Dalva, esperançosa, foi com eles.

Quando chegaram, seu irmão olhou para o pai, que estava adormecido, e sentiu todo o seu amor filial transbordar em seu coração. Ele compreendeu, por fim, que a sua revolta não estava vinculada a posturas atuais de seu pai, mas sim às dele próprio.

Leonardo perguntou a Rodrigo se ele estava bem para continuar na tarefa, e com um sorriso no rosto e enxugando as lágrimas com as mãos ele respondeu:

— Mais do que nunca.

Dalva o abraçou e eles se colocaram à disposição para ajudar o pai, que muito necessitaria deles a partir daquele momento.

Enquanto eles viam Osmar harmonizando Cleto, percebiam que Leonardo se juntou a Caio, mentor de Dalva, para atuarem sobre Boca, Barril e Cadu, que estavam no canto do quarto, cada um sozinho em seus pensamentos. Os mensageiros do Cordeiro começaram a emanar uma luz translúcida que incidia sobre os influenciadores de Cleto, levando-os a sentir uma sonolência intensa. Sem conseguirem evitar, os três, em poucos minutos, já estavam dormindo profundamente.

Dalva já tinha visto aquele processo de auxílio feito por Osmar, quando a pessoa estava em desequilíbrio, mas ela precisava receber ou realizar algo importante no plano espiritual; eram-lhe dadas condições para harmonizar-se e escolher qual caminho seguir. Percebia, nitidamente, a doação de amor daquele mentor por seu pai, e mais uma vez ela ficou comovida por confirmar a sua fé de que nenhum de nós fica desamparado.

Cleto foi se deslocando do corpo físico e, finalmente, acordou no plano espiritual. Ao ver os filhos, ele sorriu, mas logo depois se lembrou de sua realidade e se entristeceu.

Dalva foi até ele e o abraçou. Rodrigo, que estava um pouco mais afastado, também se aproximou, abraçando o pai com todo o amor.

Cleto se surpreendeu e chorou abraçado aos filhos por algum tempo, até que, mais refeito, perguntou o que eles estavam fazendo ali.

Dalva e Rodrigo, com o incentivo de Osmar, Leonardo e Caio, explicaram que, com a autorização do Mais Alto, eles estavam ali para auxiliá-lo a não desistir de sua nova jornada e dizer que, quando ele sentisse que era hora, seria muito bem-vindo em casa.

Cleto abaixou a cabeça e disse a ambos:

— Não posso. Eu decepcionei a sua mãe. Ela jamais me aceitará de volta. Eu... eu sou um alcoólatra, meus filhos.

— Pai, nós sabemos – disse Rodrigo. – E não precisa se envergonhar disso. Vergonha maior é manter-se nesse erro, por não querer admitir a sua dificuldade. Talvez se Marcos tivesse admitido as suas fraquezas, poderia ter abandonado o caminho que o levou a atitudes tão extremas.

— Nisso, você tem razão! Se Marcos tivesse pedido ajuda, talvez tivesse conseguido se salvar. Eu tenho sentido que não conseguirei superar essa dificuldade, não sozinho, e preciso de ajuda, mas está difícil ir contra o meu orgulho quando estou acordado.

O ponto positivo, se eu posso dizer assim, é que o meu desespero é tanto que confesso a vocês que nessa tarde fui à casa de meu antigo padrinho dos Alcoólicos Anônimos, mas ele se mudou e ninguém de lá sabe para onde ele foi. Quando percebi que não teria ninguém para me apoiar, comecei a duvidar de minha capacidade de superar os meus medos e vícios. Vim dormir com muito medo do futuro. Eu precisarei sair dessa pensão e não tenho para onde ir. Mas não irei para casa, porque antes preciso mostrar para a sua mãe que eu não vou repetir os mesmos erros que tanto a decepcionaram. Eu só não sei por onde começar.

— Pai, com todas essas experiências, aprendi que nunca estamos sós – disse Dalva, mostrando todos que estavam ali para auxiliá-lo. Você já deu um passo para se ajudar. Então, agora, siga adiante. Mamãe o ama e o aceitará de volta, se vir que você não deseja continuar no erro.

— Abra o seu coração e deixe o orgulho de lado, pai – disse Rodrigo. – Osmar está sempre por perto, tentando dar-lhe os melhores conselhos, escute-o. Amanhã, as dificuldades virão, mas enfrente-as com humildade, que você encontrará o seu caminho.

Cleto abraçou mais uma vez os seus filhos e prometeu, em nome de Jesus, que não deixaria o seu orgulho impedi-lo de ser feliz e de superar as suas dificuldades.

Capítulo 57

Tendo Firmino ao seu lado, Guilherme começou a se sentir mais empoderado para fazer o que quisesse. Firmino o incentivava a acreditar que ele era dono de sua vida, por estar *cheio da grana* e já ter vários clientes cativos. Guilherme afirmava para todos que o seu produto era do bom e que ele conseguia um preço melhor que o da concorrência.

O objetivo do grupo de Beto era fazer Guilherme se sentir senhor de si para conquistar Dalva, mas também para entrar de cabeça no tráfico e no vício. Para isso, levavam até ele muitos viciados, fazendo-o conhecido, e ao mesmo tempo alimentavam nele a obsessão por Dalva, para que ele, no momento oportuno, atrapalhasse a harmonia dentro da casa dela e no possível romance com Antônio.

Mas o tiro saiu pela culatra, pois Guilherme não precisava de muito para acreditar que era forte e inatingível, e quando foi convencido disso, não quis escutar os alertas de perigo vindos de Firmino, que sabia que algo muito desagradável estava para acontecer.

Guilherme estava em uma pracinha onde, discretamente, foi chamado para se aproximar de uma van que parou próximo dele. Como era procedimento padrão para a compra das drogas pelos seus clientes, ele não hesitou em se aproximar do carro, apesar de uma sensação de perigo ter preenchido seu peito. Firmino tentava lhe dizer que aquilo era uma armadilha, mas Guilherme ignorava o alerta. Quando ele estava próximo o suficiente, a porta da van se abriu e dois caras, que estavam na parte de trás, o agarraram e o puxaram com violência para dentro do carro. Amarraram as suas mãos, o amordaçaram e o encapuzaram, para que não visse o caminho que seguiriam.

Guilherme ficou apavorado. Tentava ouvir o que os caras estavam dizendo, mas os batimentos de seu coração eram ensurdecedores. Levou tanto tempo o percurso, que ele acreditou que tinham saído da cidade. A verdade, porém, é que eles rodaram bastante para garantir que não estavam sendo seguidos. Quando finalmente pararam, ele ouviu o barulho da porta da van se abrir e os caras o agarraram pela camisa, arrastando-o para algum lugar.

Dentro de uma construção para onde foi levado, Guilherme foi jogado ao chão com brutalidade, caindo de peito aberto e sentindo nas suas costas o joelho de alguém e o cano de uma arma, que o mantinham deitado. Ele estava tão desesperado e com dificuldade de respirar, pela pressão que o joelho lhe impunha, que não conseguia pensar nem ouvir o que eles estavam dizendo.

Ali, Guilherme ficou pouco tempo, mas que parecera uma eternidade, até que alguém mandou que o colocassem de joelhos e retirassem o capuz. Uma luz forte foi direcionada ao seu rosto, para que pudessem identificá-lo, sendo retirada logo depois.

Guilherme, apesar de cegado pela luz, voltou a respirar, o que lhe trouxe fôlego para tentar entender o que estava acontecendo. Quando conseguiu enxergar, olhou ao redor, e só percebeu, naquela sala, que eram quatro rapazes, com mais ou menos a sua idade, carregando armas, a encará-lo. Atrás deles, estava sentado outro rapaz, com correntes no pescoço, a observá-lo.

Guilherme não entendia o que estava acontecendo, mas não tinha coragem de quebrar o silêncio que se fez. Estavam todos calados, olhando para ele com cara de poucos amigos, até que aquele rapaz sentado lhe perguntou com autoridade:

— Qual é o seu nome?

— Guilherme – disse, quase gaguejando.

— Quem você pensa que é para invadir minha quebrada?

Guilherme se arrepiou. Por incrível que pareça, ele não tinha pensado nisso. O seu fornecedor não tinha lhe explicado como funcionava tudo aquilo. — "Como eu sou idiota!" – pensou.

— Mas eu não vendo drogas, não. – disse ele, tentando dissimular.

O rapaz se levantou de sua cadeira devagar, com um sorriso bem sarcástico no rosto e segurando uma arma. Os outros começaram a rir, ao perceber o pavor que Guilherme estava sentindo.

— Cara, não faz isso! – dizia o jovem chefe, de modo ameaçador. – Não minta para mim. Você não imagina como isso me irrita. Você já estava sendo observado pelos meus homens há um tempo. Tá vendo aquelas caixas? São as drogas que estavam em seu esconderijo, e se você não notou, esse carinha aí do seu lado comprou com você essa heroína, poucos minutos antes de pegarmos você.

Guilherme começou a gaguejar novamente:

— Eu sinto muito! Eu não queria desrespeitá-lo. Eu não sabia que, vendendo ali, estaria invadindo o seu pedaço.

— Ora, ora, pensei que você fosse mais esperto para me dar uma satisfação de suas ações, mas essa aí não convence ninguém.

Todos caíram na gargalhada. Guilherme continuava em pânico. Já tinha ouvido falar na rixa entre os traficantes, mas até aquele momento ele não tinha percebido que, ao se tornar um vendedor de drogas, tinha se tornado um alvo.

— Eu... eu... eu... não queria ofendê-lo...

— Guilherme... seu nome é Guilherme, não é? Eu não admito que invadam o meu território e ainda pensem que eu sou otário...

Guilherme o interrompeu, falando rapidamente:

— Não, não, não! Você não é otário, não. Eu que sou um otário por ter aceitado vender a droga sem saber que aquela área tinha dono.

Um dos rapazes falou ao ouvido do chefe, que lhe questionou:

— Meu camarada aqui está me dizendo que você ainda por cima é usuário e que faz parte daquele grupo que fica lá perto da faculdade, é verdade?

— Sim, é verdade!

— Então é por isso que não estamos tendo cobertura mais daqueles lados! Você está vendendo para eles! Isso não me agrada nada, meu chapa.

A reação do grupo foi fechar a cara, o que fez Guilherme se encolher todo e, choramingando, dizer-lhes:

— Eu nunca mais vendo para eles. Eu só *tava* tirando uma graninha, porque os meus pais não me dão mais nada depois que descobriram o meu vício. Eu precisava de dinheiro para conseguir a heroína.

— Bem, Guilherme, acho que gosto de você, por isso, vamos fazer um trato: você vai me dizer quem é o seu fornecedor e onde ele está.

Se eu ficar satisfeito com a sua resposta, talvez eu pense em não te matar.

Guilherme, sem pestanejar, disse tudo o que sabia.

Com uma ordem rápida, clara e ríspida, o chefe mandou os seus homens se juntarem a mais alguns e irem imediatamente atrás do tal enfermeiro, que era como o chamavam, e que Guilherme acabara de apontar como o seu fornecedor.

Enquanto isso, Guilherme era empurrado para dentro de um cômodo sujo, malcheiroso e escuro. Ele nunca havia sentido tanto medo na sua vida. Meses antes, quando o tal enfermeiro o abordou para falar sobre o negócio das drogas, Guilherme só pensou na grana que iria ganhar. Quando começou a ganhar dinheiro com as vendas, não teve dúvidas de que iria viver daquilo, porque, naquele pouco tempo em que havia retornado da clínica, ele já tinha ganhado grana suficiente para pagar a primeira remessa que recebeu em consignação e fazer o que quisesse com o restante.

Aproveitando o momento em que todo filho de Deus se remete a Ele quando está em desespero, o mentor de Guilherme tentou ajudá-lo a manter a calma, para que ele conseguisse refletir para onde as suas ações o tinham levado. Infelizmente, naquelas horas, em que já estava nas mãos dos bandidos, Guilherme não se deixou fazer um exame de consciência mais profundo. Somente alternava entre a raiva e o medo: raiva do seu fornecedor, que não o tinha alertado para os perigos daquela atividade, e medo de morrer.

Guilherme já estava sentindo câimbras pela posição horrível em que ele ficara no chão. Estando com as mãos amarradas nas costas, foi com dificuldade que ele conseguiu se levantar e se sentar, desconfortavelmente, em um canto qualquer daquele lugar.

De repente, ouviu o barulho de carros acelerando e freando abruptamente, próximo do local onde estava, e também o som de muitas risadas e de passos se aproximando. Tropeçando nos poucos móveis ali existentes, Guilherme conseguiu chegar próximo da porta, para tentar escutar alguma coisa, e identificou uma voz suplicando por sua vida. Era o enfermeiro, em pessoa, sendo ameaçado, da mesma forma como aconteceu com ele. O carinha que mandava ali queria saber mais detalhes sobre as suas operações, e ele afirmava que não sabia nada sobre o que eles estavam falando.

O jovem chefe perdeu a paciência e pediu para que buscassem o outro refém. Quando o enfermeiro viu Guilherme, começou a chorar.

Então, escutou:

— Vai continuar afirmando ser somente um enfermeiro de uma clínica de reabilitação?

Com a demora em responder, Guilherme ouviu um tiro e o grito de dor do enfermeiro. Seu corpo caiu ao chão, baleado na perna.

O chefe lhe disse:

— Preste atenção, eu não sou paciente. Sei que você não é um vendedorzinho barato de merrecas. Quero saber quem é o seu dono e por que vocês estão invadindo minha área.

Guilherme sentia que ele não sobreviveria àquela experiência. Suas pernas tremiam muito, e ele já não estava mais conseguindo ficar de pé. Caiu ao chão e foi deixado lá para assistir à tortura. Presenciou coisas que jamais pensou que veria em toda a sua vida.

Guilherme vinha de uma família amorosa, com estabilidade financeira, e as suas insatisfações advinham de sua forma equivocada de enxergar a vida. Nem nos seus piores pesadelos poderia acreditar que alguém faria aquilo tudo com outra pessoa.

O enfermeiro foi torturado para falar, e ainda no primeiro quarto de hora ele falou tudo o que sabia, inclusive que Guilherme era um viciado e que foi recrutado há pouco tempo para vender para ele.

— Ele nada sabe! – afirmou o Enfermeiro, num fio de voz.

Essa foi a última boa ação realizada por aquele homem que, por livre-arbítrio, tinha se voltado para o caminho do crime.

Guilherme foi obrigado a ver o seu fornecedor ser queimado vivo, no quintal, naquilo que eles chamavam de micro-ondas. Guilherme chorava, aterrorizado, e só pensava em seus pais agora.

Da última vez que ele chegou mais de dez horas da noite em casa, seus pais ameaçaram interná-lo novamente, e Guilherme riu deles. Agora, ele só queria voltar para casa e atender a todas as regras que lhe seriam impostas, mas ele já havia perdido a esperança.

Já estava escurecendo. No momento em que o chefe ia tomar uma decisão sobre Guilherme, um telefonema o fez mandar levá-lo para dentro daquele mesmo cômodo de antes, dizendo que depois pensaria no que fazer com ele.

Capítulo 58

No plano astral, eu estava no jardim do hospital, passeando entre as árvores e flores. Não me lembrava de já ter me sentido tão bem quanto naquele momento. Eu vivenciava uma paz interior que só era quebrada quando me lembrava de Beto e de tudo o que eu tinha feito contra os meus alvos.

Fui surpreendido com a visita de Aurélio, o que me deixou muito feliz.

— Olá, Jefferson. Como se sente?

— Eu estou muito bem, obrigado.

— Mas algo o está incomodando! O que é?

— É que eu estava aqui pensando quando eu poderia fazer alguma coisa por Beto e por todos aqueles que eu prejudiquei com as minhas atitudes erradas.

— Você já se sente bem para auxiliá-los?

— Sim, é o que mais quero. Não sei se a vovó já lhe falou, mas eu estou trabalhando – disse com satisfação. – Ela me orientou em como auxiliar Marcos e Laura a se libertarem daqueles pensamentos obsessivos que os prendem. Por isso, eu os vejo todos os dias e confio em Jesus que eles vão melhorar.

Percebi que Aurélio ficou muito satisfeito com a notícia, apesar de eu achar que ele já sabia disso.

— Sabe, Aurélio, eu já compreendi que Jesus não me condena pelos meus atos, mas eu sinto que não devo deixar para depois, se posso fazer hoje, algo para reparar os meus erros, em face da responsabilidade que tenho pelas minhas ações.

Sei que sou um ex-obsessor e que ainda nada sei, mas tenho inteligência, braços, boa vontade e quero ser útil. Ainda tenho muitos débitos a quitar. Será que posso trabalhar em algo mais pelos que já prejudiquei?

— Meu amigo, se você acha que pode pagar pelas dívidas que acredita possuir fazendo o bem, veio ao lugar certo. Aqui todos nós usamos do trabalho divino para nos redimirmos de todo pecado que acreditamos possuir, ou simplesmente compreendemos que o trabalho nos enobrece e que fazer o bem, seja a quem for – frisou Aurélio –, nos fortalece para novas caminhadas.

Se é o que quer, podemos ir agora.

Aurélio pegou no meu braço e me levou para iniciarmos a tarefa de auxílio aos demais.

✻ ✻ ✻

Chegamos perto da casa de Rodrigo, e de longe percebi a presença dos meus antigos aliados. Eles estavam desolados. Fomos logo depois para o quartel-general do Beto e ele estava lá, também aborrecido.

Perguntei a Aurélio o que havia acontecido, e ele me informou que Cleto tinha conseguido se desvencilhar da influenciação imposta por Beto e ido procurar o seu antigo padrinho dos Alcoólicos Anônimos. Em poucas palavras, ele me explicou o acontecido naquela noite quando, fortalecido por seus filhos, Cleto aceitou o auxílio de seu mentor e estava em sintonia com ele até então.

Eu gostei dos sentimentos que me dominaram. Eu fiquei imensamente feliz por Cleto, mas, ao mesmo tempo, entristecido pelos meus antigos amigos.

Aurélio percebeu, mas nada comentou. E deu-me a chance de me manifestar.

— E quanto a Guilherme? Ele também tinha sido marcado como um instrumento para a desarmonia do lar de Rodrigo.

— Jefferson, esse é um irmão que estamos tentando salvar. Ele foi capturado agora há pouco por um traficante local e, infelizmente, se continuar do jeito que está, ele será morto em breve.

— Se a situação está assim, Beto não tem mais nada em mãos como trunfo, não é?

— Sim, se olharmos por esse prisma.

— Sabe, eu acho tudo isso muito injusto! Todo mundo sabe que a influenciação depende do tempo de cada um dos influenciados. Muitas vezes, leva anos até que eles caiam. Mas, dessa vez, quiseram tudo para ontem. Isso prejudicou muito a nossa missão, nos deixando com a corda no pescoço.

De novo, eu estava ali, reclamando como se ainda fizesse parte daquele trabalho. Quando percebi isso, para mudar a minha sintonia, perguntei:

— Aurélio, o que podemos fazer para que eles não sofram os martírios desta derrota?

— Ora, meu amigo, cada um de nós arca com as escolhas que faz. Quando vocês se aliaram ao grupo do Grande Chefe, vocês estavam aceitando todos os termos e condições que são impostos aos seus subjugados, como, por exemplo, o tempo que lhes determinam para saírem vitoriosos em cada missão e, para os que falham, os flagelos impostos a vocês.

Eu senti um arrepio. Lembrei-me que me submeti a esses termos por muitas vezes, mas achava que não tinha escolha.

Aurélio, percebendo os meus pensamentos, disse:

— Isso foi usado por você todo esse tempo como desculpa para não ferir o seu orgulho, meu amigo. Enquanto você estava firmemente integrado ao grupo, você sofria os suplícios, mas a raiva o anestesiava. Quando começou a duvidar, você desconfiava que poderia chamar a sua avó quando quisesse, mas significaria dar o braço a torcer e admitir que errou. Tanto é verdade que, quando você não se importou mais com isso, ela estava com você e o amparou.

— Mas esse amparo aconteceu comigo, não com eles!

— Você acha mesmo que somente você é contemplado com pessoas que o amam e o querem muito bem? Cada um dos seus amigos, inclusive Beto, já teve a oportunidade de ter alguém a lhe indicar caminhos. Lembra-se de Cadu descrevendo como foi com ele? Cada um de vocês fez a escolha de permanecer onde estava. Cada um de vocês ignorou todos os contatos que fizemos em seu auxílio.

Com um olhar envergonhado, eu compreendi o meu egoísmo.

— Não se acanhe, Jefferson. Todos nós cometemos erros, mas Jesus tem paciência e nos aguarda sempre.

E eu sabia disso. Senti a Sua paciência e o Seu amor naquele cárcere a todo instante. A cada oração que proferi, Ele estava comigo. Não, não duvido mais disso.

— Então, não posso ajudar o Beto? – perguntei depois de refletir.

— Claro que pode, e o fará ainda hoje. Vamos ficar atentos aos seus sentimentos e agir quando ele nos permitir.

Beto estava se sentindo atordoado. Quando Firmino o avisou que Guilherme havia sido levado por um traficante rival, ele ficou irado. E, quando Boca, Barril e Cadu informaram que não conseguiam mais atingir Cleto, ele ficou quase apático. Foi com eles conferir e percebeu que não estavam brincando. Eles tinham perdido os seus alvos, todos de uma vez só.

Beto mandou que Barril e Cadu continuassem próximos a Cleto e, ao menor deslize, o incentivassem a beber novamente. Firmino deveria continuar com Guilherme, e se ele fosse morto, deveria ser levado para a sua cidadela. Boca ficaria perto da casa de Rodrigo, e no menor sinal de mudanças, era para ele ser avisado.

Já Beto iria para o quartel-general para poder pensar. Ele não sabia mais o que fazer. Todos daquele lar estavam bem e nem Guilherme, que poderia ser um instrumento de desarmonia, poderia contribuir agora.

Beto, então, se lembrou de mim. Talvez porque eu estava ali, talvez porque Aurélio o incitou a isso, não sei, só sei que ele começou a lembrar de quando nos colocávamos em situações complicadas. — "Ele sempre me tirava delas!" – pensou, dando um pequeno sorriso.

Seu sorriso voltou a brilhar quando ele lembrou a forma que fugi do Grande Chefe. — "Eu queria fazer o mesmo. Não sirvo para essa tarefa. Posso até fazer o trabalho, mas não sirvo para liderar um grupo. Sempre tive Jefferson para me orientar e, mais uma vez, estou enrascado precisando de ajuda, rezando para que ele apareça."

Suas lembranças nos levaram para um momento de nossa última existência física, em que ele e mais dois carinhas tinham caído em uma cilada de outro traficante. Estavam para ser flagrados, quando eu apareci, poucos minutos antes, e os tirei daquela situação antes que os nossos rivais chegassem.

— Como você ficou sabendo, Jefferson? – ele me perguntou quando, escondidos, vimos os nossos rivais indo embora sem pegar ninguém.

— Como nós não podemos confiar em ninguém, Beto – respondi em confidência –, corrompi um dos capangas do Careca para me fornecer esses tipos de informações. Claro que ele é muito bem recompensado por isso. Da próxima vez, me pergunte se deve arriscar a sua vida, e a de meus homens, numa furada dessa. Sorte que eu fiquei sabendo da sua tentativa ingênua de conseguir aumentar a nossa área de atuação.

Beto sabia que eu não estava bravo com ele. Claro que a sua iniciativa tinha sido muito boa, mas eu não gostava de colocar os meus homens em perigo à toa.

Beto deixou um pensamento falar mais alto: — "Sem Jefferson, eu jamais sairei dessa escravidão."

Eu olhei para Aurélio, que assentiu com a cabeça.

Fixei o meu pensamento em Beto e o fiz lembrar do sol.

O seu semblante imediatamente mudou: — "Sim, eu quero sentir o sol" – pensou.

Fomos todos para aquela praça da cidade, que nada tinha de especial, mas que para mim e Beto se tornara uma referência.

Beto sentiu os raios do sol em seu rosto novamente. Ele se sentou ali em um dos bancos, como um frequentador normal daquela praça faria para passar um pouco do seu tempo, relaxando. — "Sim, todas as vezes que venho aqui, compreendo o que Jefferson quis dizer sobre o tempo em que deixamos a escuridão nos dominar." — "Será que eu posso ter a mesma sorte que ele e alguém vir me buscar? Eu sei que não fui uma boa pessoa, mas ele disse que se eu quisesse os seus amigos me ajudariam…"

Beto ficou ali, parado, curtindo o sol a lhe aquecer a alma. Parecia que, com aquela lembrança, a sua esperança tinha sido reavivada.

Depois, com um impulso meu, orientado por Aurélio, ele começou a me acompanhar em uma oração bem simples que fazíamos quando éramos crianças, quando a minha avó nos pegava de jeito.

Quando ele estava quase terminando, eu pensei em aparecer para ele.

Aurélio, no entanto, me alertou:

— O quanto você ama o seu irmão?

— Eu daria a minha liberdade e a minha vida por ele.

— Então a forma de você ajudá-lo é fazê-lo forte, transmitindo-lhe segurança, como fez até agora. Ele não pode mais continuar vivendo dependente de você. Ele ainda não está pronto, Jefferson, mas estará em breve.

Compreendi que, por muitas vidas, Beto me seguiu e acreditou que o forte era eu. Agora, ele precisava se superar e fazer as suas próprias escolhas. Com uma lágrima que teimava em ficar no canto de meus olhos, eu me afastei e deixei Aurélio agir.

Ele emanou de seu ser uma luz intensa que aquecia, mas não queimava. Uma luz que levou ao coração de Beto um consolo, um amparo, uma força para continuar lutando pela sua liberdade.

Beto sorriu.

Quando Aurélio terminou, Beto observou o tempo gasto ali, porém, não se importava. Ele sabia que precisava voltar ao seu quartel-general, mas algo nele havia mudado.

Capítulo 59

Guilherme já estava sumido há vinte e quatro horas. Seus pais estavam desesperados, não sabiam o que fazer. Já tinham ido à delegacia, mas, pelo filho ser um antigo viciado, o delegado pareceu não levar muito a sério o seu desaparecimento, e disse:

— É claro que iremos procurá-lo, mas sendo ele um ex-viciado, tenham certeza de que ele deve estar se drogando em algum desses becos por aí.

Na verdade, o delegado guardava uma desconfiança do paradeiro de Guilherme, mas não queria falar sobre o assunto. Logo pela manhã, os policiais abordaram um suspeito de estar traficando, que lhes disse:

— Cara, sou louco não! Sou só usuário mesmo. Não quero ter o destino daquele outro carinha que foi levado agora há pouco por estar vendendo por aqui.

Infelizmente, o usuário estava tão chapado que não conseguia dar informações mais precisas sobre o caso, nem mesmo se tinha visto ou sabido isso por terceiros. Então, o delegado soubera que o chefe da equipe de entorpecentes tinha mandado uns policiais à paisana para descobrirem a existência desse novo vendedor e, se possível, o seu paradeiro.

— "Meu Deus, que a informação desse viciado não seja real" – pensava o delegado, que também era pai. — "São tantos anos de polícia, e ainda não me acostumo quando vejo tantos jovens descambando para o tráfico e morrendo por causa disso. Diante do enriquecimento fácil, acham que vale a pena viver no crime, sem pensar que o tempo de vida deles se reduz violentamente, não passando, muitas vezes, da adolescência."

O delegado tinha razão! Eu vivi até os meus dezenove anos, e isso era até considerado muito pelas estatísticas. Muitos que integravam essa atividade não tiveram a mesma sorte, desencarnando bem mais jovens.

Minhas lembranças voaram para um momento em que vi uma de minhas mulas levando um tiro de um traficante rival. Ele não tinha mais que doze anos. Nesses momentos, eu até sofria com a situação, mas isso não me impedia de aliciar outro garoto para ocupar o seu lugar. Pelo menos eu pagava pelo enterro dos meus aliados e enviava para a família uma boa grana para que ela pudesse se sentir melhor pela perda do filho, o que muitos não faziam. No fundo, porém, eu sabia que isso não iria restituir a vida do ente querido, mas eu não me importava. Minha avó não tinha sido retirada da minha vida cedo também?

Vendo o desespero dos pais de Guilherme, senti que precisava fazer alguma coisa. Então tive uma ideia e quis saber de Aurélio se poderia colocá-la em prática, no que ele me respondeu:

— Jefferson, podemos até ajudar o delegado nesta procura, mas não posso permitir que você intervenha mais que o necessário. Não é o momento de Guilherme desencarnar e temos que tentar, a todo custo, mantê-lo vivo. Mas foi ele quem escolheu esse desenrolar de sua vida, e aquele jovem traficante não tem muita paciência e acredita que a melhor solução nesses casos é matar quem o atrapalha.

Compreendi a situação e fiquei feliz por ele concordar em ajudarmos o delegado. Aurélio, porém, me surpreendeu, acrescentando:

— Jefferson, colocarei em suas mãos o planejamento para esse resgate. Trarei alguns amigos que, com certeza, poderão ajudá-lo, inclusive Glauco e o próprio mentor de Guilherme.

— Aurélio, espere, eu não posso fazer isso. Trabalhar com esses espíritos. É que eu não sei trabalhar como vocês. Sou só um ex-obsessor derrotado, entende?

— Meu querido amigo, não se menospreze. Você só será derrotado se assim se sentir. Além do mais, todos nós trabalharemos em conjunto e com o mesmo objetivo, que é ter o menor número de baixas e trazer Guilherme de volta, para que aquela família possa ter a oportunidade de resgatar as suas pendências, conforme seu próprio planejamento reencarnatório. A missão de nosso grupo é tentar manter o curso do que foi planejado.

Todos ajudarão para a solução do problema e você irá apenas orientar o seu grupo de auxílio. Está bem assim para você?

Eu não queria falhar, estava temeroso. Percebendo o meu receio, Aurélio me disse:

— Na seara de nosso Mestre Jesus não existe falha. Acreditamos que tudo o que acontece tem um propósito divino. Se não alcançamos os nossos projetos, é porque não tínhamos enxergado o que era melhor para o nosso beneficiado.

Entendi e aprendi com Aurélio que a vida era sábia e que ainda somos muito limitados para compreender tal sabedoria na sua mais pura essência. Elevei o meu coração a Deus e agradeci por mais esse aprendizado.

Aurélio, por fim, disse:

— Então, vamos ao trabalho!

❈ ❈ ❈

Os pais de Guilherme ligaram para Antônio para saber se ele tinha alguma informação sobre o paradeiro do filho que, segundo eles, tinha saído pela manhã e não havia retornado ainda, até aquela hora da noite.

Infelizmente, Antônio não sabia onde seu amigo de infância poderia estar e ficou triste e preocupado por não poder ajudar. Eles avisaram que iriam à delegacia para dar parte do sumiço do filho, pediram que fossem avisados caso Antônio ficasse sabendo de alguma coisa, e disseram que fariam o mesmo se ele voltasse para casa.

Antônio confiava que a polícia tentaria encontrá-lo, mas sabia que Guilherme poderia estar escondido para se drogar; e o sofrimento dos seus pais só acabaria quando ele, voluntariamente, decidisse voltar para casa. Antônio resolveu que se ele não retornasse logo pela manhã, iniciaria uma busca por conta própria.

Não tendo recebido nenhum recado dos pais de Guilherme, Antônio resolveu ir procurá-lo em todos os lugares onde ele poderia ter estado para se drogar. Observei que Antônio estava bastante receptivo aos nossos conselhos, inclusive não indo a alguns locais que não seriam adequados para ele estar naquele momento.

Percebi que os mentores não trabalham em cima de seu tutelado o tempo inteiro. Vi que o mentor de Antônio confiava nele e somente o intuía quando era realmente necessário.

Ficamos sabendo que algumas pessoas tinham conhecimento do acontecido, mas só uma havia presenciado o sequestro. Então, precisávamos levar Antônio até a testemunha.

Começamos por levá-lo a um amigo dele que ficou sabendo do caso:

— ... fiquei sabendo que ele estava vendendo uns bagulhos perto daqui e, de repente, veio uma van com alguns caras, que o puxaram para dentro e o levaram. Mas eu não sei para onde...

Antônio não imaginava que Guilherme tinha sido sequestrado, o que o deixou temeroso em continuar buscando mais informações. Tentávamos, porém, dar a ele fortalecimento para que não desistisse de buscar toda a verdade.

Sob forte incentivo de seu mentor, Antônio tentou afastar o medo e tirar do amigo tudo o que sabia, inclusive quem havia lhe contado sobre o sequestro. Depois, foi até aquela fonte, que indicou outra, até chegar em quem realmente tinha presenciado o ocorrido.

Antônio estava se sentindo culpado. Deveria ter alertado os pais de Guilherme sobre o caminho equivocado que ele havia escolhido. Agora, eles sofriam muito por não saber de seu paradeiro.

O mentor de Antônio, percebendo que ele poderia se descontrolar, buscou aconselhá-lo para que não abraçasse nenhuma culpa. Suas palavras eram consoladoras. Minhas lembranças me levaram a pensar em quantas e quantas vezes fiz exatamente o processo inverso, com o objetivo de acabar com a autoestima de alguém. Tenho que admitir que a minha satisfação, ao perceber que Antônio estava superando aquele sentimento, foi melhor do que quando me saía bem nas quedas programadas de nossos alvos.

Quando terminou a sua busca, Antônio ficou pensando no que fazer, pois não tinha coragem de falar com os pais de Guilherme sobre o que havia descoberto. Intuído, ele se lembrou da sua conversa com eles, entendendo que a polícia seria a única que teria interesse legítimo em receber aquelas informações.

Fiquei radiante. Glauco estava ao meu lado, me ajudando a colocar em prática o nosso plano. Lembrei-me da minha felicidade quando todos me apoiaram na realização do mesmo.

Chegando à delegacia, pouco depois do horário do almoço, Antônio parou no balcão de informações e disse:

— Gostaria de falar com alguém sobre o sequestro de um amigo meu.

Imediatamente, ele foi recebido na sala do delegado.

— Boa tarde! Qual é o seu nome, rapaz?

— Meu nome é Antônio, senhor.

— Você disse para o escrivão que tinha notícias sobre um rapto...

— Peço desculpas se minhas informações não forem suficientes, mas quero trazer tudo o que soube nas ruas a respeito do sequestro de meu amigo Guilherme.

— Guilherme, Guilherme... Peraí, os pais de um Guilherme vieram aqui ontem nos dizer que o filho tinha desaparecido.

— Sim, senhor. Ele está desaparecido desde ontem de manhã. Quando eles me ligaram, achei que poderia descobrir alguma coisa e fui, eu mesmo, em vários lugares, até que consegui conversar com um cara que viu Guilherme sendo levado à força por alguns rapazes em uma van na praça da igreja.

— Isso é um grande avanço, porque até agora não tínhamos conseguido nada concreto sobre o seu desaparecimento. Sobre a van, essa pessoa conseguiu a placa?

— Na verdade, ele não gravou as letras, apenas os números, porque, por coincidência, é a data do seu aniversário. Ele também se lembra que era uma van multicor com uns raios na lateral e é daqui de nossa cidade.

— Ótimo! Verifique em nossos registros se temos algo sobre essa van, Paulo – disse o delegado ao investigador. – Quem a comprou precisou pedir autorização para a mudança de cor, observe isso na busca. Antônio, você tem mais alguma informação para nos passar?

Antônio estava receoso de falar, porém, o delegado o pressionou, pressentindo que estava escondendo algo, até que ele disse:

— Senhor delegado, é importante saber o que Guilherme estava fazendo quando o sequestraram?

— Talvez seja esse o motivo de o terem levado. Quando a gente toma conhecimento de um possível motivo para a vítima ser levada, podemos ter uma ideia do que será feito contra ela e, até mesmo, quanto tempo ela terá de vida, em alguns casos.

Como Antônio não queria comprometer o amigo, disse sem afirmar com exatidão:

— A testemunha acha que, no momento em que foi levado, ele estava vendendo drogas.

O delegado ficou apreensivo. Possivelmente, tratava-se da mesma pessoa mencionada aos policiais por aquele viciado. Se o caso fosse esse mesmo, então seria muito possível que Guilherme nem estivesse mais vivo. — "Normalmente, entre eles, não há perdão!" – pensou.

Nós não queríamos que o delegado atuasse naquele caso buscando um corpo ou que, por ser Guilherme um traficante, não houvesse o esforço merecido para o seu resgate, por isso, alimentamos nele a sua boa índole.

Para a sorte de Guilherme, o delegado sempre foi um bom profissional e sabia que para cada crime havia uma ação policial a ser realizada. Primeiro, ele precisava resgatar uma vítima e, depois, se fosse verdadeira a acusação, a prisão de um traficante.

— Agradecemos pelo que você fez, Antônio. Mas, peço que não faça mais nada daqui para frente, porque isso está ficando muito perigoso e é trabalho da polícia. Vá para casa. Se seu amigo estava mesmo traficando, quem o levou é da pesada e não queremos chamar a atenção dele para você e seus familiares.

— Entendo, e não me envolverei mais.

O delegado pediu então ao escrivão que pegasse o depoimento de Antônio e o liberasse logo depois. Sabendo que teriam de agir rapidamente, o delegado mobilizou imediatamente alguns de seus melhores homens para que, ao descobrir alguma informação útil, pudessem resgatar aquele jovem.

Capítulo 60

Guilherme ainda estava no cativeiro. Aquela ligação recebida pelo traficante o alertou para uma possível invasão em seu depósito por outro grupo rival, obrigando-o a mobilizar seus homens para protegê-lo. Assim, por enquanto, Guilherme estava a salvo, mas isso não seria por muito tempo porque eles logo voltariam.

Guilherme não tinha dormido nem comido nada desde o dia anterior. Seu estômago já estava doendo de fome. Apesar de ele ouvir vozes nos cômodos ao lado, não tinha coragem de chamar ninguém, muito menos de tentar fugir. Tinha medo de lembrá-los que ele estava ali e acabar morto. Ficara quieto, chorando baixinho, sentindo falta dos pais, pensando que, se saísse daquela situação, nunca mais deixaria de dizer a eles o quanto os amava.

O mentor de Guilherme o incentivava a pensar em como a sua vida era boa e, somente passando por uma situação como aquela, tomava consciência de que não queria perdê-la. Guilherme, incomodado, percebeu que, contrariamente ao que ele estava sentindo, há muito tempo já a estava perdendo para as drogas.

* * *

Na delegacia, os investigadores descobriram o nome do dono da van. Pertencia a um rapaz que morava em um bairro próximo, de classe média alta. Eles precisavam ir para aquela região imediatamente.

Duas viaturas que estavam mais próximas foram acionadas e se dirigiram para o endereço com a urgência que o caso exigia. Os policiais foram orientados a não invadir ou fazer alarde até que todo o reforço estivesse presente, porque ali poderia ser o cativeiro de Guilherme. Os policiais não viram a van, mas já se posicionaram para uma possível ação repressora, caso fosse necessária. Quando o delegado chegou, deu todas as instruções para que agissem em conjunto.

Pelas janelas, puderam identificar que havia cinco pessoas em casa, incluindo duas crianças lanchando. Num rompante, arrombaram a porta da residência e dominaram a todos que, assustados, não tiveram qualquer reação.

O delegado, percebendo que não haveria resistência, mostrou o documento de busca e apreensão em mãos e questionou onde estava Guilherme.

Como todos demonstraram não conhecer o jovem e, após uma busca minuciosa, Guilherme não foi encontrado, o delegado quis saber quem era o dono da van. Ao se identificar, foi questionado sobre o paradeiro do seu veículo. O rapaz, olhando para os seus pais ficou muito nervoso e começou a gaguejar, afirmando que ela tinha sido roubada há algumas semanas. Como seus pais pensavam que ela estava na oficina e ele não havia feito nenhum boletim de ocorrência, desconfiado, o delegado quis saber detalhes do roubo, mas o jovem não conseguia dar nenhuma resposta que o convencesse de que aquele assalto tinha realmente acontecido.

Com um pouquinho mais de pressão, o delegado conseguiu arrancar do rapaz a confissão de que ele tinha dado o carro como forma de pagamento pelas dívidas contraídas com um traficante.

Seus pais ficaram arrasados. Diante da dor de sua família, o jovem falou tudo o que sabia, inclusive, de quem ele comprava e onde teve de entregar a van.

Sem perder tempo, o delegado deixou dois policiais na casa, para tomarem as medidas legais de proteção cabíveis, inclusive, para impedir que qualquer informação sobre a abordagem que iriam fazer saísse dali. O delegado e os demais se dirigiriam diretamente para o ponto da entrega da van que, segundo a descrição do jovem, poderia ser o cativeiro de Guilherme e o depósito central do traficante.

Um dos policiais tinha vasto conhecimento sobre a localidade indicada pelo jovem, podendo dar uma ideia bastante precisa de onde eles poderiam melhor observar a área para decidirem as estratégias de ataque.

Decidimos colocar Glauco colado nele para lhe dar maior clareza em seu pensamento. Desde o momento em que nos deparamos com a necessária atuação da polícia, estávamos trabalhando com o grupo espiritual que os auxiliavam também. Tudo muito organizado e composto por mentores e outros especialistas que os orientavam para agirem, zelando pela vida e bem-estar alheios. Sabendo que eu tinha sido escolhido para liderar aquele auxílio, buscavam meus conselhos e, com muito respeito, ponderavam a melhor estratégia para o resgate, colocando em ação o nosso plano para que o menor número de baixas acontecesse.

Estava reaprendendo, finalmente, o que era trabalhar de verdade em equipe.

Enquanto isso, o delegado mandou chamar mais reforços com a equipe de narcóticos, porque o local em questão era amplo e quando chegassem ao seu destino já estaria escurecendo, necessitando de mais pessoal para cobri-lo com segurança. Após quase quarenta minutos de estrada, eles lá chegaram e se surpreenderam com o resultado da disputa que havia acontecido entre os traficantes naquela mesma tarde.

Vários homens estavam no chão, mortos. Mas, alguns, mesmo feridos, ainda estavam rondando com armas em punho. Avaliando a situação, o delegado resolveu aguardar o reforço chegar.

Em pouco tempo, estavam todos preparados para o cerco e resgate, conseguindo, em pouco tempo, desmantelar a quadrilha, prendendo os sobreviventes. Os criminosos estavam bastante cansados e quase sem munição, porque tinham ficado de vigia durante quase vinte e quatro horas, enfrentado um tiroteio durante aquela tarde com os rivais e, à noite, com a polícia.

O grupo espiritual atuava com afinco para levar a cada um daqueles envolvidos a vontade de sobreviver, e de não jogar suas vidas fora.

Após ter feito uma busca minuciosa no depósito e não ter encontrado Guilherme, o delegado quis saber quem era o chefe da quadrilha e onde estava o jovem que tinha sido levado em uma van na manhã do dia anterior. Um dos homens o informou que o seu chefe tinha sido alvejado pela polícia e estava morto, e que o refém não estava ali.

— E onde ele está? – perguntou o delegado com a arma em punho.

Capítulo 61

Rodrigo estava bem, desde o dia anterior.

Não sabia a razão, mas estava tranquilo e pensando no pai com muita saudade. Ele sentia que deveriam dar uma nova oportunidade a ele, afinal todos podem errar e não era justo crucificá-lo sem ajudar na superação de suas dificuldades.

Naquele sábado ensolarado, ao ver Dalva e sua mãe preparando o almoço, foi logo ao encontro delas e deu um abraço bem apertado em cada uma. Aparecida estranhou seu gesto, não que ele não fosse carinhoso, mas ele estava muito diferente do Rodrigo dos últimos dias.

Após o almoço, permaneceram juntos, conversando sobre vários assuntos e, do nada, Rodrigo falou:

— Gente, ontem acordei com um sentimento de que precisamos ajudar o papai a superar o vício. Tenho pensado muito nisso.

— Eu também sinto isso, meu irmão. Mas, como ajudar se não sabemos onde encontrá-lo?

— Se nós o achássemos, mãe, a senhora o aceitaria de volta? – perguntou Rodrigo de modo mais direto que o normal.

Aparecida estava calada até aquele momento. Ouvia os filhos com muita alegria, mas estava muito temerosa de se abrir para Cleto e novamente decepcionar-se ou, pior, decepcionar os seus filhos.

— Queridos, fico muito feliz com o amor e carinho de vocês pelo seu pai, mas, não, eu não o aceitaria aqui em casa de novo. Não sem antes ele me provar que é um novo homem.

Eu não admitirei nem mais uma bebedeira dele, tampouco o seu descontrole contra Dalva ou qualquer um de nós.

— Mãe, você não o ama mais?

— Claro que o amo, Dalva, amo demais, mas não vou mentir dizendo que não estou magoada, claro que estou.

De qualquer forma, não é por isso que não o aceito de volta em nossa casa. Eu sou responsável por vocês e não posso deixar que alguém descontrolado e violento viva conosco somente porque o amo. Se Cleto está triste, frustrado e amargurado pela perda do Marcos, eu e vocês também estamos. Só que, nenhum de nós, saiu por aí para se entregar à bebedeira e agredir aqueles que dizemos amar.

— Talvez não agora, mas quem disse que já não fizemos isso antes, em outra vida, por exemplo? – questionou Rodrigo.

Rodrigo não se lembrava de seu sonho, tampouco das memórias que lhe foram descortinadas, mas, elas fortaleceram seu entendimento resultante das palestras que já tinha assistido. Ele abraçou a certeza de que nenhum deles era vítima em toda aquela experiência.

— Sabe, com os estudos que estamos tendo na casa espírita descobrimos que todos nós somente vivenciamos experiências que servirão para o nosso crescimento e nenhum de nós será vítima delas ou das circunstâncias, porque nos tornamos merecedores de todo aprendizado que delas vier. Então, entendo que a senhora queira nos proteger e não iremos contra a sua vontade, mas nos deixe ajudar papai a superar esse momento!

— Quem sou eu para impedi-los, meu filho. Porém, antes que possamos elaborar qualquer plano de auxílio, precisaríamos saber onde encontrá-lo, porque, admito que já tentei ligar algumas vezes para o celular de seu pai e as últimas mensagens são de que o telefone não existe.

A campainha tocou. Os três se entreolharam, como se estivessem esperando que acontecesse uma coincidência e fosse Cleto à porta. Mas, era Antônio, com um ar bem derrotado.

— Desculpem-me incomodá-los, mas eu precisava desabafar com alguém.

Os irmãos o levaram para o quarto de Rodrigo e o deixaram falar:

— Vocês se lembram do Guilherme, aquele meu amigo de infância que foi com a gente ao cinema?

Ambos concordaram com a cabeça.

— Ele foi sequestrado!

— Sequestrado? – Rodrigo pulou da cadeira em que estava sentado.

— Sequestrado, raptado, sei lá, sei que o levaram.

— Mas como isso aconteceu?

Antônio contou o que sabia, inclusive que tinha ido à delegacia contar sobre tudo o que descobrira. Apesar do susto em saber que Guilherme estava vendendo drogas, Rodrigo disse:

— Que bom, Antônio, que Guilherme tem você como amigo. Possivelmente, você poupou à polícia alguns dias de investigação. Com certeza, os seus amigos não iriam se abrir tão facilmente com os policiais como fizeram com você.

— O delegado disse que era para eu me afastar; que se é caso de tráfico, eu poderia me expor e trazer o perigo para mim e para os meus familiares.

— Sim, ele tem toda razão!

— Então eu fico aqui parado sem fazer nada? Vocês não entendem! Eu lhe dei as costas, quando percebi o caminho torto que ele estava trilhando. Não queria que as suas ações respingassem em mim, levando os meus pais a duvidarem de minha vontade de superar o meu vício. Agora, me sinto um péssimo amigo por não ter tentado convencê-lo a não entrar nessa armadilha.

— Antônio – disse Dalva –, não entra nessa você também, não abrace essa culpa! Você não o abandonou antes e não o está abandonando agora. Se antes se afastou dele, foi porque tinham entendimentos diferentes de como viver a vida. Mesmo você tentando convencê-lo do contrário, ele quis seguir por um caminho que você já havia entendido não ser o melhor. Então, o que mais podia fazer? Tente compreender que o momento vivenciado por ele agora é um reflexo de suas ações e somente ele poderá viver suas consequências.

Também não podemos esquecer que, quando ele resolveu vender drogas, arriscou passar por várias experiências perigosas, inclusive ser morto ou preso.

— Dalva, você pode não acreditar, mas eu tenho certeza que ele nem tinha pensado nisso. Guilherme sempre foi muito imprudente e nunca pensava nas consequências de suas ações!

— Talvez seja por isso que ele esteja passando por este episódio tão traumático – disse Rodrigo –, para que possa começar a pensar que toda ação sua lhe trará uma consequência. Começo a entender que precisamos analisar muito bem que tipo de vida nós desejamos ter no futuro, para realizarmos, no presente, as melhores ações que dariam margem à sua construção.

Eles ficaram ali a tarde inteira, trocando experiências e consolos, e rezando para que Guilherme não perdesse a esperança e não se sentisse desamparado naquele momento.

Capítulo 62

Naquele sábado, Cleto acordou com uma vontade muito forte de beber alguma coisa. Desde o dia anterior, ele se sentia mais fortalecido intimamente, entretanto sofria com tremores em seus braços, que incomodavam muito. Não querendo cair na tentação, fez uma prece pedindo forças para enfrentar aquele futuro que ele mesmo construíra.

Hoje, ele teria de deixar aquele quarto e, tendo apenas alguns trocados, não conseguia enxergar qual caminho seguir. Ele queria ir para casa, mas não podia. Não sem antes mostrar para a família que havia definitivamente mudado.

— "Mas como eu poderei mudar, se não tenho dinheiro para fazer mais nada? – pensava ele, desolado."

Novamente, começou a perder a esperança de que conseguiria superar as suas dificuldades.

Seu mentor estava alerta e tentava lhe enviar sentimentos de esperança e fortaleza, mas Cleto estava se fechando no seu temor. Percebendo que ele daria abertura aos capangas de Beto que estavam no aguardo de uma oportunidade, aquele pediu ajuda a Aurélio, que atendeu imediatamente ao seu chamado.

— Aurélio, não sei o que fazer neste momento. Cleto não me ouve e está com medo de seguir em frente.

— Entendo, meu amigo. Mas vamos dar continuidade aos nossos planos. Como você sabe, aquele amigo de Cleto já está disponível para auxiliá-lo nesta nova fase de sua vida, já que ele é tão relutante em ir sozinho para o AA. Vamos inspirá-lo a ir em direção à lanchonete que fica pertinho daqui. Se não conseguirmos que ele escute o antigo amigo, quem sabe poderá comer algo, porque lá é dado um lanche simples e gratuito aos pedintes.

— Você sabe que Cleto é orgulhoso. Ele não aceitará esmolas, mesmo sendo do seu amigo.

— Sim, eu sei. Mas, quando chegarmos lá, o auxiliaremos para um melhor entendimento entre eles.

Cleto estava sorrindo e se despedindo do dono da pensão, mas, por dentro, sentia muito medo de um futuro que lhe parecia incerto. Ao chegar na rua, Cleto respirou fundo e, olhando para os dois lados da calçada, com a ajuda de seu mentor, decidiu ir para à direita. Ele pensou consigo: — "Quando a gente não tem um destino certo, qualquer direção nos serve."

De rua em rua, o mentor ia intuindo Cleto na direção que ele deveria tomar e, estando de certo modo receptivo, ele seguia o caminho, pensando estar somente sem rumo.

De repente, Cleto se depara com um homem de meia idade, meio de costas, a conversar com um jovem mendigo. Cleto parou para observá-lo melhor, porque ele lhe parecia familiar.

Aurélio e Osmar, por sua vez, abraçaram o companheiro espiritual daquele homem conhecido, e o primeiro lhe diz:

— Obrigado, meu amigo, por trazê-lo aqui para fora.

Num rompante, eles ouviram Cleto falar:

— Honório, é você?

Quando o homem se virou um pouco mais em sua direção, Cleto o reconheceu, chamando-o automaticamente. Honório, surpreendido, o encarou de frente e abriu um sorriso feliz. Pediu para o rapaz aguardar um pouquinho e foi até Cleto para abraçá-lo.

— Cleto, meu amigo. Quanto tempo!?

— É verdade! Quanto tempo! E o que...? – interrompeu-se, envergonhado e já arrependido por tê-lo encontrado. Cleto iria perguntar sobre o que ele estava fazendo da vida, mas raciocinou que daria ao amigo o direito de lhe retornar com a mesma pergunta.

Honório estranhou a interrupção abrupta do amigo e, no silêncio de um homem experiente, percebeu que Cleto estava com uma mala na mão e com uma aparência muito desleixada para quem tinha uma esposa como Aparecida. Com isso, captou rapidamente os tremores do antigo amigo. Imediatamente, teve a certeza de que ele estava passando por alguma necessidade. Por isso, fazendo-se de desentendido, lhe disse:

— Eu tenho uma lanchonete um pouquinho mais à frente. Vamos até lá para você conhecê-la. – disse, já o levando pelo braço antes de ser contestado.

Honório foi conversando sobre amenidades com ele e, ao passar pelo jovem mendigo, também o enlaçou e o levou ao seu estabelecimento.

Sua lanchonete era bem decorada, mas sem muita ostentação. Tinha um salão espaçoso, onde ficavam as mesas e um balcão para o atendimento dos clientes. No balcão, estavam expostos doces, salgados e tortas que davam água na boca. Pelo que Cleto percebeu, lá também eram servidas refeições, porque, no mural atrás do balcão, havia fotos bastante sugestivas do que era vendido. Tudo demonstrava que o objetivo era acolher o cliente faminto em um ambiente limpo e agradável.

Naquele momento, o movimento era mínimo. De propósito, Honório pediu para que ele se sentasse em uma das mesas que ficavam mais distantes dos poucos clientes, para poderem conversar, e, pedindo licença, se afastou, levando o rapaz maltrapilho por uma porta lateral.

Demorou um pouco, mas retornou com um lanche que, somente pelo cheiro, fez Cleto sentir o estômago roncar. Ele já estava a um dia inteiro sem nada comer.

— Desculpe-me, meu amigo – disse Honório com um sorriso aberto –, eu nem perguntei se queria lanchar, já que deve ter acabado de tomar o seu café, mas você é meu convidado e quero fazê-lo um cliente frequente.

Honório tinha certeza que Cleto não comia há algum tempo, por isso, para não o intimidar e fazê-lo aceitar o lanche, o dono da lanchonete completou:

— Sei que achou o meu estabelecimento simples, mas depois que provar a nossa comida, nada disso importará – disse Honório, sorridente, apontando para o ambiente.

Ele trazia uma bandeja com uma xícara de café preto quentinho, um pedaço substancioso de empadão de frango, uma cestinha com pães de queijo, uma coxinha de camarão e uma fatia de torta de limão.

Percebi que Honório usou de muita habilidade para não envergonhar Cleto, que, não percebendo o seu ato de caridade, não se fez de rogado. Comeu tudo, enquanto ouvia Honório falar sobre vários outros assuntos.

Cleto, por sua vez, estranhou seu amigo não fazer qualquer questionamento sobre Aparecida e as crianças, ou sobre a sua vida profissional, mas, em silêncio, ficou agradecido por aquele momento. Seu orgulho não aguentaria ter de admitir que ele fracassara em manter a sua família e o emprego.

Quando faltava pouco para Cleto terminar o seu lanche, Honório, de propósito, comentou:

— Poxa, Cleto, como a vida é! Com a minha saída da empresa, nunca mais nos vimos, não foi? Nem as nossas saídas, vez por outra, com as nossas famílias, tivemos a oportunidade de fazer!

— É verdade. Eu só soube de seu afastamento, algumas semanas depois. E, infelizmente, meu amigo, com a desculpa de que estamos sempre ocupados, deixamo-nos levar pelo ritmo frenético do nosso cotidiano, não encontrando tempo para ligar ou para combinar algo.

Essa não era toda a verdade. Na realidade, Cleto ficou muito chateado com Honório, porque ele tinha saído da empresa sem ao menos avisá-lo. Eles se conheceram no trabalho havia alguns anos e, espontaneamente, construíram uma amizade que cresceu dentro e fora do serviço, apesar de Honório ocupar um cargo muito mais importante que ele. Aquela amizade era motivo de muito orgulho para Cleto. Quando soube, no entanto, que Honório tinha saído da empresa, imaginou que o seu silêncio se deu por ter o amigo conseguido um emprego muito melhor e que isso tinha lhe subido à cabeça. Por várias semanas, Cleto ficou esperando um telefonema do amigo com alguma justificativa, que nunca veio. Assim, sentindo-se traído, ele também não o procurou mais. Para não confessar os sentimentos de revolta, inveja e orgulho ferido que, inconscientemente, o motivaram na época, sem nem mesmo fazer a vinculação de que Honório, agora, era dono de uma lanchonete, disse:

— Mas, me diga, onde foi trabalhar? Mudaram para um lugar melhor?

— Ah, meu amigo! Você não soube? Eu estou bem agora, mas não estive sempre assim nesses últimos anos em que não nos vimos. Pelo jeito, você não soube o motivo de eu ter saído, não é?

— É verdade, eu não soube o porquê. Pensei que você tivesse saído por uma oferta melhor de emprego.

— Infelizmente, meu amigo, não foi isso. Na verdade, eu fui demitido.

— Meu Deus, mas por quê?

— Porque eu comecei a me indispor com os meus colegas de trabalho e a empresa entendeu que era eu quem deveria sair.

Cleto, que tinha passado pela mesma situação, tentou consolá-lo, dizendo que a empresa era muito conservadora e que muitos colegas de trabalho eram mesmo extremamente intransigentes...

— Agradeço o seu consolo e amizade, Cleto – interrompeu-o delicadamente –, mas, hoje, eu já consigo enxergar a minha culpa nessa história.

Cleto se admirou.

— Sim – disse ele, convicto –, a culpa foi toda minha. Já de início, eu posso lhe dizer que, se você é o único que pensa de um jeito no meio de muitos, de duas, uma: ou você está errado e deve mudar, ou você está certo e não está mais em sintonia com aqueles que trabalham ou convivem com você, devendo se afastar.

Se, no entanto, você quer se manter onde se encontra, precisa compreender o todo e fazer mudanças no seu modo de pensar e em sua vida. No meu caso, eu estava errado e não quis admitir e mudar o meu comportamento, o que me levou a ter de sair daquele emprego obrigatoriamente.

— Mas você tinha um ótimo cargo, Honório!

— Sim, eu tinha, mas eu não o valorizei, caso contrário, entendendo-o como um elemento de sustento para mim e minha família, que me dava dignidade como um trabalhador honesto, teria pensado bem antes de querer sustentar o meu orgulho e não admitir que também poderia errar.

Cleto ouvia o seu antigo amigo e se sentia nu. Honório estava reforçando tudo o que o entrevistador lhe dissera dias antes. Será que ele estava cego ao achar que não tinha sido o culpado por sua demissão?

Honório continuou:

— Fiquei muito mal quando fui despedido e, claro, no início me senti injustiçado, colocando a culpa em todos da empresa. Eu não liguei para vocês porque estava muito irritado, e depois me senti envergonhado.

Honório parou de falar. Ele sentia que precisava fazer aquela pausa, como a demonstrar a Cleto a intensidade de seus sentimentos quando do seu desligamento da empresa, e até para se justificar, após tão longo tempo, o seu afastamento dos amigos. Poucos segundos depois, continuou:

— O problema é que, se eu tivesse parado aí, ainda estava bom, mas não parei. Eu comecei a beber...

Cleto, que tomava café, engasgou-se. Após as habituais batidinhas nas costas, Honório continuou:

— Você já imaginou, meu amigo, eu bebendo até cair? Minha família ficou arrasada. Muitas vezes, eu não conseguia voltar para casa. Minha mulher e meus filhos tinham de ir, de madrugada, atrás de mim. Agi assim por vários meses, até que minha esposa me deu um ultimato: ou eu parava de beber, ou minha família iria embora.

— E o que você fez?

Honório sorriu, sentido.

— Eu não parei e os afastei de mim. Hoje, para vê-los, tenho de percorrer um longo caminho, porque estão morando em outra cidade; mas para eles quererem me ver, o caminho é muito mais longo, porque os magoei demais.

Cleto não aguentou a história do amigo e, silenciosamente, começou a chorar.

Aurélio e Osmar sorriram. Honório, pela intuição de seu mentor, conseguiu levar para o seu antigo amigo de trabalho o auxílio na exata medida do seu coração bondoso e desprendido do orgulho que humilha. Ele se expôs humildemente e sem reservas, em nome de Jesus.

— O que houve, Cleto?

Cleto levou um pouco de tempo para falar, e iniciou a sua fala bem baixinho, quase murmurando:

— Nunca pensei que o rever pudesse me dar tantas lições. Tenho que confessar que eu pensei tantas coisas ruins quando você saiu da empresa! Pensei que você tivesse conseguido um emprego melhor e não quisesse mais estar junto a amigos tão simplórios como nós. Não o procurei porque estava magoado por você não ter me dito que seria promovido! – Cleto deu uma risada sem graça. – Agora, percebo a dor pela qual passou e que não fui um bom amigo para consolá-lo no momento em que mais precisou de mim.

Honório ia lhe dizer para que não se culpasse, mas Cleto fez um sinal com a mão para que não fosse interrompido, e disse:

— Me deixa continuar, antes que o meu orgulho me impeça de fazê-lo. Se as suas dores o fizeram beber, as minhas me levaram pelo mesmo caminho.

Honório ficou surpreso e muito entristecido com aquela notícia. Ele adorava os filhos de Cleto e, por um bom tempo, os acompanhou em seu crescimento. Mas ele não poderia alimentar aquela dor, porque não ajudaria em nada o seu amigo. Aguardou Cleto desabafar toda a sua angústia.

— Senti que o meu chão tinha se aberto e um bem meu, extremamente precioso, tinha sido consumido pela terra. Depois disso, fui só piorando. Perdi o meu emprego, agredi a minha esposa e a minha filha, obrigando minha família a não mais me aceitar em casa enquanto eu não procurasse ajuda.

Até agora, Honório, eu achava que a culpa era da empresa que, depois de tantos anos, não valorizou o empregado que eu fui e não me deu razão. Te ouvindo, percebo o meu erro, chegando atrasado, bêbado e brigando com todos. É tudo muito vergonhoso para mim!

— Que bom que você já está pensando assim, Cleto. Reconhecer-se no erro é um passo valioso para mudanças verdadeiras em sua vida. Enquanto você se iludia, nada fazia para mudar. Nós, que bebemos sem freios, precisamos ficar atentos às emoções que nos inundam, porque qualquer motivo é desculpa para bebermos.

— Mas, o meu motivo foi justo, Honório. Meu filho Marcos, lembra-se dele? Ele se matou.

Honório sentiu uma pontada no coração, mas esforçou-se por ouvir mais um pouco o amigo antes de dizer qualquer coisa.

— Eu fico me lembrando dele pendurado, sem vida, na minha garagem, e o meu coração sangra.

— Meu amigo, quem sou eu para dizer que isso não é grave? Claro que é, mas é tão grave a ponto de você colocar uma corda no pescoço de seus outros filhos, no de sua esposa e no seu próprio, e chutar o banco que os sustenta?

— Claro que não!

— Então, não faça essa opção de uma maneira atravessada. Você pode estar se matando e matando o amor daqueles que se importam com você.

Isso doeu muito em Cleto, apesar de ser tudo verdade!

— Honório, mas você está bem agora! É dono desta lanchonete e parece sóbrio.

— Mas não foi sempre assim. No início, quando minha família me abandonou, eu não me importava com mais nada e acabava dormindo mais na rua do que em casa, porque não queria voltar para lá e nem encontrar com mais ninguém.

— Então, o que aconteceu para você se reerguer?

— Em uma noite quente, eu estava dormindo em um banco na praça, abraçado a uma garrafa, quando fui acordado por um homem que veio a mim perguntando se eu não estava com fome. Eu disse que sim. Ele, então, pegou um sanduíche de mortadela que estava em seu bolso e me entregou, sentando-se ao meu lado. Você sabe que eu adoro sanduíche de mortadela, né? Enquanto eu comia, ele me perguntou onde estava a minha família. Eu disse que ela tinha ido embora, porque não me aguentava mais. Comecei a falar mal de todos, dizendo que eles não compreendiam a minha dor. Naquele momento, ele se levantou e disse que voltaria no dia seguinte. E foi embora!

— Como? Assim, do nada?

— Pois é. Achei que ele era doido. Mas, no dia seguinte, ele voltou! Trouxe-me uma marmita de lasanha. Fiquei surpreendido, porque eu também adoro lasanha! Ele começou a perguntar sobre o que eu fazia antes, minha profissão, e eu fui respondendo, até que comecei a reclamar de novo, só que agora do serviço. Ele, de novo, do nada, se levantou, dizendo que voltaria no dia seguinte.

— Ele era doido?

— Foi o que eu também achei, Cleto, só que ele voltou nos dias seguintes. Naquele meio tempo, eu lembrei que ainda tinha uma casa para morar. Ainda bebia, mas, porque eu queria ir para casa, tomar banho e voltar àquela praça para falar com aquele estranho, conseguia colocar um certo limite. Ele me trazia uma sensação familiar e sentia nele uma pessoa com quem eu poderia conversar por toda a vida, ainda mais porque todo mundo tinha me abandonado.

Nos primeiros dias, ele me perguntava sobre a minha vida, falava da dele e, do nada, ele simplesmente se levantava e dizia que voltaria no dia seguinte. Cleto, por incrível que pareça, eu levei um tempão para entender que ele se levantava sempre que eu começava a reclamar de alguma coisa. Quando eu percebi isso, me policiei e não reclamei de mais nada.

Com um sorriso provocado pela lembrança, Honório completou:

— Esse dia foi muito especial para mim, porque, depois de tanto tempo, foi o dia em que eu menos bebi e a noite que nós dois mais conversamos.

— Que história incrível, Honório! Mas, quem era ele?

— Ele foi o meu melhor amigo da juventude! Para a minha vergonha, eu não o reconheci. Nos afastamos porque ele teve de mudar de cidade com a família. Ficamos anos sem nos ver, mas conversávamos por carta até que... eu parei de lhe escrever quando perdi o emprego. Não queria admitir para ele a minha derrota. Minha família se mudou para a mesma cidade em que ele morava e, por coincidência, ele frequentava o mesmo supermercado que eles. Quando ele os viu a primeira vez, sabia que os conhecia, mas não sabia de onde. Até que se lembrou da foto que eu havia mandado para ele em uma das minhas últimas cartas. Ele se muniu de coragem para abordar a minha esposa e perguntar por mim. Ela não o conhecia, mas ele mostrou a foto que eu lhe enviei. Ela então comentou sobre o que tinha acontecido conosco. Por coincidência, ele estava se mudando para cá novamente, e, sabendo do meu destino, colheu dela todas as informações que pôde sobre mim e minhas bebedeiras e, quando chegou, conseguiu me achar e me ajudar a me sentir um ser humano de novo. Hoje, ele é o meu padrinho no AA.

Cleto ficou em silêncio. Ele estava pensando sobre como Honório teve sorte de ter um amigo tão fiel. Antes mesmo de ele continuar com os seus pensamentos, Honório lhe falou:

— Bem, agora que já terminou o seu café, quero mostrar a você as dependências internas de minha lanchonete.

Eles então se levantaram e Honório apresentou um a um dos seus funcionários a Cleto. Ele pôde ver a felicidade de cada empregado daquele estabelecimento. Eles eram todos gentis e hábeis.

Quando Cleto entrou na cozinha, percebeu que aquele jovem mendigo que estava lá fora conversando com Honório tinha tomado banho, feito a barba e colocado uma camisa da lanchonete. Ele estava varrendo o chão com o mesmo sorriso dos demais.

Eu olhei para Honório com um ar de interrogação e ele me respondeu:

— Ele vivia nas ruas, sem perspectiva de conseguir um emprego e de se sentir um ser humano. Eu precisava de um faxineiro, então o contratei.

— Mas, assim, tão rápido?

— Da mesma forma, vejo que Deus continua a me abençoar rapidamente, porque estava atrás de um comprador para a minha empresa e você está aqui. No início, eu o ajudaria com as compras dos alimentos que usamos para fazer as refeições, salgadinhos e doces que vendemos. Talvez você sinta certa dificuldade, porque é necessário acordar muito cedo todos os dias para comprar os produtos frescos na feira, fazer cotações e buscar o material em vários pontos da cidade. Sei que o que lhe ofereço não se compara com o que você fazia em seu último emprego, porque lá você lidava com muitos milhares de reais, mas eu pagarei um salário justo e você estaria me ajudando, porque estou ficando realmente um pouco cansado desse ritmo, todos os dias, por tantos anos.

Sem pensar, Cleto respondeu:

— Eu não posso aceitar...

— ... a minha esmola? – perguntou Honório, terminando a frase de Cleto.

— Não, não é isso!

— Claro que não é. Eu realmente estou muito cansado de fazer tudo isso sozinho. Acredito que, se você se dedicar, poderá me substituir nessa função. Além do mais, preciso retomar os laços com os meus filhos, que permiti que fossem afrouxados, e por isso preciso de alguém de confiança para essa função. Se der certo, talvez eu até possa viajar por um período maior, sem me preocupar com a lanchonete. Ainda existe um outro contratempo. Não sei onde você está morando ou vai morar, mas, no início, como sei que o horário que você terá de acordar é muito cedo, eu recomendo que durma em um dos quartos vagos que tenho nos fundos, porque eu vou à feira por volta das quatro da manhã. Assim, eu teria de passar aqui para pegá-lo por volta das três e meia. O que me diz?

Cleto estava reticente. Parecia tudo muito bom, mas, no fundo, ele não queria ser alvo da caridade de ninguém. Ao mesmo tempo, pensava, como poderia ele recusar um emprego e um lugar para dormir neste momento? Honório descrevera o quanto o seu orgulho o havia prejudicado, será que Cleto deveria escutar o dele?

Enquanto isso, o seu mentor tentava levar a Cleto o sentimento de gratidão e de valorização da atitude do amigo, enquanto os capangas de Beto tentavam inflar o seu orgulho, convencendo-o de que tudo aquilo era muita humilhação.

Cleto estava quase recusando, quando Honório o surpreendeu:

— Ah! Seja qual for a resposta que me der, eu gostaria de lhe fazer um convite. Por coincidência, hoje, eu faço oito anos de sobriedade e teremos uma humilde comemoração à noite. Gostaria que você participasse de minha festa como alguém da minha família.

Como se estivesse se lembrando de todos aqueles anos passados, com um suspiro triste, finalizou:

— Pensei que, se você for, finalmente terei alguém da minha família para comemorar comigo.

Cleto se rendeu e aceitou ambos os convites.

Os capangas de Beto urraram de raiva com a derrota de seus planos.

— Como é bonito vermos pessoas que tentam colocar em prática os ensinamentos de Jesus – disse o mentor de Honório. Esse meu amigo é um trabalhador assíduo da seara cristã, porque tem a caridade como o seu instrumento de vida. Todos os seus empregados tiveram uma triste história de desamparo e desilusão. Agora, todos eles são gratos por se sentirem dignos com esse emprego. Alguns já saíram para melhores oportunidades, tendo sempre em suas orações esse humilde protetor que entrou em suas vidas quando a desesperança se fazia insuportável.

Em uma ação natural, os três espíritos oraram pelos seus amigos encarnados, porque uma nova etapa estava se iniciando na vida desses irmãos em Cristo.

✻ ✻ ✻

Os capangas voltaram para o abrigo, para atualizar Beto sobre Cleto.

Quando lá chegaram e lhe deram a má notícia, perceberam que Beto estava estranho. Ele não teve qualquer reação de ira ou revolta.

Quando lhe perguntaram o que havia acontecido, Beto lhes confessou que comunicou ao chefe deles que iria entregar o cargo, alegando não ser competente o suficiente para planejar e liderar o grupo.

Boca, sem saber bem o que fazer, disse:

— Mas você sabe o que o Grande Chefe fará com você quando souber disso! Ele disse que se falhássemos teríamos o mesmo destino de Jefferson.

— Eu sei disso. Eu sei. E é por isso que eu vou me entregar. Se a falha é minha, somente eu serei castigado e vocês poderão ficar bem.

— Você está falando igualzinho ao Jefferson – disse Firmino.

— Bem, eu não estive com os *da luz*, mas tenho que admitir que gostaria de saber o que aconteceu com Jefferson. Se ele foi resgatado para a liberdade ou se ele foi preso por eles, talvez tenha tido um destino melhor do que lhe deram as lideranças de nossa organização. Eu fiquei triste por ele, porque era um grande líder e um bom amigo para mim.

Boca e Firmino também tinham uma grande admiração por mim. Mas eles precisariam de um pouco mais de tempo para compreender o que Beto já estava aceitando como verdade. De qualquer forma, Aurélio, que tinha ido atrás deles, levou a Beto um pensamento: — "Deixem-me contar a vocês o que aconteceu comigo e, se quiserem, posso até ajudá-los a sair dessa situação também. Conheci pessoas especiais que nos esclarecem sobre todas as mentiras que nos são contadas desde quando desencarnamos. Eles nos permitem acessar verdades que nos libertam dessa vida de escravidão". — "Foi o que Jefferson nos disse no dia que voltou" – pensou Beto. Talvez eu possa fazer isso por eles também.

E, em seguida, falou em voz alta:

— Quando Jefferson voltou, ele nos disse que tudo o que escutamos da nossa organização era mentira, e talvez ele esteja certo. Eu não me sinto mais disposto a continuar lutando nas batalhas alheias. Eu também não quero mais a ruína daqueles que perseguimos, como não quero a ruína de vocês. Por isso, me entregarei ao meu destino e desejo que vocês, se não estiverem satisfeitos, também busquem as verdades que os libertarão dessa vida de pura tristeza e escravidão.

— Por que vocês dois estão escutando esse traidor? Prendam-no logo! – afirmou categórico o chefe imediato de Beto, que tinha chegado ao recinto e escutou as suas últimas palavras.

Rapidamente, por terem sido pegos de surpresa, ou por puro medo, Boca e Firmino agarraram Beto e o imobilizaram.

O capanga do Grande Chefe estava com um sorriso disfarçado diante da ruína de Beto, mas Firmino e Boca não estavam tão satisfeitos.

Capítulo 63

Somente na manhã do domingo é que o telefone toca na casa de Rodrigo. Ele vai correndo atender e escuta Antônio dizendo que Guilherme tinha sido resgatado. Na noite anterior, ao sair do depósito, a polícia foi até o imóvel onde aquele jovem traficante deixara Guilherme. Lá também estavam mais dois traficantes.

Quando Guilherme percebeu que estava sendo resgatado, chorou muito. Estava assustado com toda a movimentação provocada pela presença da polícia, que surpreendeu a todos, não dando tempo de utilizarem-no como refém para se protegerem. Alguns tiros foram dados, mas percebendo que não adiantava lutar contra uma tropa inteira, os bandidos se renderam.

De lá mesmo, em plena madrugada, ligaram para os pais de Guilherme para os tranquilizar e deixaram que ele mesmo contasse sobre o sucesso de seu resgate. Guilherme só falava que os amava muito e queria voltar logo para casa.

Antes de eles saírem, no entanto, o delegado questionou sobre o corpo carbonizado que acharam no quintal. Guilherme, ainda muito abalado, disse que viu quando aqueles homens queimaram o amigo vivo naqueles pneus.

O delegado decidiu levá-lo diretamente para casa, dizendo que na segunda-feira ele precisava se apresentar na delegacia para conversarem sobre todo o ocorrido. Guilherme prometeu que iria.

Enquanto ainda estavam no carro, Guilherme quis saber como a polícia descobriu que ele tinha sido levado pelos traficantes. O próprio delegado lhe falou da sorte que ele tinha de ter um amigo que os ajudou a encontrá-lo. O delegado não disse quem era, para proteger a sua fonte, mas Guilherme rapidamente pensou em Antônio.

— Logo quando ele soube que você estava sumido, foi atrás de notícias suas e descobriu sobre o seu sequestro. Veio até nós com as informações que conseguiu, informações essas que foram imprescindíveis para chegarmos a tempo de você não ser executado porque, em nenhum momento, os sequestradores ligaram para os seus pais pedindo resgate. A intenção deles era matá-lo, meu jovem.

Guilherme estava sentado na parte de trás da viatura, e, olhando para fora, pensava que Deus tinha lhe dado uma segunda chance. Ele não era muito de rezar, mas depois que o enfermeiro foi queimado vivo na sua frente, passou a agradecer e desejar mais a vida.

Guilherme se surpreendeu com a atitude do enfermeiro, que poderia ter dito logo o que eles queriam ouvir para pararem com a tortura, mas ele sustentou a verdade de que Guilherme era um simples viciado, que tinha sido aliciado há poucos meses, e que nada sabia sobre a operação.

Guilherme não conseguia esquecer aquele último olhar para ele do seu recrutador, como que lhe pedindo desculpas.

✻✻✻

No domingo, pela manhã, Guilherme recebeu a visita de um amigo médico, que foi chamado pelos seus pais para avaliá-lo e medicá-lo. Claro que ele teve muita dificuldade para dormir, porque, ao fechar os olhos, todas as imagens traumáticas do sequestro e das torturas sofridas pelo enfermeiro o sufocavam, fazendo-o acordar aos gritos.

Após o café da manhã, no banho de imersão preparado por sua mãe, Guilherme pensava que até aquele momento ele só havia vivido, mas não valorizava nada do que possuía. Uma mostra disso era que ele estava se matando, pouco a pouco, consumido aquelas drogas. Ele também não tinha noção do quanto amava os seus pais, que tudo faziam por ele, enquanto ele, até poucos dias atrás, só pensava em enganá-los.

Quanto a Antônio, que certamente o tinha salvado, Guilherme estava tramando acabar com a sua felicidade por pura inveja. — "Meu Deus! – pensava. – Que lição o Senhor me deu! Eu iria prejudicar um amigo que fez de tudo para me salvar! E mesmo eu não me importando com ninguém, porque somente queria enriquecer vendendo as minhas drogas, o Senhor me deu essa segunda chance. Será que o Senhor me quer vivo para alguma coisa, por alguma razão?"

Ouviu a campainha tocar e teve um sobressalto. O seu coração disparou e ele teve uma forte sensação de sufocamento. Parecia que a qualquer minuto iria ouvir disparos, gritos de dor e o tremular do fogo... Mas, enfim, a sua mãe veio até a porta e lhe disse calmamente:

— Guilherme, Antônio e mais dois amigos seus estão lá embaixo. Eles disseram que voltam depois, se você quiser descansar.

Com dificuldade, ele lhe disse:

— Não, mãe, eu quero vê-los. Peça que me aguardem um pouquinho.

Guilherme queria ver Antônio e agradecer pela sua amizade. Arrumou-se com a rapidez que as suas dores permitiam. Por ter ficado com as mãos amarradas para trás e em posição desconfortável por todo o tempo do cativeiro, por tanta ansiedade e tensão, todo o seu corpo estava dolorido.

Ele desceu e se surpreendeu com a presença de Dalva e Rodrigo. Eles estavam com um sorriso amável no rosto quando ele entrou na sala.

— Olá, meus amigos!

— Guilherme, que bom que você está bem! – Antônio lhe falou, indo abraçá-lo.

— Sim, Antônio, eu estou bem, graças a você.

— O que é isso, Guilherme? – disse, pensando em como ele descobrira. – A polícia iria achá-lo, com ou sem a minha ajuda.

— Não, Antônio. Você não entende. Eles iriam me matar tão logo chegassem. Eu só não fui morto antes, porque eles tiveram um contratempo que os fez sair rapidamente, me deixando trancado lá naquele inferno. Eu não consigo tirar da minha cabeça o que eles fizeram com o outro rapaz que estava lá! Meu Deus! Foi horrível!

Guilherme começou a chorar.

— Não imagino o quanto deve ter sido terrível – disse Rodrigo. – Mas, graças a Deus, você está bem. Acho que Ele acredita que você ainda pode fazer muita coisa boa nesta vida!

— Você também acha isso? Enquanto eu estava naquele cativeiro, eu pensei muito sobre a minha vida. Não sei o que me aguarda, mas eu quero mudar. Pensei muito em Antônio quando me dizia, com suas palavras, que ele queria deixar a sua vida anterior para trás e construir coisas novas e boas. Eu achava que ele estava sendo muito chato e, agora, percebo o quanto eu estava enganado.

— Não fale assim, Guilherme – disse Dalva. Você teve a oportunidade de aprender com essa experiência, então não se fixe mais no passado, somente aprenda com ele. Leve todas as conclusões que tirou disso tudo e viva a vida com mais liberdade.

Antônio teve um sobressalto, que foi percebido por todos.

— O que aconteceu, Antônio? – quis saber Guilherme.

— O delegado desconfia que você estivesse traficando drogas no momento do seu sequestro.

Guilherme sentiu uma pontada na boca de seu estômago. — "Se ele sabia, por que não me prendeu logo?" – pensou, e disse em seguida:

— Ele me pediu para ir amanhã à delegacia...

— Sim, é muito importante que você preste o seu depoimento, Guilherme. Como ele poderá prender os homens que o sequestraram, se você não contar tudo o que sabe?

— É verdade – disse ele, pensativo.

Depois, devagar, continuou:

— Se é para eu ser preso, que seja. Deus me protegeu naquele lugar, e se foi para que eu seja preso para aprender de vez esta lição, eu irei.

Os meninos ficaram ali com ele, dando-lhe o apoio que Guilherme precisava por mais um pouco, até que perceberam que ele estava ficando bastante sonolento, possivelmente por ter sido medicado.

Ao saírem, a mãe o levou para a cama, dando-lhe o seu carinho até que ele dormisse.

≋ ≋ ≋

Aurélio me chamou e disse que eu estava liberado daquela missão.

Porém, eu lhe falei:

— Mas, Aurélio, ele ainda pode ser preso. Não deveríamos ajudá-lo?

— Precisamos confiar em Jesus, Jefferson. Todas as ações de Guilherme foram escolhidas por ele, tenham elas sido boas ou não. Agora, todas as consequências serão vividas com as bênçãos da Sabedoria Divina. Jamais nos esqueçamos de que tudo existe com um único fim: crescermos no aprendizado. Além do mais, meu amigo, agora é Beto quem necessita de você. Ele tomou a decisão de se entregar ao Grande Chefe porque percebeu que eles não conseguiriam atingir a meta exigida. Ele viu que eles estavam falhando naquela missão e todos seriam castigados por isso. Antes que o pior acontecesse, ele tomou a iniciativa de se responsabilizar pelos erros cometidos e já foi preso.

Eu levei um susto. Estava tão concentrado em cumprir a missão de resgate de Guilherme, que me esqueci de que o meu antigo grupo estava se desmantelando de forma desastrosa. Fiquei preocupado, mas Aurélio logo me falou:

— Jefferson, o que eu disse sobre Guilherme, reafirmo sobre Beto. Não se esqueça de que nenhum de nós vive sem estar resguardado pelas bênçãos do Altíssimo. Tudo que nos acontece é para nos fazer aprender e crescer. Somente por teimosia é que nós demoramos a captar o aprendizado.

Novamente, eu me lembrei de meus martírios. Lembrei-me de sentir Jesus em mim, através da presença de meus amigos, jamais me abandonando, jamais me deixando só, me tranquilizando o espírito. Acredito que seria a hora de ser o amigo que Beto precisava.

Aurélio, lendo os meus pensamentos, orientou:

— Estaremos com você neste momento tão especial para Beto. Glauco, Lúcia e eu vamos auxiliá-lo. Por enquanto, leve Glauco com você e o escute, para que você não atrapalhe, por impulso, a absorção do aprendizado de Beto.

Eu olhei para Glauco e agradeci, em prece silenciosa, por ele estar comigo.

Capítulo 64

Guilherme acordou bem-disposto na segunda-feira. Ainda sentia o corpo todo doer, estava ainda muito pálido, com roxos e arranhados pela face e pelo corpo, mas estava vivo, e era isso o que mais importava.

Levantou-se, foi ao banheiro e se encarou no espelho. Queria acumular toda a coragem para enfrentar aquele dia, determinado a se tornar alguém melhor. Para isso, precisava contar aos seus pais tudo o que tinha realmente acontecido.

Guilherme sabia que confessar para eles não seria fácil, mas ele precisava começar aquela sua nova etapa sem mentiras. Precisava arcar com as responsabilidades e, caso fosse preso, queria que seus pais estivessem com ele. Antônio sempre o alertou que os seus pais só voltariam a confiar nele se contasse sempre a verdade. Então era o que ele iria fazer.

O seu mentor, ao seu lado, emanava forças para ele seguir em frente.

Quando ele chegou à cozinha, foi recepcionado com um abraço carinhoso de seus pais, que já estavam tomando o café da manhã.

Ele estava pensando em como iniciar a conversa, quando a sua mãe falou:

— Filho, que horas nós poderemos levá-lo à delegacia? O delegado pediu que fosse hoje ainda, porque ele precisa pegar o seu depoimento e tomar algumas outras providências.

Guilherme não pôde deixar de sentir medo e pensou: — "Essas outras providências seriam me prender."

Tomando coragem, então disse:

— Antes de irmos, preciso contar muitas coisas para vocês, pois não quero que saibam a verdade por ninguém além de mim.

Guilherme foi com os pais até o sofá e começou sua narrativa, falando-lhes sobre tudo o que ele já tinha aprontado. Falou sobre as drogas, de como ele havia iniciado o seu processo de viciação quando mais novo e que, em razão do aliciamento do enfermeiro naquela clínica, bem como pela sua própria falta de vontade, ele não havia conseguido se recuperar.

Falou também sobre o tráfico dos entorpecentes e como ele os enganava para que confiassem nele.

Contou que usava da confiança que eles tinham em Antônio para conseguir sair de casa e se aproximar dos amigos e vender as drogas para eles. Contou também que Antônio, quando soube o que ele estava aprontando, o repreendeu severamente, e essa era a razão pela qual não aceitava mais sair com ele. E apesar de tudo o que ele tinha aprontado para o amigo, tinha sido Antônio quem havia conseguido salvá-lo da morte, por meio de sua própria investigação sobre o seu paradeiro.

Contou com detalhes sobre a morte do enfermeiro, do terror que sentiu ao ver que ele seria o próximo, e que nunca mais sentiria os braços de seus pais o tranquilizando em seus momentos de dor.

Sua mãe estava chorando, profundamente abalada. Estava de mãos dadas com o seu marido, que, como ela, estava muito sensibilizado com cada uma das revelações do filho.

Ao final da história, Guilherme falou que achava que seria preso quando fosse à delegacia, mas que ele não fugiria das consequências de seus atos. Ele reconhecia que cometera um crime e sabia que tinha de pagar por ele.

Os seus pais, sem nada falar, o abraçaram com muito orgulho, mas com muito pesar, ao perceberem que o filho precisou passar por um momento extremamente traumático para se enxergar e agir como um homem responsável e correto.

Depois de fortalecidos pelos abraços, mas sem conseguir tomar o café da manhã, pela ansiedade que sentia, Guilherme sugeriu irem para a delegacia, pois, se era para passar por aquilo, que fosse logo.

⁕ ⁕ ⁕

Quando chegaram à delegacia, foram recepcionados pelo escrivão, que logo parabenizou os pais por terem encontrado o filho bem e com vida. Os pais agradeceram tudo o que aquela corporação tinha feito para recuperar Guilherme e disse que nenhuma recompensa seria bastante para pagar o retorno de seu filho vivo.

O escrivão pediu que aguardassem um pouco e foi avisar ao delegado que a família já havia chegado. Este os mandou entrar em uma sala de interrogatório, e o escrivão, logo atrás, sentando-se ao computador, veio registrar o depoimento de Guilherme.

O delegado encarregado do inquérito iniciou o interrogatório, fazendo todas as perguntas que seriam condizentes com o crime de sequestro e cárcere privado, e Guilherme respondia tudo com a maior clareza que conseguia. Apontou, por meio de fotos, quem tinham sido os homens que o levaram e os que diretamente assassinaram o rapaz enfermeiro. Quando soube que o chefe da quadrilha tinha sido morto, Guilherme sentiu-se aliviado, quase alegre e vingado. Mas, lembrando-se do último olhar do enfermeiro lhe pedindo desculpas, Guilherme percebeu que, mesmo errando, todos temos algo bom em nós, e, sentindo-se culpado, no silêncio de seu coração, pediu perdão a Deus por ter ficado feliz com a morte do traficante.

Quando o delegado se sentiu satisfeito com o depoimento de Guilherme, pediu para que o escrivão imprimisse e colhesse a assinatura do depoente, na presença de seus pais.

Enquanto isso, o delegado continuou fazendo inúmeras perguntas sobre a vida de Guilherme e como ele tinha se envolvido com o comércio de entorpecentes. Vez por outra, Guilherme olhava para os seus pais, mas nada escondia.

— Você, então, tem noção de que foi sequestrado, colocado em cárcere privado e até ameaçado de morte porque estava vendendo drogas, não é?

— Sim, doutor, foi o que eles me disseram.

— Também sabe que a vítima de homicídio que encontramos no local, o tal Enfermeiro, foi morta porque estava concorrendo com os negócios daquele pessoal?

— Sim, doutor – ele respondeu, emocionado.

— Também sabe que vender drogas é ilegal?

— Sim. Mas confesso que, quando aceitei vendê-las, isso não me passou pela cabeça. Melhor, sabia que era ilegal, mas não pensei nas consequências desse ato, da mesma forma que não pensei que poderia ter alguém que já comandava aquela área onde eu vendia!

O delegado respirou fundo e se recostou na cadeira, como se estivesse pensando. Guilherme, achando que ele poderia não estar acreditando em suas palavras, disse:

— Doutor, eu sei que não sou digno de confiança, mas eu estou falando a verdade. Eu não estou dizendo isso para me safar da prisão. Veja, nem advogado nós trouxemos, estamos aqui de cara limpa.

Desde cedo, eu já tinha falado com os meus pais que iria arcar com as consequências de meus atos e que, mesmo se fosse preso, eu não desistiria de seguir por um caminho melhor quando saísse. Depois do que eu passei, não quero desperdiçar a bênçao que Deus me deu ao me salvar.

A sua mãe soluçou e o seu pai também ficou emocionado. O delegado sorriu de sua frase inocente, mas também por perceber que ele estava se tornando um homem, ali, na sua frente.

— Bem, o fato é o seguinte: como Guilherme tem apenas dezessete anos e é menor de idade, o seu ato deixa de ser crime e passa a ser um ato infracional. Não foi preso em flagrante e tampouco apreendemos as drogas que ele disse que comercializava.

Por isso, Guilherme, acho que Deus não só salvou a sua vida, mas também está poupando você, lhe concedendo a sua liberdade. Não tenho como instaurar qualquer inquérito contra você e, portanto, não será preso por isso. Mas, digo uma coisa, meu jovem, estarei de olho em você a partir de agora, e espero que não me dê qualquer motivo para fazê-lo apodrecer na cadeia.

Guilherme e seus pais se abraçaram, comovidos.

Depois de tudo assinado, o delegado finalizou:

— Guilherme, não perca essa postura que resolveu adotar na sua vida. Não há nada mais nobre do que vivermos com a consciência limpa. Ontem, salvei um garoto, hoje, porém, eu o vejo renascer como um homem.

Guilherme e seus pais secaram as lágrimas e saíram dali com o intuito de atender aos conselhos daquele bom delegado.

Capítulo 65

Para quem estava trabalhando para Honório há tão pouco tempo, Cleto estava se saindo muito bem. Usava a sua experiência, negociava ótimos preços e, num curto espaço de tempo, já tinha conseguido a indicação de melhores fornecedores para o estabelecimento.

Cleto estava feliz com a oportunidade dada por Honório, porém, o mais importante era que ele tinha ingressado no AA.

Quando foi com Honório em sua festa de comemoração de sobriedade, teve a oportunidade de conversar com vários integrantes que, juntamente com o amigo, o fizeram ver que frequentar o grupo, fazer parte dele, não era um ato de fraqueza, muito pelo contrário, era ser forte para enfrentar dificuldades e superá-las, em benefício de si mesmo e de todos que os amavam.

— Só por hoje! – diziam.

Cleto percebeu que, na primeira vez que frequentou o AA, não havia conseguido atingir esse entendimento.

Entre alguns rostos familiares daquele tempo e outros novos, Cleto agora foi se sentindo mais à vontade. Dessa vez, gostou muito do companheirismo do grupo e pediu para acompanhar Honório na reunião seguinte. Desde então, ele se encontrava sóbrio. Sofreu nos primeiros dias, inclusive com os tremores da abstinência, mas estava conseguindo se superar dia a dia.

Seus pensamentos foram interrompidos quando Cleto escutou uma voz conhecida atrás de si a chamá-lo:

— Cleto?! É você mesmo?

Ele se voltou e sorriu ao ver quem o chamava.

— Oi, Aparecida. Como vai você? E as crianças, como estão?

Apesar de um pouco constrangido, os seus olhos pousaram na esposa e veio a certeza do quanto ainda a amava. Sentia a sua falta, e a de seus filhos também. Engraçado como os filhos nunca crescem para os pais. Eles já eram adolescentes, mas nunca deixariam de ser as suas crianças.

— Estamos muito bem, Cleto. E você, o que está fazendo por aqui?

— Eu estou trabalhando. Vim aqui para conhecer esse fornecedor e analisar se vale a pena tê-lo como nosso parceiro de negócios.

Aparecida ficou emocionada. Parecia o seu marido de anos atrás. Determinado, profissional, dedicado. Ela o olhava e percebia que ele estava bem melhor. O seu semblante estava bem mais tranquilo e atento ao rosto dela. Ele não tirava os olhos de Aparecida.

— Eu... estava pensando em ir visitá-los um dia desses, mas... – ele parou, com receio de ela se negar a recebê-lo.

— Seria ótimo que você viesse – ela se apressou em incentivá-lo.

— Posso?

— Sim.

Eles pareciam dois adolescentes que não sabiam o que dizer, nem o que fazer, mas não queriam perder a oportunidade de ficar juntos.

— Poderia ser amanhã, à tardinha?

Aparecida aceitou na hora. Como ela estava com pressa e ele trabalhando, não podiam mais conversar, então se despediram. Quando Aparecida se afastou, Cleto ficou a olhá-la, dizendo consigo: — "Se ela olhar para trás, ela ainda me ama."

Antes de sair do estabelecimento, ela se voltou e lhe deu um sorriso.

❅ ❅ ❅

Ao final da tarde, Cleto chegou à lanchonete radiante. Honório percebeu imediatamente que algo bom tinha acontecido, mas aguardou o amigo lhe contar, se assim o desejasse. Honório sabia, já havia sentido na pele, as dificuldades e inseguranças que um alcoólatra sente, e tentava dar ao amigo espaço e apoio para que ele superasse a fase difícil pela qual estava passando.

Cleto não demorou muito para contar o seu encontro com Aparecida.

— Mas é uma notícia muito boa, Cleto. Olha, não perca esta oportunidade, pois tenho certeza que isso será o início de seu retorno ao lar.

Cleto, no entanto, ficou triste e cabisbaixo.

— E se eu colocar tudo a perder, Honório?

— Isso não vai acontecer, meu amigo. Enquanto você souber o que quer, não haverá quedas, somente conquistas verdadeiras em sua postura e caráter.

Ambos se abraçaram e continuaram a trabalhar.

※ ※ ※

Aparecida chegou em casa esperançosa. Ao vê-la, os filhos perceberam algo diferente e quiseram saber o que aconteceu. Ela resumiu o encontro e, como uma mocinha que fala de um futuro namorado, disse que eles combinaram a visita para o dia seguinte.

De repente, ela faz uma cara de decepção, que leva os filhos a perguntarem:

— O que houve, mãe?

— Eu me esqueci de pedir o novo celular dele!

Os jovens riram do esquecimento da mãe. Perceberam o quanto ela amava o seu pai e que, para ela, deveria estar sendo muito difícil estar separada dele.

Capítulo 66

Beto já estava na prisão há algum tempo.

O Grande Chefe sabia que ele não era tão forte quanto eu e queria que todos vissem o medo que ele viu nos seus olhos quando fez as ameaças de praxe. Por isso, determinou a falta do que comer ou beber para enfraquecê-lo.

Apesar da sua fragilidade, Beto mantinha-se firme. Queria acreditar que não estava só. Queria acreditar que eu estava a velá-lo, como prometi, mesmo que ele não pudesse me ver ao seu lado.

Aurélio veio até nós. Disse que o Grande Chefe iria castigar Beto no dia seguinte e que precisávamos fortalecê-lo em sua fé.

Fomos à sua cela e eu, como das vezes anteriores, o intuí para que ele pudesse abrir o seu coração numa singela oração. Precisávamos que ele se colocasse em sintonia com as energias sublimes de amor do Pai, para que o arrependimento se fizesse em seu coração.

Foi assim que, com a graça de Jesus, Beto me seguiu e, depois, continuou com uma fervorosa prece, suplicando amparo para que não desistisse de seu novo ideal de vida. Sabia que tinha errado, mas somente ali, sozinho, pôde perceber o quanto havia prejudicado a tantos que influenciou. Viu passar, como num filme, as maldades que praticou, e o seu coração ficou pequeno. Lembrou-se da minha fala sobre os raios do sol. Se ele tivesse entendido o meu conselho, jamais teria me entregado ao Grande Chefe. Eu também fui uma de suas vítimas.

— Perdoe-me, Jefferson. Perdoe esse seu mano, irmão, brother, que, por temer sofrer, não impediu o seu suplício. Agora sou eu que estou aqui e, ao contrário de você, tenho medo! – dizia Beto, sentindo as lágrimas e uma dor lancinante vinda do arrependimento sentido.

Eu não conseguia impedir minhas lágrimas de caírem. A sua dor era a minha dor também.

Aurélio, percebendo nossa íntima ligação, e para me fazer buscar o meu equilíbrio, disse:

— Não podemos ajudar, seja quem for, nos desestruturando dessa maneira, Jefferson. Ele está se conscientizando de seus atos, da mesma forma que você também precisou passar por esse processo.

E, veja, ele está indo tão rápido quanto você. Então abra um sorriso de gratidão pela conquista amorosa de seu irmão. Ele está se reencontrando como filho de Deus.

Beto pedia em seus pensamentos que tivesse forças para superar aquele momento de sua trajetória, porque para ele era bem difícil estar ali. De repente, ele, profundamente interiorizado, solicitou com humildade: — "Meu Deus, se eu ainda puder pedir algo por mim, que eu receba a visita de algum amigo de Jefferson, para que ele me ensine as verdades que eu desconheço e, assim, fique forte para não se abater diante de tamanha dor."

Nesta nova vibração, da mesma forma que fez comigo, Aurélio deixou-se ver por Beto, com toda a sua luz majestosa.

— Olá, Beto.

— Eu conheço você! – disse Beto, entre lágrimas, lançando-se nos braços de Aurélio como uma criança que precisa de amparo. – Sim, eu conheço você!

— Sim, meu querido, você me conhece, e é com muita saudade que o tenho agora em meu abraço, depois de tanto tempo e de tantas escolhas que o afastaram de mim.

Eu, invisível aos olhos de Beto, fiquei impressionado. Aurélio o conhecia e, pelo que via, o amava profundamente, tanto quanto eu.

Imaginei, agora que as coisas estavam ficando cada vez mais claras para mim, como devia estar sendo difícil para aquele espírito de luz ver o seu ente amado nos caminhos tortuosos, e nada poder fazer para mudar-lhe o rumo, sem infringir o seu livre arbítrio.

Como Aurélio conseguiu ajudar-me, sabendo que eu era um dos que o levavam para esse caminho equivocado?

Eu, mais uma vez, agradeci a Jesus por nos enviar os seus emissários de amor e compreensão.

O prisioneiro foi se acalmando e Aurélio o consolou, dizendo:

— Não tema os suplícios desse seu corpo espiritual, porque os suplícios morais, que são muito mais avassaladores, você já os está ultrapassando. Não é fácil analisar a si mesmo, nem é fácil ficar de frente para as escolhas equivocadas que fazemos, sem nos torturarmos intensamente. Acalme o seu coração, porque Jesus jamais nos abandona, tampouco àqueles que O amam profundamente.

Durante alguns minutos, Aurélio ficou ali com ele, levando-lhe o consolo de que tanto precisava. Disse-lhe para se lembrar de seus amores nos momentos do suplício, que as dores se amenizariam ante a certeza de seu amparo por Jesus.

Então, deu-lhe um beijo em sua testa e desapareceu de seus olhos.

Beto queria ir com ele, mas sentiu que ainda não estava pronto. Pensou em mim e percebeu que ele também precisava pagar pelos seus equívocos.

Aurélio, que ainda estava ali, esforçando-se também para que uma lágrima não caísse de seus olhos, disse baixinho:

— Não, Beto. Jesus não exige suplícios aos que erram. Mas você e Jefferson acreditam, e fazem questão de acreditar, que é pela violência que cobramos e pagamos os nossos débitos. Por suas próprias crenças, é isso o que acaba acontecendo.

Eu, então, compreendi o que é respeitar a individualidade do ser. Pensando em mim, se eu não tivesse passado pelos suplícios do Grande Chefe, não teria me sentido, em parte, quitado com as leis divinas, e não teria me libertado daquelas amarras. Eu compreendi que somos nós que nos acorrentamos e nos libertamos de nossas preciosas gaiolas.

※ ※ ※

Por todo aquele tempo, Beto foi um guerreiro. Ao contrário do que o Grande Chefe pensou, ele aguentou as chibatas e as demais torturas com fé e uma imensa esperança de que o seu futuro seria diferente.

Cansado daquilo, o Grande Chefe mandou prendê-lo, mas, dessa vez, ele mandou que Beto fosse vigiado dia e noite. Dali a uma semana, ele o castigaria de novo.

Como ele ainda tinha interesse na derrocada da família de Rodrigo, mandou que outro grupo fosse influenciar aquele lar.

Porém, não estava mais confiante de que conseguiria atingir o seu objetivo. Ele sabia que o meu grupo não falhara por incompetência, mas sim porque aquela família estava superando as suas dificuldades e, com isso, o Cordeiro os amparava.

Infelizmente, ele sentia também que alguns de seus homens estavam titubeando desde a minha fuga. O Grande Chefe sempre se colocou naquela posição autoritária, porque entendia que, se todos tivessem medo dele, não haveria qualquer oposição ao seu poder. Agora, ele já não tinha tanta certeza disso.

Aproveitando aquele momento de reflexão, Aurélio levou ao mental do Grande Chefe a figura de um antigo amigo. E eu comecei a entender que havia ali um processo padrão, um método de trabalho que se repetia sempre, um trabalho que era sério e que vinha servindo a todos os envolvidos naquela história.

— "Estou ficando cansado disso tudo. Será que eu não deveria soltar Baltazar da prisão e tê-lo do meu lado? Ele sempre foi mais ponderado!" – refletiu o Grande Chefe.

Ao perceber o curso de seus pensamentos, o chefe daquela organização das trevas falou irritado consigo mesmo:

— Mas o que está acontecendo comigo? Claro que não posso soltá-lo! Se o fizer, vão descobrir que eu menti sobre a traição de Baltazar e pensarão que sou um fraco, e isso é inadmissível.

Eu fiquei impressionado com o que vi. Sempre imaginei que aquele espírito fosse só gritos, ódio e rancor. Mas ele era tão humano quanto eu! Ele sentia medo, usava de seu raciocínio e tinha conhecimento sobre a atuação do Cordeiro.

Por que, então, ele nunca demonstrava essa inteligência e passividade que faziam parte de seu ser?

Aurélio me respondeu com uma pergunta:

— Por que, no auge de sua liderança, você não demonstrava a sua humanidade plenamente?

— Porque eu a tinha perdido dentro de mim mesmo. Eu vivia pela força, então as minhas fraquezas não poderiam existir – disse eu, como num sopro que foi revelado inesperadamente.

Mais uma vez, conhecer-me através da atitude dos outros me surpreendia.

Capítulo 67

Cleto estava na frente da porta de sua casa, naquela tardinha de sábado, com um ramalhete nas mãos e o coração batendo forte como se estivesse indo à casa de uma futura pretendente. Ele sorria como um bobo e estava com dificuldade de bater à porta. Depois de cinco minutos ali, tomou coragem e bateu.

Quem atendeu foi Aparecida. Ela estava linda.

— Olá! Boa tarde! Vamos entrar?

— Adoraria.

Aparecida tinha preparado uns canapés e estava tudo muito arrumado. Cleto sentou-se no sofá maior, o que a fez estranhar, porque há muitos anos ele só se sentava em uma poltrona individual, que ficava próxima da televisão.

Ela sentou-se ao seu lado.

— Onde estão as crianças? – perguntou Cleto, ansioso.

— Chegam logo. Foram à casa de um amigo e já devem estar retornando. Elas sabiam que você viria e estão ansiosas para vê-lo.

Eles não sabiam o que dizer um ao outro. Parecia que tinham medo de quebrar a magia daquele momento com alguma palavra errada.

Mas Cleto sabia que ele tinha muito a explicar, por isso, iniciou o diálogo:

— Preciso agradecer a você por ter me recebido hoje. Acho que devo começar pedindo desculpas por não ter dado notícias para vocês, desde a minha saída daqui de casa, mas, dois dias depois que saí, em uma de minhas bebedeiras, o meu celular caiu e quebrou, e eu nada fiz para consertá-lo ou pagar a conta, que já estava atrasada.

Confesso, com muita vergonha, que a única coisa que eu queria fazer era beber para esquecer a dor causada pela morte de Marcos e pelo meu afastamento de vocês.

Aparecida ia falar algo, mas ele continuou:

— Não a estou culpando de nada! Hoje, está muito claro para mim que você fez a coisa certa para proteger a nossa família. Era eu quem estava sem controle, e alguém precisava fazer algo para me impedir de machucar vocês, principalmente porque eu não queria enxergar o meu problema. Por isso, peço o seu perdão pelo meu excesso de orgulho e pela minha cegueira em não perceber que o que você me pedia não era humilhante.

Infelizmente, somente depois que eu saí daqui é que pude ver que o amor que sinto por vocês é muito maior que o meu constrangimento de pedir ajuda no AA. Você e os nossos filhos são as pessoas mais importantes da minha vida, e ainda assim sinto muita culpa quando penso que, por causa da bebida... ou melhor, por minha causa, eu os machuquei tanto. Pensei que, após aquela experiência em que feri você com a garrafa, eu tivesse aprendido a lição, mas não. Foi só termos um problema sério, que eu me refugiei na bebida novamente e repeti os mesmos erros de antes.

— Cleto, mas agora você está realmente disposto a mudar, não é?

— Aparecida, sim, mas infelizmente eu ainda não mudei. Digo isso com pesar. Ainda sou dependente da bebida, não podendo, de jeito nenhum, beber novamente. Eu estou mais consciente das barbaridades que posso fazer quando bebo. Não tem um dia que eu não me lembre do seu olhar para mim quando descobriu o que eu estava fazendo com a nossa filha. Também não me esqueço do olhar dela sendo alvo de minha insanidade.

Cleto falava com a cabeça baixa. Ele estava fazendo um esforço enorme para admitir aquilo tudo.

Nesta hora, os filhos entram em casa e, quando veem o pai, vão abraçá-lo, fazendo até um tipo de algazarra incomum na casa. Eles estavam muito felizes com a visita do pai e, quem sabe, até com o seu retorno às suas vidas.

Foi uma enxurrada de perguntas sobre o que tinha acontecido com ele no tempo em que esteve fora de casa. Cleto respondia a todas as perguntas, mas se esquivava de contar as experiências das quais mais sentia vergonha.

Quando Rodrigo perguntou sobre o que tinha acontecido para que ele perdesse o emprego, Aparecida tentou poupá-lo daquela narrativa, mas Cleto disse:

— Acredito que essa lição seja valiosa demais para os meus filhos para que eu me esquive de contá-la. Servirá até para que não repitam os meus erros.

Assim, Cleto revelou-lhes sem ressalvas a sua atitude reprovável frente aos colegas de trabalho e chefes, e a sua incompreensão quanto a ser o responsável por sua demissão. Contou também que precisou que duas pessoas de fora lhe mostrassem a sua participação ativa na perda do emprego, para que ele compreendesse a sua vitimização e mudasse de atitude frente às outras experiências que vivenciou.

Por fim, contou-lhes sobre o novo emprego e como o seu novo chefe, amigo de tantos anos, o salvara de um futuro que lhe parecia tão obscuro.

Aparecida ficou extasiada em saber que Cleto reencontrara Honório, mas muito triste em saber que aquele casal amigo, que frequentava o seu lar, tinha se separado.

Quando terminou de responder a todas as perguntas, Cleto ficou curioso para saber de onde os filhos tinham vindo.

E foi Rodrigo quem começou a contar a história.

❈ ❈ ❈

— Conhecemos um rapaz chamado Guilherme há uns meses. Ele é amigo de Antônio, conhecido de Marcos, e agora também é um grande amigo nosso. Bem, Guilherme foi sequestrado por uma organização criminosa há alguns dias, mas, graças a Antônio, ele foi resgatado pela polícia e passa muito bem.

— Mas por que ele foi sequestrado? A sua família era rica?

Dalva e Rodrigo se olharam, e foi Dalva quem respondeu, com um semblante um pouco triste:

— Ele foi sequestrado, pai, porque estava vendendo drogas em um local que já pertencia a outro traficante.

Ante o olhar surpreso de Cleto, os jovens se apressaram em explicar toda a saga vivida por Guilherme até o sucesso do resgate.

Cleto, porém, deixou claro o seu descontentamento por seus filhos serem amigos de um traficante. Eles, então, explicaram a decisão de Guilherme de confessar o seu crime na delegacia e de enfrentar a prisão, se fosse preso.

Isso causou admiração em Cleto, que quis saber mais. Rodrigo contou sobre a visita que lhe fizeram, logo quando chegou em casa, após o resgate no domingo. E que só na segunda ficaram sabendo, por telefone, que Guilherme não seria preso.

Dalva contou para o pai que, como Antônio, Guilherme precisaria passar pelo seu processo de desintoxicação. Para tanto, os pais dele contataram os de Antônio, que indicaram o médico e as enfermeiras que os auxiliaram naquele processo tão difícil e desgastante.

As regras foram estabelecidas e todas elas, sem exceção, estavam sendo respeitadas por Guilherme. Normalmente, as primeiras semanas são sempre as mais difíceis, mas ele estava se saindo muito bem. Quando pensava em reclamar, se lembrava dos livramentos que teve e se calava. Estava padecendo da abstinência, mas tentava não se queixar. Quando se exaltava, pedia desculpas pela grosseria.

Quando os amigos ligaram para ele naquela semana, Guilherme lhes disse que estava sendo difícil, mas que iria vencer. Disse que Antônio sabia que não era fácil o que ele estava passando, por isso, pediu aos irmãos que o auxiliassem, o incentivando naquele momento de tanta superação.

Por isso, com a autorização de seus pais, Guilherme recebeu os amigos hoje, sob a supervisão de Penélope, sua enfermeira, que ficou com eles no quarto.

Cleto não conseguia esconder um ar de descontente. Dalva, percebendo o seu semblante, interrompeu a sua narrativa e perguntou:

— O que foi, pai?

— Não sei se estou gostando de ver vocês tendo relações de amizade com dois viciados!

Foi Aparecida que se manifestou:

— Cleto, se é assim, nosso Marcos agiu certo em se matar.

Todos olharam espantados para ela.

— Sim, porque se vejo dois rapazes lutando para superar os seus vícios, demonstrando todo o esforço para não fraquejar, abraçando as suas responsabilidades... – continuou Aparecida, decidida –, não podendo ter o apoio dos amigos, então nada mais restava para o nosso Marcos nesta existência!

O mentor de Cleto foi além e soprou no ouvido dele: — "E você, meu amigo, também não é um viciado? Também não quer o perdão de sua família?"

Cleto sentiu uma explosão de sentimentos em seu peito. Algumas lágrimas teimavam em escorrer pelo seu rosto, e ele tentava segurá-las. Ele não tinha percebido a gravidade do que havia falado. Não estava ele ali pedindo credibilidade aos que o amavam, apesar de tudo o que já havia feito contra eles? Não estava ele mesmo lutando para superar as suas dificuldades? Porém, a dor maior foi pensar que se fosse Marcos lutando pela sua dignidade, Cleto seria o primeiro a se indignar e exigir que os seus amigos não se afastassem, e mais, não deixassem de acreditar em sua perseverança.

— Desculpem-me. E, Aparecida, você está repleta de razão. Tenho muito orgulho dos nossos filhos, que, mesmo tão jovens, já conquistaram muito mais sabedoria do que o seu velho pai para as relações da vida.

Assim, Cleto pediu que continuassem.

Foi Rodrigo quem continuou a narrativa, contando que Antônio, Dalva e ele foram fazer outra visita a Guilherme, há umas semanas, e, dentre tantas coisas que conversaram, este lhes disse — olhando diretamente para Penélope — que já estava cansado de tanto pedir desculpas por xingá-la nos seus surtos.

Então, lembrando-se do seu caso, Antônio perguntou se Penélope também estaria lhe ministrando passes! E, para o constrangimento de Antônio, Guilherme respondeu:

— Não. O que é isso?

Antônio olhou para Penélope, sem saber se deveria falar, mas ela consentiu com o olhar.

— Quando eu estava muito mal – disse Antônio –, fora de controle, Penélope me dava um passe que, grosso modo, posso dizer que é uma transmissão conjunta de fluidos magnéticos doados pelo encarnado e de fluidos espirituais vindos dos benfeitores espirituais.

— Você quer dizer, espíritos? – perguntou Guilherme.

— Sim.

Guilherme ficou muito curioso. Ele já ouvira falar disso, mas como não era religioso, e até fazia chacota disso, nunca havia prestado atenção nesse assunto.

— Vocês podem me falar mais sobre isso?

Penélope, por força do seu profissionalismo, não fez qualquer comentário, mas os jovens falaram de tudo e mais um pouco.

Guilherme, então, disse para Penélope:

— Se eu pedisse um passe, você me aplicaria, Penélope?

— Claro que sim, meu querido. Mas eu teria de comunicar aos seus pais logo que eu pudesse.

Antônio a questionou:

— Por que você falaria com eles agora, se não falou com os meus pais no meu tratamento?

— Porque, no seu caso, você não sabia o que eu, carinhosamente, estava fazendo por você. Neste caso, em particular, Guilherme já sabe e eu não posso, mesmo que não estivesse aqui como enfermeira, impor a minha crença a ninguém. Cada um tem a religião que mais lhe consola, e todas são lindas e libertadoras. É só as vivenciarmos da melhor maneira possível, que atingiremos um patamar que deixaremos de ser religiosos e passaremos a ter religiosidade, mais um passo para estarmos mais perto do Pai.

— Ela não poderia ter sido mais clara – disse Rodrigo aos pais.

E a irmã, interrompendo o seu relato, completou:

— Todos nós entendemos. Ela estava ali, como enfermeira, carregando a confiança dos pais do Guilherme sobre si. Se não entendemos que o respeito é um dos pilares mestres de toda religião, o que portamos é tão somente o título de crente, mas o que estaríamos realmente praticando seria somente ações ritualísticas sem a compreensão da lição evangélica.

Cleto ficou fascinado com as explicações de Dalva e Rodrigo, que finalizou a sua narrativa dizendo que, após receber o passe, Guilherme se sentiu muito bem.

Cleto, por fim, perguntou:

— Meus filhos, desde quando vocês conhecem o espiritismo, para poderem explicar com detalhes ao Guilherme?

Os jovens olharam para a sua mãe, que respondeu:

— Desde quando você começou a beber e se perder. O primeiro dia que fomos ao centro espírita foi aquele em que você foi internado em coma alcoólico. Com os ensinamentos da Doutrina Espírita, estamos conseguindo lidar melhor com a dor provocada pelo desencarne de Marcos e por você ter saído de nossas vidas.

Cleto abaixou a cabeça. Não sabia o que dizer.

— Mas, também, pai – disse Dalva –, é por meio dessa doutrina que estamos compreendendo que todos nós erramos, e merecemos todas as chances para nos redimirmos de nossos equívocos; que alimentamos a esperança de você voltar algum dia para nós, porque o nosso coração está aberto para isso.

Cleto abraçou a sua filha e estendeu o outro braço para que Aparecida e Rodrigo fizessem o mesmo. Ali, em seus braços, ele pediu perdão por tantos erros cometidos.

Cleto os amava e, quando estivesse ainda mais fortalecido do que agora, pediria autorização para voltar.

Junto deles, estavam os mentores, sorrindo felizes pelo reatar daquelas almas que tanto ainda precisavam aprender em conjunto, mas que, mesmo diante das dificuldades a serem enfrentadas, estavam dispostas a tentar vencê-las.

Capítulo 68

Eu retornei ao hospital para ver como estavam Marcos e Laura. Mesmo tendo minhas obrigações, não podia deixar de visitá-los e fazer a minha doação diária de fluidos para ajudar na recuperação deles.

Embora eles não tivessem conseguido muita melhora, eu não desistia. Tinha certeza de que, da mesma forma que eu havia superado o meu entorpecimento moral, dentro do meu tempo e da minha capacidade de compreensão, eles também sairiam daquela situação no tempo deles.

Ao sair do quarto, encontrei vovó Lúcia me aguardando do lado de fora. Já fazia um tempinho que eu não a via, e, satisfeito com a surpresa, abracei-a com muita saudade, percebendo o quanto a amava. A mesma sensação que o estudioso tem ao descobrir a resposta correta a um problema que há muito tempo o incomoda, eu tive ao descobrir que embasei todas as minhas ações equivocadas, em minha vida encarnada, na desculpa de me sentir injustiçado por Deus por tê-la tirado de mim.

— É por isso, meu neto, que vim aqui hoje – ela me disse, lendo os meus pensamentos. Você já está preparado para relembrar as metas que havia fixado para essa sua última encarnação. Você precisa entender as razões de eu ter saído cedo do seu convívio.

Confesso que fiquei apreensivo, mas aceitei o convite. Ela me levou para uma ala daquele grande hospital, onde a arquitetura surpreendia pela sua beleza. Tudo era moderno, com um tom de azul muito claro, quase se perdendo com o azul do céu. Chegamos em uma sala, onde me fizeram sentar e relaxar.

Quando todo o esclarecimento se findou, eu estava arrasado. Eu sentia muito arrependimento e até uma certa desilusão. Como eu pude ter me esquecido? Como eu pude ter tido coragem de fazer tudo o que fiz?

Felizmente, a minha avó estava lá para me abraçar e consolar. Ela entendia a minha dor e não me deixou fraquejar. Eu precisava deixar tudo aquilo no passado e continuar em frente, fazendo a diferença. Estava na hora de trabalhar... e trabalhar duro. Ao mesmo tempo, eu precisava refletir sobre tudo o que eu revi ali. Precisava eu mesmo me consolar, colocando em prática o que eu estava aprendendo, entendendo que, apesar de tudo o que fiz, Jesus esteve comigo nos momentos de minhas provações.

Fui para o jardim, lugar que mais amava naquela instituição. Após alguns momentos de reflexão e orações, já me sentia melhor.

Foi quando Glauco veio até mim.

— Olá, meu amigo!

— Glauco, boa tarde! Quando chegou?

— Agora há pouco. Tenho uma incumbência para você, mas, para que dê certo, preciso que você tire todo o rancor e preconceito de seu coração.

— Tentarei, meu amigo, tentarei fazer o que for preciso, porque eu quero melhorar as coisas aqui dentro de mim.

Então Glauco explicou a nova tarefa para a qual Jesus nos havia escolhido.

Capítulo 69

Cleto estava trabalhando junto a uns fornecedores, quando recebeu a notícia de que Honório teve um mal súbito e estava no hospital. Ele se dirigiu para lá o mais rápido que pôde, com o coração aos pulos, pois já tinha a informação de que a situação era preocupante, uma vez que Honório era revascularizado.

Cleto estranhou o sorriso da recepcionista quando ele disse que queria saber notícias do amigo, mas ele logo entendeu, ao ver o hospital lotado de gente querendo vê-lo também. Assim que ficaram sabendo que ele havia passado mal, todos os amigos de Honório correram para lá. A recepção não cabia tanta gente que ia chegando, e por mais que o pessoal do hospital tivesse tentado evitar o congestionamento na entrada do pronto-socorro, alguns funcionários da lanchonete, amigos e clientes não queriam sair dali. Então, vendo que a situação não mudaria, improvisaram uma sala para que eles pudessem ficar no hospital sem perturbar o bom andamento dos procedimentos hospitalares.

Para a surpresa de Cleto, o médico especialista de plantão também conhecia Honório. O seu filho também tinha sido resgatado pelo amigo. Foram com as explicações desse médico, e com a promessa dos visitantes de que ficariam aguardando notícias em silêncio, que o hospital entendeu por bem colocá-los naquela sala de espera.

O médico trouxe notícias de que Honório apresentava um quadro clínico preocupante, mas que todos da equipe médica estavam seguros do trabalho que seria realizado.

Todos permaneceram quietos, torcendo pela recuperação de Honório. Um dos garçons da lanchonete veio até Cleto e explicou, bem baixinho e de modo discreto, tudo o que sabia, afirmando que já tinham sido feitos alguns exames e estavam aguardando os resultados.

Cleto se manteve pensativo. Como Honório, um homem que há alguns anos tinha perdido tudo na vida, veio a ficar tão rico em consideração e amizade de todos os presentes? Ele sabia da ajuda que o amigo prestava em sua lanchonete, doando refeições, auxiliando no AA, fazendo até trabalho voluntário aos mais necessitados, mas o que via no rosto daquelas pessoas era algo impagável.

Cleto, em uma análise pessoal, teve duas revelações: a primeira, que ele se sentia um devedor eterno do amigo, não por obrigação, mas por pura gratidão. Talvez fosse isso que cada uma daquelas pessoas também sentisse. A segunda, que ele precisava repensar sobre a sua própria vida, porque nada construíra de bom no coração das pessoas até ali.

Foi quando o seu mentor lhe soprou em seus pensamentos: — "Não, meu amigo, isso não é verdade! A sua família o ama, mas é você quem deseja provar a si mesmo e a eles que está mudado. Você sentiu o carinho deles e teve a certeza que o receberiam de volta naquele sábado, se pedisse; mas optou por assegurar-se de que estaria mais fortalecido contra o seu vício para poder conviver com eles. Você não os quer decepcionar novamente."

Cleto escutou o seu coração e, como um eco da voz de seu mentor, repetiu a sua última frase, afirmando para si próprio:

— Não seja tão duro com você, Cleto. Você está iniciando um novo momento de sua vida e terá amigos, como o Honório, para auxiliá-lo a se tornar um homem melhor.

Sentiu que deveria informar a Aparecida sobre o ocorrido. Era hora do almoço e ela deveria estar em casa. Saiu do hospital e, do lado de fora, ligou:

— Oi, Aparecida, tudo bem?

— Oi, Cleto. Aconteceu alguma coisa? A sua voz está estranha!

Ela sempre sabia quando ele não estava bem ou entristecido.

— É que Honório está no hospital. Passou mal, sabe.

— Poxa vida, eu sinto muito, Cleto. E como ele está?

— Eu acho que, agora, depois dos primeiros socorros, ele está bem. Já fez alguns exames e estamos aguardando o boletim do médico. Mas foi um susto enorme. Eu estava nas dependências de um fornecedor, que fica há quase uma hora daqui, e vim correndo quando soube.

— Eu liguei para avisá-la e também para ouvir a sua voz.

Aparecida deu um sorriso discreto.

— Não se preocupe, Cleto. Rezaremos para que os mensageiros de Jesus o amparem e tudo dê certo para Honório nesse momento.

— Obrigado.

E desligaram.

※ ※ ※

Aparecida voltou à cozinha para terminar de preparar a comida e ficou pensativa: — "Como Cleto está mudado! Está mais carinhoso e prestativo."

Eles tinham saído duas vezes naquela semana, e ele foi um cavalheiro. Ela percebeu que Cleto só tomava água e ela, como sempre, pedia suco.

Ela deu um sorriso discreto, sendo flagrada pelos filhos, que entraram na cozinha naquele exato momento.

— O que aconteceu, mamãe? Viu um passarinho verde?

— Seu pai ligou e eu estava pensando nas nossas saídas dessa semana.

— Então, as coisas estão indo bem, porque o sorriso que estava em seu rosto era muito sugestivo.

— Sim, foram momentos bastante agradáveis, mas, infelizmente, ele ligou para me dizer que Honório, aquele seu antigo amigo, passou mal e foi internado.

— O que ele teve?

— Ele não deu tantos detalhes. Parece que estão aguardando uns resultados de exames. Bem, não podemos fazer nada por ele daqui, a não ser rezar. Por isso, meus filhos, parem um minutinho o que estão fazendo e vamos pedir a Jesus por sua recuperação.

Então, eles rezaram com muita fé e, ao terminar, Dalva lhes disse:

— Mãe, sei que desejamos que ele se recupere, mas acho que não deveríamos pedir por isso.

— Por que, minha filha?

— Eu fiquei pensando que, se estamos nos policiando para acreditarmos na Sabedoria Divina, teríamos que entregar verdadeiramente nas mãos de Deus o resultado desta situação. Se a recuperação dele é o melhor, que assim seja. Mas, se não for, estaríamos exigindo de Deus algo que Ele não poderá nos dar, porque não seria útil e proveitoso para o amigo de papai, ou para muitos dos que com ele convivem.

Todos os três ficaram em silêncio, pensando se fosse o Cleto que estivesse naquele hospital... Será que conseguiriam entregar na mão de Deus o resultado daquela experiência?

Sem uma resposta direta, todos voltaram à realidade, porque precisavam almoçar rapidamente para prosseguir com os seus afazeres diários.

Capítulo 70

Estávamos na cela de Beto, vendo-o dormir. Ele ainda tinha algumas feridas abertas das chibatadas que recebeu, mas, apesar delas, Beto parecia estar mais resoluto na decisão que tomara.

Meu coração doía. Queria que ele não tivesse de passar por isso. Mas, como eu, Beto também reconhecia que tudo aquilo era necessário para que ele se libertasse daquilo que considerava os seus pecados.

Fui até ele e emanei todo o meu amor. Queria ajudá-lo a se curar. Vi pétalas de luz caírem sobre ele, sendo absorvidas pela sua pele como um bálsamo para as suas dores, um presente de Deus.

Ele acordou e disse:

— Jefferson, é você?

Por tantos anos nos amamos que não precisávamos de olhares ou palavras para sentir a presença um do outro.

Porém, os guardas que estavam tomando conta dele começaram a rir e a ridicularizá-lo.

Glauco então tocou em meu ombro e disse que estava na hora. Eu consenti.

Fomos para a cela de Baltazar e o vimos. Estava muito fraco, parecia um esqueleto. Sua imagem perispirítica era só pele e osso. Mas seus olhos, quase cegos, estavam tranquilos.

Glauco começou a falar:

— Jefferson, por muitos anos venho tentando intuir Baltazar a elevar o pensamento a Deus e pedir ajuda. No início, ele estava com muita raiva por ter sido traido pelo Grande Chefe. Depois, com o tempo, começou a acreditar que mereceu ser enganado, porque deixou acontecer. Dizia a si mesmo que era um burro. Depois, ouvindo, dia após dia, os suspiros e gemidos dos encarcerados, começou a acreditar que merecia aquele cárcere, porque estava sentindo na pele o que fez com muitos deles. Agora, ele está na fase de sua redenção. Quando ele soube que você tinha saído daqui, começou a ter esperança de Deus olhar por todos eles também.

Glauco estava emocionado. Eu sei que não é fácil acompanhar essa trajetória de esclarecimento íntimo dos que queremos auxiliar sem podermos intervir diretamente. Vi o amor de Aurélio por Beto, senti o amor de minha avó Lúcia por mim, e vejo agora a solidariedade de Glauco com Baltazar. Aceitar que a Justiça Divina não falha é difícil.

Glauco, parecendo ouvir os meus pensamentos, continuou:

— Como eu lhe disse, ele será um dos que resgataremos, mas, para isso, precisamos oferecer a ele a possibilidade de sentir o amor de Jesus em seu coração. Ele precisará se deparar consigo para sair daqui da forma que acreditamos ser a mais proveitosa.

Eu entendia. Voluntariamente, eu me coloquei na posição de energizá-lo, e vi que Baltazar também sentiu, como eu há alguns dias, a presença do Altíssimo.

Quando terminamos, fomos à sala do Grande Chefe. Ele estava conversando com os seus comparsas:

— Temos de levar aos nossos companheiros mais uma diversão. Vamos torturar o Beto amanhã novamente, dizendo a todos que a culpa daquele castigo é dele, pela sua incompetência, e do Jefferson, que abandonou os seus homens. Quero toda a raiva de Beto sobre o seu antigo líder.

Eu estremeci, mas Glauco me tocou e, com um sinal, deixou claro que era para eu me tranquilizar e não deixar nenhum sentimento me desequilibrar. Não haveria tempo para isso, então voltamos à cela de Beto.

Poucos minutos depois, vimos que os guardas da prisão contavam a ele sobre o seu destino no dia seguinte. Todos eles o incomodavam, dizendo que não haveria mais carne sobre os ossos[16] depois de mais aquele suplício.

---

[16] Apesar de espírito ser desprovido de carne, pele e ossos, não é incomum no plano espiritual, principalmente nas regiões umbralinas, fazerem esses tipos de comparação entre o corpo material e espiritual.

Apesar de ele ter estremecido com o aviso, Beto não queria sentir medo. Percebia que as suas feridas tinham cicatrizado muito e relacionou isso a uma ação de Aurélio e minha também. Ele sentia que não estava só. — "Jefferson disse que não me abandonaria e eu acredito nele – pensou. Mas percebo que, se ele não se apresentou a mim, como Aurélio fez, é porque quer que eu faça o que é preciso. E eu preciso vencer a mim mesmo."

Então, Beto me surpreende fazendo uma oração silenciosa por mim e por Aurélio. Não pediu por ele, e sim que Jesus continuasse a nos dar luz para continuarmos a ajudar a todos que precisassem. Meu peito começou a brilhar, e eu não entendia como aquilo poderia acontecer. Glauco me explicou:

— A oração dele é tão sincera que ele doa a você a luz de seu amor.

Confesso que me emocionei.

— Jefferson, precisamos prepará-lo.

Eu sabia que aquele momento seria crucial para o resgate de muitos. Então, Glauco e eu ficamos com ele a noite inteira, levando o consolo intuitivo necessário. Ele foi absorvendo os conselhos e se elevando em fé e coragem. Glauco tentou levar a Beto a lembrança daquela palestra de Penélope que ele havia assistido sobre o suicídio. Ela perguntara para todos quando estava finalizando a sua fala:

— Quem é o seu juiz? Como ele o julgaria diante de suas posturas e de seus arrependimentos?

Ele precisava se lembrar daqueles ensinamentos e perceber que só cabia a ele mesmo se perdoar.

※ ※ ※

Já era de manhã quando Aurélio também se juntou a nós. Quando os guardas foram apanhar Beto para o martírio, na hora marcada, viram o olhar descrente daqueles que estiveram dentro da cela. Olhando-o, diretamente, perceberam que algo estava estranho. Eles não queriam tocar em Beto, mas o receio deles de não atender ao Grande Chefe era maior, então o agarraram com força, o acorrentaram e o levaram à grande praça.

Eles precisavam passar por uma rua bem longa. O trajeto, já percorrido por ele antes no primeiro suplício, era feito com o propósito de todos verem o desespero do condenado, as marcas antigas das torturas, a sua dor. No entanto, ao contrário do barulho, do apedrejamento e das demais ações de repulsa a que ele foi submetido na primeira vez, agora, quando aqueles que estavam às margens daquele caminho o viam, mudos ficavam. Suas expressões eram de espanto. Beto até pensava que o seu aspecto devia estar terrível, porque nada era dito, nada era jogado nele.

O Grande Chefe já se encontrava na praça, e não estava entendendo a falta da algazarra natural que se fazia naqueles cortejos. Quando ele viu o prisioneiro, de longe, teve um acesso de raiva. Pegou da mão do carrasco o chicote e foi até ele com aqueles olhos vermelhos, endemoniados, saindo das órbitas.

Mas Beto não o temeu. Aguardou a primeira chibatada, que veio, mas a dor não foi tão forte. O Grande Chefe deu a segunda, a terceira e a quarta chibatada, mas Beto as sentia cada vez menos. Beto só fazia rezar.

De repente, Beto me viu, juntamente com Aurélio e Glauco à sua frente. Nós estávamos muito nítidos para ele, então sorriu. De repente, ele percebeu que não estava mais acorrentado, estava livre, vindo em nossa direção.

O Grande Chefe estava urrando de ódio, porque Beto desapareceu na sua frente! Sumiu de suas vistas, sumiu de seu domínio!

Beto ainda precisava curar muitas de suas feridas, mas, abraçado a nós, ele adormeceu.[17]

---

[17] O que o diferenciava dos demais integrantes da organização do Grande Chefe era a energia da serenidade, do equilíbrio e da fé que ele emanava. Isso o ligava aos trabalhadores do Cordeiro e fazia com que ele destoasse da energia deletéria e reinante daquele lugar.

Capítulo 71

Guilherme, em muito menos tempo que Antônio, tinha superado a pior fase da abstinência. A sua fé, obstinação e o apoio recebido dos pais e amigos foram essenciais para fortalecê-lo.

O delegado foi visitá-lo algumas vezes. Imaginou que ele passaria por muitas dificuldades, já que era viciado, e ele não errou na sua análise. Na sua primeira visita, ele chegou em um momento em que Guilherme apresentava fisicamente o seu abatimento, tremendo muito e com um semblante martirizado pelos incômodos sofridos. Mas o jovem não deixou de abrir um sorriso quando o viu.

— Olá, doutor, que bom que o senhor veio. Como pode ver, eu estou quietinho em casa. Não estou aprontando nada.

Ele fez o delegado rir.

— Fico feliz que você esteja longe de encrencas. Mas como está passando esse momento?

— Tentando compreender que tudo isso foi causado por mim mesmo. Meus amigos estão me ensinando muito sobre arcarmos com as responsabilidades de nossos atos. Não posso culpar a ninguém além de mim mesmo.

— Seus amigos são sábios. E os seus pais, Guilherme, estão bem?

— Eu os vejo muito tristes quando me veem em crise, doutor.

Um dia desses, infelizmente, eu não suportei e gritei com eles. Eu estava tão ansioso, tão angustiado que queria acabar logo com aquilo. Eu precisava da heroína. Então, eu pedi, supliquei, e eles não me deram. Eu voltei a ser o Guilherme de antes, doutor. Eles tiveram de me conter. Mas depois, quando tudo passa, peço perdão e sinto-me muito culpado.

— O mais importante, Guilherme, é essa consciência que está adquirindo. Apesar do erro, você deseja acertar. Estou muito orgulhoso de você e tenho certeza de que você vai superar tudo isso e incorporar o homem bom que eu acredito que você seja.

Guilherme ficou muito feliz com aquelas palavras. Ele sentia que estava ganhando amigos sinceros, muito diferentes dos que ele acreditava ter antes, entre os viciados.

Capítulo 72

No sábado, Antônio chamou Dalva para irem ao cinema, e ela aceitou, muito feliz. Quando avisou em casa que iria sair, Rodrigo quis ir junto e ela ficou um pouco decepcionada. De repente, ela percebeu que queria ir sozinha com Antônio, mas não tinha como dizer isso ao irmão.

Rodrigo deu uma risadinha e disse:

— Dalva, eu não posso ir com vocês, porque tenho muito dever e trabalho para fazer, mas admita logo o quanto você gosta do Antônio e dê uma oportunidade qualquer para que ele se revele. Você precisava ver a cara de decepção que fez ao pensar que eu iria com vocês!

— Mas o que eu posso fazer? – disse Dalva, de modo direto. – Ele não se declara!

— Ora, minha irmã, hoje as mulheres não são discriminadas por nos darem uma forcinha para nos declararmos, porque a situação não está lá muito fácil para nós. Me parece que vocês, mulheres, estão cada vez mais exigentes, e nós cada vez mais temerosos de levarmos um fora.

— Entendo o que você diz – disse ela, rindo da declaração do irmão. – Mas sou muito tímida e não sei o que fazer para incentivá-lo a isso.

— Olha, eu não sou experiente, mas eu gostaria que a menina que eu estivesse a fim me desse algumas dicas, algum sinal, talvez dizendo o quanto ela gosta de estar comigo; que fica feliz que eu a chame para ir ao cinema... essas coisas. São simples, mas ajudam.

Dalva compreendeu o que Rodrigo queria lhe dizer. Antônio não saberia o que ela sente por ele, se sempre pensasse que ela o estimava somente como amigo.

Quando chegou a hora do cinema, Dalva já ia saindo, quando o seu pai chegou. Dalva estava tão bonita que o fez pensar no quanto os seus filhos já tinham crescido. Ela deu um beijo em seu rosto e disse que iria ao cinema com Antônio e que a mãe já sabia.

Cleto abraçou-a com carinho e perguntou se ela precisava de dinheiro.

— Não, papai, mamãe já me deu. Obrigada!

Tão logo Dalva fechou a porta, Aparecida surgiu no alto da escada. Cada dia que passava, Cleto percebia que seus sentimentos por sua esposa só aumentavam. Ele chegava a suar frio, e o seu coração batia descompassadamente. Depois de tanto tempo casado, ele sentia que havia um sentimento se renovando.

— Cleto, ainda não estou pronta, pode aguardar um pouquinho mais?

— Claro, não temos pressa.

Rodrigo, ouvindo a voz do pai, foi vê-lo. Deram-se um abraço e ficaram ali conversando sobre o estado de Honório no hospital.

— Ele agora está bem melhor, filho, mas confesso que pensei que fosse perder um amigo.

— E o que ele teve, afinal, pai?

— Quando ele foi internado, descobriram que ele precisava de um tratamento para insuficiência coronariana. Ele tivera um novo infarto, obrigando os médicos a procederem com uma nova cirurgia de urgência, mas no final ele não teve uma boa reação, o que o levou à UTI. Foram dois dias muito difíceis para todos nós na lanchonete.

E quando vi que a situação poderia se agravar, liguei para a família dele, avisando-os. Pedi que, se fosse possível, eles viessem vê-lo, porque tinha certeza de que isso o motivaria a superar essa enfermidade.

Ah, Rodrigo, quando eles me disseram que talvez não pudessem vir, eu fiquei muito triste, mas não poderia condená-los. Qual não foi a minha surpresa quando os vi, no dia seguinte, no hospital. Aproveitei para apresentá-los aos muitos amigos que tinham ido lá saber do estado dele, e como não foi nenhuma novidade para mim, esses amigos só souberam tecer elogios pelo pai e marido maravilhoso que eles tinham. Estava estampada a surpresa da família, mas também uma certa resistência deles quanto ao que ouviam sobre Honório.

Infelizmente, o horário de visitas já tinha terminado, então eu me coloquei à disposição para levá-los para a casa deles, mas eles queriam ir para um hotel, porque não se sentiriam à vontade de invadir a casa de Honório.

— Nossa, pai, o seu amigo deve sentir muito essa rejeição da família, não é?

— Infelizmente, sim, Rodrigo. Mas, só não dói mais porque ele também entende que fez muitas coisas erradas e que seus filhos não tinham boas lembranças dos últimos anos de sua convivência com ele.

Eu disse que os pegaria no dia seguinte para levá-los novamente ao hospital, o que fiz com muito gosto. Como na UTI as visitas são controladas, demos preferência para a família o visitar, mas eles me deixaram vê-lo também, e a alegria daquele homem era visível. Fiquei muito comovido e fiz questão de dizer isso a eles. Como não tinham outros compromissos ao final da visita, perguntei se não queriam conhecer a lanchonete.

Foi aí que tudo mudou, meu filho, eles puderam conhecer o pai deles e todas as suas obras. Não o de antes, mas o transformado pela dor de perdê-los. Eles foram para o hotel tendo muita coisa para pensar.

— Que bom, pai! O senhor sabe que, com o seu relato, acabei de ver na prática o que a Dalva nos falou naquele dia que você nos ligou, dizendo que ele tinha sido internado.

— O que ela disse?

— Que não deveríamos rezar pelo restabelecimento dele, mas sim pedirmos que a vontade de Deus se fizesse neste caso.

— Não entendi, Rodrigo.

— Simples, pai. Se o seu Honório tivesse se restabelecido imediatamente, a sua família não teria vindo e não conheceria o novo Honório, aquele que valia a pena desfrutar de sua companhia.

— É verdade! O que parecia ser uma tragédia, pode ter sido o início de uma nova oportunidade para ele.

Aparecida desceu mais linda do que nunca e ambos se despediram de Rodrigo, pois iriam a uma pizzaria.

❋ ❋ ❋

Dalva e Antônio já estavam no cinema, vendo o filme. Antônio quase não prestava atenção no que acontecia na tela, porque tinha se determinado que daquele dia não passava e ele iria se declarar para Dalva.

Antônio tinha consciência de que ainda tinha muitas questões pessoais pendentes, mas já se sentia fortalecido para se ver como uma pessoa merecedora de uma grande chance como aquela. Ele estava limpo há meses, fazendo a faculdade e sendo responsável.

Dalva também estava bem ansiosa. Queria fazer algo para que ele soubesse de seus sentimentos, mas não sabia o quê. Estavam dividindo um pacote enorme de pipoca, e quando foram pegar uma porção, acabaram entrelaçando as mãos, o que os fez se encararem.

Daí, foi um pulo para um beijo.

Eles se abraçaram e ficaram ali, finalmente, curtindo o filme.

Capítulo 73

Em seu salão, o Grande Chefe estava muito irritado. Nunca havia presenciado algo tão aterrador quanto aquela recente cena. Ele sabia que Beto agora pertencia aos trabalhadores do Cordeiro, mas ele também sabia que eles não ousariam humilhá-lo daquela forma tão ostensiva.

— "Então, o que havia acontecido?" –, questionava-se intimamente.

De repente, o Grande Chefe ouviu uma batida na porta. Quando se deparou com um dos seus mensageiros, perguntou extremamente mal-humorado:

— O que você quer?

— Senhor – começou, quase gaguejando –, nossos informantes mandaram avisar que está havendo um falatório preocupante entre os nossos grupos rivais, porque ficaram sabendo sobre o fracasso do... Jefferson, no caso daquela família encarnada.

Pior é que ficaram sabendo da fuga de Jefferson, o que está dando mais munição para acreditarem que...

Parou por um instante, com medo de continuar.

— O que? Para acreditarem em quê? – falou, quase berrando.

— Que o senhor não é mais tão poderoso quanto antes – disse o mensageiro, se encolhendo.

Em toda a minha vida de influenciador, nunca tinha ouvido tantas ofensas quanto os que saíram da boca do meu antigo chefe.

Ele mandou todos embora, para que ficasse sozinho em sua sala, e continuou rugindo, xingando, esbravejando, quebrando vários objetos que ficavam expostos por sobre os móveis, instigado pela raiva que sentia.

Ficamos ali, vendo aquele homem grande não caber no ambiente em que estava. Ele ia de um lado para o outro, esmurrando as próprias mãos, móveis ou paredes.

Com o tempo, porém, ele foi parando de reagir, como um brinquedo que vai parando devagar os seus movimentos quando as baterias começam a falhar. Cansado, ele se prostrou em sua cadeira. Além de ser humilhado na frente de seus homens, ainda teria que lidar com uma possível batalha em futuro próximo. Por essa, ele não esperava. Quando fez o acordo com o grupo rival, não pressupôs que, se não entregasse o alvo para eles, poderiam querer vingança. Para a minha surpresa, ele disse:

— Se tivesse previsto tal consequência, jamais teria colocado Jefferson, e tampouco Beto, nessa tarefa. Principalmente o Beto, ele não tinha perfil para líder, eu o coloquei para falhar. Como fui idiota! Tenho tantos outros trabalhadores mais capazes para a tarefa.

Dentro de mim, a indignação e o orgulho pulsaram rebeldes. Sentia-me humilhado. Senti que a opinião daquele homem ainda me afetava profundamente. Eu queria que ele me achasse um ótimo líder e influenciador. Quando percebi o curso de meus pensamentos, senti vergonha dos meus próprios sentimentos.

O Grande Chefe continuou o seu monólogo:

— Eu queria mostrar a todos o que posso fazer. Iria humilhar Jefferson, alimentando nos meus homens a certeza da minha desumanidade. Quando Rodrigo fosse entregue para os que o encomendaram, eu revelaria a todos o segredo que ronda essa família e a minha escolha do líder que provocou a sua derrocada. Riria da cara de todos, inclusive da de Jefferson, porque ele, claro, de nada se lembra.

Se ele tivesse tido sucesso em seu plano, eu teria mesmo ficado arrasado. E sei disso porque, com a regressão a que fui submetido, descobri vários segredos que, se não fosse o apoio dos meus amigos, meu peito estaria dilacerado.

Depois de tudo o que passei nesses últimos tempos, no entanto, já estava mais preparado para entender os revezes da vida e compreender os sábios caminhos da Providência Divina.

Ele continuou me xingando muito, pois precisava achar um culpado para o que ele estava passando, e eu fui o escolhido. Sentia aquela energia contra mim, que me incomodava muito, mas eu tentava, de todas as formas, não me sintonizar com ela.

Como um alívio à desarmonia ao meu redor, a mão de Glauco nos meus ombros me acalentou, mostrando que eu não estava só para enfrentar as dificuldades.

Glauco se aproximou do Grande Chefe e irradiou uma energia que o foi parando devagar. Ele começou a demonstrar um cansaço moral, e pude perceber que à sua mente veio a lembrança dos seus dois antigos parceiros, os antigos conselheiros daquela organização. Num ato de desespero, ele segurou a cabeça e se deixou levar pelo cansaço.

Glauco me fez um sinal e ambos nos fizemos visíveis naquele ambiente. O Grande Chefe estava tão entregue aos seus pensamentos, que não percebeu a nossa presença.

— Olá, meu amigo!

Somente quando Glauco falou, ele nos viu e teve um sobressalto:

— O que faz aqui?

O Grande Chefe olhava espantado para nós. Não podia acreditar que tínhamos nos aliado aos *da luz*. Para ele era certo que nós dois tínhamos fugido para bem longe, com a ajuda de seus guardas.

Os seus pensamentos correram soltos, e a nossa presença escancarou uma verdade, fazendo-o perceber que tudo o que ele mais desejava naquele momento, que eram os seus amigos de volta, jamais seria alcançado. A sua raiva e indignação o sufocavam:

— Como vocês dois se atrevem a voltar aos meus domínios?

— Estamos aqui para conversar.

— Conversar o quê? Como vocês se atreveram a levar Beto daquela forma? Vindo de você, Glauco, deve ter sido só para me humilhar.

— Você sabe que não é verdade, Eliezer.

Ouvir Glauco chamá-lo pelo nome me surpreendeu. Ninguém conhecia o nome verdadeiro do Grande Chefe, e nós que conhecíamos não tínhamos coragem para nominá-lo.

Glauco continuou:

— Eu jamais agiria para que você fosse humilhado perante os seus subalternos. Mas posso afirmar que você colaborou para que isso acontecesse. Eu sempre lhe disse que era melhor ter os nossos homens a nos admirar, que eles nos seguiriam até o fim do mundo, do que mantê-los pelo uso do medo e da força. Mas você não aceitava ser contrariado em suas ideias e traiu a mim e ao Baltazar, trancando-nos em suas celas.

— Vocês eram fracos. Não podiam continuar liderando os nossos homens.

— Você se lembra por que, depois de desencarnados, nós nos aliamos e trabalhamos juntos?

— Porque, nas esferas carnais, cada um de nós tinha uma função bem definida nas operações ilegais que articulávamos. Quase nos completávamos!

— Mas, além disso, éramos amigos e nos respeitávamos naquilo em que cada um era bom. Foi por isso que continuamos a operar juntos aqui, para o bem de nossa organização. Um por um de nós foi recepcionado pelos que vieram primeiro e foi tomando posse de sua função. Mas você não conseguiu aguentar. Precisava ter a última palavra, não é? Depois de um tempo, se arrependeu de nos ter prendido, mas não podia mais voltar atrás em sua decisão.

— Eu nunca me arrependi! – gritou ele, olhando para mim.

Ele não queria que eu o visse portador de emoções, e isso fez eu me lembrar do que Aurélio me ensinou sobre mim mesmo.

— Meu amigo, não estou aqui para brigar com você. Só estou aqui pela enorme amizade que um dia tivemos e, por essa consideração, estou avisando que não demorará muito e Baltazar estará ao meu lado.

Isso foi um choque para o Grande Chefe. Ele não poderia perder Baltazar também.

O engraçado é que ele teve essa reação porque não queria ser afastado de seu último amigo. Como somos contraditórios! O Grande Chefe tinha encarcerado os seus melhores amigos, e não queria deixá-los partir, porque iria se sentir sozinho!

— Você não se atreveria!

— Você sabe que não sou eu quem determina nada, Eliezer. Quando encontramos Jesus, nenhum lugar nos encarcera, porque nos tornamos livres no coração. Foi o que aconteceu comigo... Foi o que aconteceu com Jefferson e com Beto.

Após alguns segundos de silêncio, em que Glauco queria que o amigo raciocinasse sobre tudo o que tinha sido dito ali, Glauco finalizou:

— Foi muito bom conversar com você novamente, Eliezer. Quem sabe, outras oportunidades virão. Fique em paz!

Deixamos de ser vistos e percebi, pela primeira vez, o quanto nós nos iludimos pelos poderes mundanos. O Grande Chefe conseguiu o poder que ele queria, mas vivia sozinho e entristecido pela ausência dos amigos. Ele queria pedir para Glauco não ir, mas não se rebaixou.

Glauco me disse:

— Agora, Jefferson, vamos esperar!

Capítulo 74

Beto permanecia no hospital. Ele acordava e voltava a dormir, pois precisava de mais alguns dias para se recuperar de tamanhas torturas. Como não adiantava ficar ali com ele, Tadeu ficou de me avisar quando as visitas fossem liberadas.

Depois de alguns dias, esse momento chegou, finalmente.

Beto acordou um pouco confuso, sem saber onde estava, até que se lembrou de sua última experiência. Ele tocou o seu corpo e percebeu que as suas feridas estavam quase curadas. Tadeu entrou no quarto e, da mesma forma que fez comigo, foi amável, sorridente e disse que alguém logo chegaria para vê-lo.

Antes que Beto voltasse a dormir, ele pensou em mim, me fazendo senti-lo acordado. Sem esperar pelo chamado de Tadeu, fui para lá imediatamente e aguardei alguns minutos, até que Tadeu lhe desse uma energizada, fazendo-o despertar devagarinho.

Ele foi abrindo os olhos, e estava pensando em mim. Eu sentia o seu desejo de me ver, então me coloquei ao seu lado. Quando ele ficou mais desperto, se surpreendeu comigo. Não estava acreditando no que os seus olhos viam. Ele queria tanto me ver, que achava que estava delirando.

— Olá, meu amigo! Você me chamou?

Quando eu falei, a sua emoção foi espontânea e intensa, e eu percebi que ele sentiu certo alívio.

Eu o abracei e ele não conseguiu deixar de chorar. Um choro sentido, de saudade e de solidão. Por fim, quando conseguiu falar, ele disse:

— Você está bem? Você parece bem!

— Sim, meu amigo, estou bem. Mas estou melhor agora que você sentiu o sol.

Ambos rimos.

— Por que você não veio antes?

— Por que você me pergunta isso, se já sabe a resposta?

Aurélio me disse que o meu maior ato de amor seria deixar você se libertar sozinho, para que você acreditasse que é tão capaz quanto eu. Assim, não precisará mais me seguir, meu irmão, nunca mais.

Mesmo que eu agora veja que fui capaz de me livrar de minhas algemas e sentir-me livre para seguir o caminho mais iluminado, você ainda é o meu irmão, meu brother, meu mano.

Abraçamo-nos novamente e, comovidos, nos reconhecemos como irmãos de almas.

Aurélio chegou naquele momento com vovó Lúcia. Beto a reconheceu imediatamente e, como se quisesse matar uma saudade inesgotável, a abraçou com extremo carinho.

Quanto a Aurélio, ele também o abraçou e ficou ali em seus braços por um bom tempo, sem nada falar.

Então, vovó e eu saímos discretamente, para deixá-los a sós.

— Vó Lúcia, quem é Aurélio? – perguntei.

Ela sorriu e me disse:

— Meu querido, se você ainda precisa me perguntar isso, então se faz necessário que você continue na tarefa de se reconhecer internamente.

Percebi que não adiantava perguntar. Naquelas paragens, precisávamos aguardar o tempo certo e trabalhar para merecer algumas respostas importantes.

❉ ❉ ❉

Estava na hora de eu ir visitar Marcos e Laura. E eu adorava aquelas visitas. Eles não me respondiam, porque ainda alimentavam aqueles pensamentos todo o tempo, mas, depois da energização, eu ficava conversando com os dois, até sentir que poderia ir embora.

Dessa vez, não foi diferente. Eu me doava por inteiro àquele trabalho. Sentia imenso amor por Marcos e Laura. Eu os sentia como meus irmãos queridos, e faria de tudo para ajudá-los no que eu pudesse.

Quando acabou o meu tempo e eu estava saindo do quarto, percebi algo estranho. Parei onde estava, agucei os meus ouvidos e fiquei esperando para escutar de novo. Até que veio uma onda de silêncio e, logo atrás dela, os pensamentos fixos de Marcos e Laura.

Olhei para eles e percebi que estavam da mesma forma, dormindo, porém, algo estava diferente. Parecia que ambos tinham conseguido, mesmo que vez por outra e por poucos segundos, dar uma trégua naquele obsessivo transe hipnótico. Eu chamei a enfermeira daquele setor, que veio depressa. Ela me agradeceu por toda a minha disposição e trabalho de amor junto àqueles irmãos, dando-lhes condições de melhora.

Precisei me afastar, mas voltaria outro dia para continuar com a minha tarefa.

Eu estava tão feliz, que voltei ao quarto de Beto para compartilhar minha felicidade com ele. Enquanto ele tomava uma sopa, comecei a contar que eu estava ajudando no tratamento de Marcos e Laura, mas, de repente, lembrei-me de que ele também participara da queda de ambos, e que isso poderia trazer-lhe sentimentos ruins. Pedi desculpas:

— Talvez você não queira saber sobre isso. Como sou tolo, Beto. Perdoe-me!

— Não, Jefferson. Por favor, continue, conte-me como você os está ajudando. É muito bom eu saber que eles estão livres de nós. Quem sabe poderei ajudá-los também, se me ensinarem. Eu vou sair logo daqui, e talvez eu possa ser útil como você. Quero me superar a cada dia e a cada dia ser um pouco mais feliz... como você!

Então, eu contei todas as novidades.

Capítulo 75

Enquanto Honório estava internado, Cleto fez questão de levar a família dele para conhecer a lanchonete e escutar, de funcionários e amigos que foram ajudados por ele, quem era aquele homem que eles achavam que conheciam. Eles já tinham tido a oportunidade de conhecer no hospital algumas pessoas, mas ali eles testemunharam a sua obra.

Já no dia seguinte, Cleto foi buscar a família de Honório no hotel, para levá-la ao hospital, ainda pela manhã. Tendo saído muito cedo de um dos fornecedores, preferiu ir direto para o hotel e ficar aguardando o horário combinado para avisá-los de sua presença. Eles, porém, desceram cedo para tomar o café da manhã, e vendo-o na recepção, convidaram-no para se juntar a eles.

Satisfeito, aceitou o convite, porque não tinha tido tempo para comer nada naquela manhã. Durante a farta refeição, Cleto percebeu, pelas perguntas que surgiam, que estava na hora de eles conhecerem a sua história. Assim, ali mesmo, ele descreveu seus percalços e dificuldades, às vezes comparando-os às de Honório, e tentando ajudá-los a entender um pouco o que era ser um alcoólatra.

Humildemente, descreveu os fatos, desde o início de seu casamento até o dia em que havia encontrado Honório numa abençoada manhã. Buscou fazê-los enxergar as ilusões de todo alcoólatra que bebe achando que consegue parar quando quiser.

— A gente não percebe o caminho trilhado. Inventa mil desculpas para as besteiras que a gente faz, e, para cada uma delas, arranjamos mais uma nova desculpa para voltarmos a beber. É sempre "só desta vez", e a gente, nesse redemoinho de repetições, não percebe a dor que provoca na família, nosso bem mais precioso.

Como eu disse, no início do meu casamento, eu quase matei a minha esposa. Agora, eu quase a agredi. Infelizmente, com a minha filha, não ficou só no quase! Eu os magoei profundamente e, apesar do perdão dos meus entes amados, somente vou voltar para casa quando eu acreditar que posso superar-me dia a dia.

Os filhos e a esposa de Honório escutavam tudo com atenção. O mais velho confessou:

— Nós sofremos tanto com papai, senhor Cleto, que não conseguíamos nem mais olhar nos olhos dele. Para nós, ele não nos amava o suficiente para superar aquela postura tão danosa para a nossa família. Em todos esses anos que fomos para longe, todas as vezes que ele dizia que iria nos ver, inventávamos mil desculpas para não o receber. Estávamos tão presos ao passado, que não tínhamos olhos para enxergar o homem em que ele tinha se transformado.

— Ele sempre nos ligava para tentar nos encontrar, mas como nunca nos colocamos à disposição para vê-lo, foi desistindo – disse a filha caçula. – Para nós, confesso, foi um misto de alívio, mas também de dor. Alívio porque não precisávamos ficar mentindo para ele, e dor porque ele é nosso pai e fazia muita falta em nossas vidas, mesmo que não percebêssemos. Agora, quando enxergamos o quanto de nossa parte fomos injustos com ele, a dor é imensa.

A esposa só ouvia a conversa. Por incrível que pareça, após todos esses anos de separação, nem ela nem Honório tiveram coragem de pedir o divórcio. Honório foi o seu primeiro namorado, o homem de sua vida, e sempre o seria. Ela foi embora para outra cidade porque não suportava ver o seu amado se matar devagarinho. Também não podia admitir que os seus filhos sofressem tanto vendo o pai definhar a olhos vistos pelo vício da bebida. Agora, porém, a esperança batia nas portas de seu coração: será que Deus estava dando uma nova chance para a sua família? Era a pergunta que ficava martelando na mente de todos.

Após a visita no hospital, eles pediram para rever a casa de Honório. Cleto os levou e eles tiveram uma surpresa agradável. Honório não tinha mudado nada. Todas as fotos, móveis, tudo estava no mesmo lugar. Com exceção de uns três porta-retratos novos que Honório tinha colocado na sala com as fotos de seus amigos, tudo estava como antes. Até os quartos dos filhos estavam intactos. Tudo muito arrumado e limpo.

O próprio Cleto afirmou, espontaneamente:

— Nossa, ele nunca se esqueceu de vocês!

Todos confirmaram com um gesto de cabeça. Foi aí que, finalmente, a sua esposa falou:

— Será que seria demais pedirmos que nos leve ao hotel para pegarmos as nossas malas?

Cleto pensou que algo a havia ofendido e ela queria ir embora, então fez um gesto de que não estava entendo.

— Nós vamos voltar para casa! – disse, com lágrimas nos olhos.

Foi assim que tudo ficou melhor para aquela família que um dia se separara.

Fosse no horário de visita da UTI, fosse no quarto do hospital ou de sua casa, quando recebeu alta, alguém da família sempre estava com ele.

Os filhos só puderam ficar na cidade com o pai por pouco mais de dez dias. Eles, em seus respectivos empregos, tinham pedido uma licença para ver o pai.

Depois, quando a vontade foi de não ir embora, eles conseguiram alguns dias a mais para desfrutar de sua companhia. Assim, os filhos puderam conversar com o pai, e muito pôde ser esclarecido entre eles.

Já a sua esposa, estando aposentada, não tinha maiores compromissos e poderia ficar por mais tempo.

Um dia, no quarto do hospital, ele se encontrava conversando com a esposa, quando ficou uns poucos segundos em silêncio, somente olhando para ela.

Preocupada, ela perguntou se ele estava sentindo algo, e ele repetiu uma frase que sempre lhe falava quando chegava em casa:

— Você está ainda mais linda do que quando a conheci!

Ela, surpresa, corou, sentindo o seu coração pular de emoção, mas não respondeu.

— Me desculpe. Você não mudou nada... está tão linda como no último dia em que a vi. Depois de tantas tentativas de ver vocês, achei que não a veria nunca mais – disse ele, por fim.

Sentando-se na cama ao seu lado, ela lhe respondeu:

— Honório, nos perdoe. Sei que erramos em não dar a você a oportunidade de mostrar o novo homem no qual se transformou, mas ficamos tão magoados! Era tão difícil para mim ver a dor de nossos filhos, tendo de me acompanhar ou ir buscar você nos becos e bares dessa cidade. Depois, pareceu-nos que seria mais fácil lidar com a sua ausência se você estivesse longe. Erramos muito, mas estamos arrependidos.

— Não, eu não os culpo. Vocês fizeram o que tinham de fazer para sobreviver ao meu vício. Eu estava indo para a lama e vocês não poderiam mergulhar nela comigo.

— Infelizmente, meu querido, só agora eu entendo que nós não deveríamos mergulhar no lamaçal, mas poderíamos estar próximos para jogar-lhe uma corda quando fosse o momento certo. Saindo da cidade, optamos por uma escolha mais cômoda para nós.

Ele nada comentou e ela ficou pensativa até que ele dormisse.

Foram dias promissores para Honório, que pôde estar com as pessoas que ele amava.

Quando os filhos se foram, ficou uma promessa: eles voltariam no próximo feriado com os netos. A sua esposa, porém, ficaria com ele até que melhorasse por completo.

Capítulo 76

Glauco e eu voltamos à cela de Baltazar, e o Grande Chefe estava lá. Tinha ido conferir por que o seu prisioneiro seria resgatado.

Quando chegou, o Grande Chefe teve um choque, que foi percebido pelos guardas que o acompanharam. Ele mandou, com um urro de ódio, que fechassem a porta atrás de si.

Estando sozinho, ajoelhou-se próximo de Baltazar, que estava deitado, porque, em seu estado debilitante, não conseguia mais se sentar. A sua imagem era deplorável. Ele perguntou quem estava ali, e o Grande Chefe nada falava.

Nós olhávamos para aquele homem grande e bruto, que estava ao lado de um amigo que, pela sua ganância e orgulho, havia sido reduzido àquele ser tão miserável.

— Baltazar, sou eu, Eliezer.

— Eliezer? É você mesmo? O que faz aqui?

Tentando manter a sua pose, disse ele:

— Queria saber como estava o meu prisioneiro.

Mas, por dentro, ele pensava: — "Como eu pude deixar isso acontecer? Ele era meu amigo. Eu não me preocupei em ver se os meus homens o estavam alimentando direito."

Ele procurou e viu migalhas do que poderia ter sido a sua última refeição, servida há muito tempo. Água? Nem sombra. Só um copo sujo e seco tombado próximo de Baltazar.

— Estou bem, Eliezer, não se preocupe.

Num rompante, ele disse:

— Como você pode dizer que está bem? Está na cara que não!

— Sim, meu amigo, eu estou bem. Nos primeiros anos, se você tivesse me perguntado a mesma coisa, eu diria, por meio de ofensas, que não. Mas, hoje, nada disso importa mais para mim. Estou em paz, Eliezer. Estou em paz!

— Não pode ser! Como você pode estar em paz nestas condições de penúria e amargor? Como você pode falar comigo com tanta ternura e me chamar de amigo, se fui eu quem o colocou nestas condições?

— Porque se você não tivesse me tirado do poder e me colocado aqui; se você não tivesse me dado essa oportunidade de me voltar para mim e ver os caminhos tortuosos e equivocados que estava trilhando, não teria conseguido essa paz interior. Eu me perdoei, Eliezer, e perdoei você também.

O Grande Chefe não entendia. Era difícil para ele poder compreender como alguém que foi torturado durante anos, sem a liberdade, com pouca água e comida, poderia não estar contaminado pela raiva e vontade de se vingar. Ainda com voz que não admite ser contrariado, ele ordenou:

— Explique-me, Baltazar, como você pode me perdoar, se eu o coloquei aqui? Se toda a sua dor e a sua queda foram provocadas por aquele que dizia ser seu amigo?

— Eliezer, você não dizia ser meu amigo, você é. Por isso, está aqui. É o seu bom coração que o trouxe aqui para saber se estou bem. É a nossa relação de amizade que o faz estar preocupado com o meu sofrimento e querer me amparar nesta hora, mesmo não podendo.

— Não, não é verdade. Eu vim aqui porque Glauco disse que você fugiria, que você seria resgatado...

— Mas você iria sair de sua sala para saber, pessoalmente, se um prisioneiro fugiu? Não, meu amigo. Você iria mandar um de seus subordinados verificar, e mandar outros para perseguir o fugitivo.

O Grande Chefe se admirou com tal verdade. Baltazar tinha razão. Por mais que a fuga de um de seus prisioneiros o incomodasse, ele jamais iria verificar pessoalmente. Ele queria mesmo era saber do amigo. Mesmo que fosse por um sentimento egoísta de não deixar que levassem o seu prisioneiro, ele precisava vê-lo.

Nesta hora, Glauco e eu nos fizemos vistos. O Grande Chefe, espantado, recuou instintivamente, batendo as costas na parede e soltando um grunhido. Baltazar perguntou:

— O que houve?

Em resposta, ouviu uma pergunta:

— Baltazar?

— Sim? Quem está aí?

— Sou eu, Baltazar, o Glauco.

— Meu amigo, Glauco. Há quanto tempo!

— Sim, meu amigo. Faz alguns dias que não nos vemos.

— Você pode ver o Eliezer, Glauco? Ele estava aqui ainda há pouco.

— Sim, meu amigo. Ele está conosco.

— Que bom. Os três no mesmo ambiente, de novo. Talvez não com o mesmo propósito, mas juntos pela amizade.

— É verdade, Baltazar. Quem sabe um dia poderemos estar juntos de novo, só que com um objetivo mais útil, cristão.

Do canto em que estava, Eliezer disse, sem muita convicção:

— Como vocês podem pensar assim? Eu sou o Grande Chefe e jamais mudarei.

— Meu amigo – disse Baltazar, num sopro de voz –, nós éramos os donos do pedaço, aqueles que todos respeitavam e temiam. Os nossos nomes eram referência para a ilegalidade e temor entre os nossos inimigos.

Olhe para nós agora! Tudo isso é passageiro, tudo isso é efêmero. Eu descobri isso aqui nesta cela. Por um ato seu, fiquei aqui esquecido. Tudo o que eu tinha conquistado se foi. Só ficou eu. E, infelizmente, o que eu tinha não me consolava aqui sozinho. Somente quando eu percebi que a vida era mais do que tínhamos, comecei a viver. Somente quando recebi a visita de amigos como o Glauco, comecei a entender a minha essência.

Precisei entender que eu precisava perdoar, Eliezer, para me salvar desta minha gaiola. E não estou me referindo a esta cela, mas sim à prisão dos meus conceitos equivocados, que me faziam acreditar que o que eu tinha conquistado me sustentaria para onde eu fosse.

Primeiro, perdoei a mim mesmo, por ter me deixado iludir. Depois, perdoei a você, meu amigo, porque estava a exigir de você o que não poderia me dar naquele momento. Agora, eu me sinto em paz. Então, eu mudei. Gradativamente, eu mudei e acredito que, se você quiser, poderá mudar também, sem ter de passar por tantas dores como eu.

Glauco sentou-se ao lado de Baltazar e o apoiou em seu colo. Pediu-me que emanasse ao prisioneiro os bálsamos de alívio para as suas dores. Eu me coloquei numa postura de doação, e o Grande Chefe ficou ali, me observando. Percebeu que a respiração dolorida e sufocante de Baltazar estava melhorando e uma cor rósea tinha voltado ao seu rosto cadavérico.

— Quem está me ajudando, Glauco?

— É o Jefferson, Baltazar.

— Aquele que fugiu?

— Sim.

— Então, eu também tenho esperança.

Eu estava emocionado, confesso. Aquilo era tudo muito novo para mim. Nunca imaginei que uma cena daquela um dia fosse possível. Ao me libertar, pude servir de esperança para outros que estavam na mesma situação que eu. Agradeci a Jesus, em profunda oração.

Eliezer poderia chamar os guardas, mas o que ele mais queria era que levassem Baltazar embora, para que não sofresse mais. Ali, ele não poderia lhe conceder a cura e a liberdade que ele merecia.

— Eliezer, ele irá adormecer logo. Não gostaria de lhe falar algo mais?

O Grande Chefe saiu do seu canto, chegou próximo de Baltazar e, talvez pela minha presença, disse, tentando manter a sua autoridade:

— Eu não compreendo o que me fala, mas não posso desmentir o que você falou sobre a amizade que nos unia. Éramos fortes juntos, mas da forma que está agora, para nada me serve. Por isso, nada farei para impedir que o levem. Torço para que você sofra mais com os nossos inimigos do que aqui nesta cela.

Ele disse isso sem olhar para Glauco, que sabia ser aquela atitude a maior demonstração de amizade que aquele líder das trevas poderia fazer.

Baltazar, sorridente, adormeceu nos braços de Glauco, que disse a Eliezer:

— Chegou a hora, vamos ter de levá-lo.

— Eu sei.

Nós fomos embora, levando a nossa carga preciosa, e o Grande Chefe ficou ali por mais alguns longos minutos. Todo o seu ser doía. Suas emoções o estraçalhavam por dentro, porque o que ele queria era derramar todas as lágrimas produzidas pelo desespero que sentia de estar só, mas elas secavam antes mesmo de chegarem em seus olhos. O Grande Chefe queria gritar. Seus pensamentos flutuavam entre a revolta e o desejo de pedir que os seus amigos voltassem e não o deixassem só. Pela primeira vez, em séculos, ele voltara a sentir algo em seu peito, e não estava gostando do que estava acontecendo.

Somente quando sentiu que estava mais recomposto, ficou na frente da porta e chamou os guardas. Quando eles a abriram, ele a fechou atrás de si e berrou aos quatro ventos:

— Lacrem essa porta com pedras. O prisioneiro nunca mais sairá daí. E, se eu ficar sabendo que algum de vocês a abriu, eu mesmo os colocarei aí dentro com ele.

E saiu daquela cela não sendo mais o mesmo homem.

Capítulo 77

Marcos e Laura continuavam mantidos em sono reparador e estavam melhorando... devagar. O ritmo menos frenético dos pensamentos lhes trazia algum descanso aos seus espíritos.

Eu questionei a vovó Lúcia se eles não poderiam continuar o tratamento, porém, lúcidos, aprendendo, como ocorreu comigo, e ela me explicou:

— Meu neto, se eles tomassem consciência de seu estado perispirítico, possivelmente, entrariam num processo de não aceitação de si mesmos, o que seria muito pior do que a fixação anterior.

Eles ainda precisarão de um tempo razoável para se recompor interiormente. Este sono reparador os auxilia dentro do possível.

Lembre-se também de que eles estão carregando, em suas consciências, o ato que os tirou do mundo da matéria: o suicídio. Parece-me que, para uma recomposição emocional e perispirítica de ambos, eles necessitarão reencarnar em poucos anos e é possível que, diante desta simbiose tão profunda entre eles, além da falta de consciência sobre si mesmos, provocarão na matéria a mesma reação.

É possível também que a sua existência na carne não será muito prolongada, mas será o tempo certo para que valorizem a sua individualidade.

Eu fiquei extasiado com aquelas informações. Como Jesus era bom e generoso! Aqueles dois seres teriam a oportunidade de se curar através da carne e aprender o que lhes seria necessário para se valorizarem como seres humanos.

É contraditório, no entanto, como a gente não valoriza nada disso quando estamos encarnados. Achamos que somos vítimas por estarmos vivenciando dificuldades e, nelas, nos rebelamos contra Deus.

Eu me lembrei do meu caso. Suspirei e não quis me fixar no espanto que a revelação sobre a minha última vida me provocou. Precisava seguir em frente, porque ainda tinha algumas coisas para consertar no plano da matéria.

Capítulo 78

Cleto finalmente retornou para casa, e todos estavam felizes.

Ele agradeceu a recepção amorosa da família e pediu que eles não o desamparassem naquela caminhada de superação que era enfrentar o seu vício. Ele sabia que seria difícil, mas todos os esforços dele estavam voltados para não os decepcionar.

Aparecida lhe disse, abraçando-o:

— Nós não estamos aqui para criticá-lo, meu querido. Estamos aqui para ajudá-lo a não recuar em seus propósitos. Nesses últimos tempos, aprendemos tanto!

Aprendemos que não somos vítimas, a não ser de nós mesmos; que toda experiência nos faz crescer; que somos responsáveis pelo que nos acontece, na devida proporção de nossos entendimentos... Mas também aprendemos algo muito mais valioso: que nunca estamos sós.

Se há alguém que nos quer mal, outros estarão ao nosso lado, nos protegendo e amparando. É só escolhermos como desejamos vivenciar o nosso amor por nós, que estaremos escolhendo qual companhia nos acompanhará!

Cleto parecia não compreender as palavras de Aparecida. Percebendo isso, ela explicou:

— Cleto, eu também não compreendia certas coisas, até que tivemos a oportunidade de ouvir um espírito que estava nos acompanhando diariamente. Ele nos contou sobre a morte de Marcos, sobre a influenciação que o grupo dele estava fazendo contra você e Rodrigo e que o objetivo deles era nos derrotar.

— Mas... isso é terrível!

— A princípio, parecia que sim, que tudo era muito injusto. Pensamos que, se não os vemos, como poderíamos nos defender? Mas não há razão para temermos, porque as leis de Deus existem para que nenhuma injustiça aconteça. O plano espiritual só nos influencia quando deixamos. Para abraçarmos qualquer intenção trazida por um irmão espiritual, esta precisa estar em consenso com as nossas ideias. Se nos alimentamos daquilo que nos desequilibra, seremos alvos fáceis para quem não nos quer bem. Seremos deles como uma marionete é de seu dono, com a diferença que toda ação nossa, sob a influência deles, terá o nosso aval, porque fazemos só o que queremos.

Mas, se estivermos equilibrados, aqueles que nos acompanharão serão os mensageiros do Amor, que velam por nós, nos protegem e nos intuem em nossas mais diferentes experiências divinas.

Cleto ficou pensativo. Queria entender melhor sobre tudo aquilo que a sua esposa lhe falara. Ele queria sentir aquela paz que encontrou em seu lar, porque viu em seus rostos a verdadeira compreensão diante de toda dor que ele lhes proporcionou. Ele iria para onde eles achassem melhor, para aprender também.

Eu ouvia tudo e ficava pensando como a minha ida àquela casa espírita tinha surtido o efeito inverso do que eu queria na época. Os *da luz* conseguiram me usar para dar uma lição nos encarnados ignorantes.

De repente, eu ri da minha própria expressão. Eu ainda não tinha me acostumado com a minha nova opção de vida e continuava chamando os meus novos companheiros de os *da luz*.

Então, o mentor de Cleto me esclareceu:

— Jefferson, vocês nos chamam de os *da luz*, mas muitos de nós somos apenas trabalhadores singelos na seara do Cristo. Muito ainda há para aprender sobre as verdades divinas, mas o que já aprendemos nos conforta e nos fortalece para entendermos o quão importante é trabalharmos pelo bem do próximo e de nós mesmos.

A luz que vocês enxergam em muitos de nós é como a do pequeno fósforo que brilha em um ambiente escuro, dando àquele que nele está algum conforto, devido ao momento de esclarecimento de sua própria experiência.

Somos todos os trabalhadores da última hora[18], espíritos encarnados e desencarnados que, reticentes no início, vamos percebendo a necessidade do labor durante todo o dia de espera e, após o convite do proprietário da vinha, colocamo-nos úteis, cada um ao seu tempo, segundo o seu querer. Jesus nos quer em Sua seara e nos convida a todos para trabalhar pelo bem maior, depurando-nos a cada experiência pela regra do amor. Ele não rechaça nenhum dos Seus irmãos para o trabalho que evolui, de modo que pelas nossas experiências enxergaremos no outro o nosso irmão, e no amor e autoconhecimento descobriremos os verdadeiros tesouros da alma.

Como ainda somos aprendizes nesta tarefa no bem, Jesus, que jamais nos abandonaria sem amparo, nos envia para nos auxiliar os Seus trabalhadores mais aptos e generosos, que já conquistaram patamares mais elevados de luz e conhecimento, para que não nos percamos neste percurso evolutivo de amparo e amor.

Em uma cadeia hierárquica preciosa, vamos recebendo todos os esclarecimentos de cima para baixo, até que tudo o que foi planejado possa atingir o seu objetivo mais puro, que é a depuração de todo o coletivo, não ficando nenhuma das ovelhas do Senhor perdida de seu rebanho.

Estes somos nós, Jefferson, e se assim é, você agora também é um dos *da luz*.

O que eu achava que era extraordinário antes, porque não conseguíamos compreender, era agora por mim percebido como algo muito simples e sem segredos: o grande poder dos mensageiros do Cordeiro era o amor... E o amor não só pelas vítimas de organizações como a que eu participava, mas também por aqueles que eram, como eu, os seus algozes.

---

[18] Mateus, 20:1-2

Capítulo 79

A família de Rodrigo continuou frequentando a mesma casa espírita que Penélope, indo nas palestras em busca do consolo e entendimento que os conduziriam a um caminhar mais consciente.

Diante de todo o aprendizado que as circunstâncias vivenciadas trouxeram a mim e àquela família, os nossos instrutores nos deram a chance de um novo contato em uma reunião mediúnica. Mas, para um melhor aproveitamento desta experiência e para que os nossos corações estivessem mais entrelaçados, Aurélio entendeu que seria bom que todos nós pudéssemos nos reencontrar no plano espiritual, antes daquela referida reunião, que aconteceria no dia seguinte, no centro espírita.

Quando eu os vi emancipados, senti um misto de amor, porém, ao mesmo tempo, de arrependimento. Como somente Dalva me conhecia, porque fiquei sabendo que ela já tinha me visto conscientemente em sonhos, só ela se surpreendeu quando me viu ali. Percebi que ela teve um lampejo de temor, mas este sumiu quando viu Aurélio ao meu lado.

Após as apresentações de praxe, os temores iniciais por parte dos encarnados frente ao seu algoz e as explicações sobre os meus avanços morais deram condições de podermos conversar um tempo considerável e, quando terminamos, muitas outras explicações tinham sido compartilhadas.

Daquele sonho, Dalva não se lembraria.

Todos acordaram bem animados e ansiosos para participar da reunião à noite. Eu só não saberia dizer se foi porque o senhor Gustavo os tinha convidado com ares de que aconteceria uma surpresa ou porque eles queriam me rever.

Quando, finalmente, a noite chegou, Penélope estava lá sentada à mesa. Os demais trabalhadores, assim como ela, estavam concentrados para a harmonização daquela tarefa. Às vinte horas em ponto, uma oração foi proferida. O senhor Gustavo fez uma breve introdução do trabalho e, depois, orientado pela coordenação espiritual, por meio da intuição, autorizou a incorporação planejada:

— Oi! Meu nome é Jefferson!

Numa reação natural, Rodrigo e Aparecida ficaram tensos, porque se lembraram de nosso último encontro naquela casa de oração. Cleto, que tinha ouvido falar de mim pelos familiares, ficou tenso também, mas Dalva permaneceu tranquila. Ela não sabia por que, mas, em seu coração, sentiu que as coisas estavam bem diferentes.

Eu continuei:

— Volto aqui nesta noite sob outras circunstâncias. Já não sou o mesmo espírito que esteve aqui, anteriormente, ameaçando vocês, porque muito aprendi com os obreiros *da luz* nestes últimos tempos, mas também não estou dizendo que deixei para trás todas as minhas fraquezas e más tendências. Desde aquele dia, eu vi e senti coisas e fui alvo de ações que nunca pensei que pudessem acontecer: do carinho e respeito com que me trataram; de não ter sido exposta a minha fragilidade aos meus homens ao ser trazido aqui, contra a minha vontade, mas sem violência; do comportamento digno dos trabalhadores do Cordeiro, quando respeitaram o meu tempo para mudanças e me deixaram livre, mas nunca só, para fazer as escolhas que me retirariam daquele caminho tortuoso.

Dei uma respirada funda, pois sentia um pouco de ansiedade, e prossegui:

— Saibam que vocês, na labuta da vida, me ensinaram muito neste curto espaço de tempo! Quero agradecer a Dalva por ter rezado tanto por nós, mesmo sabendo que não a queríamos bem. O seu amor chegou até as nossas calejadas almas e curou, homeopaticamente, algumas de nossas feridas.

Se os encarnados soubessem do poder da oração, rezariam mais... Enfim, meu melhor amigo, Beto, e eu estamos muito gratos a você.

Eu parei um minuto, pensando no que deveria falar.

— Rodrigo, você também é alvo de meu agradecimento, porque foi em um momento em que você se perdeu na raiva que eu tomei consciência da minha verdadeira escravidão. Eu pensava ser livre, mas descobri que a simbiose por nós construída para a sua queda me transformou também em seu dínamo, para quando estivesse em desequilíbrio. O que eu chamava de poder, era o que me ligava a todo filho de Deus que não compreendia a alegria de ser livre e de ser feliz.

Por não mais querer influenciá-los, fui preso pelos meus e resgatado pelos que antes eu considerava inimigos. Muito aprendi até agora com os obreiros de Jesus, mas quero dizer que muito aprendi com toda a sua família também. Cada vez que nos resistiam, a cada queda sob a nossa influência e recuperação para um caminhar mais cristão, nos faziam compreender que o verdadeiro poder de um filho de Deus está na centelha que o ilumina e o faz à imagem e semelhança do Criador. Cada um de nós tem a sua luz, e mais brilhamos quando somos alvos do amor de um irmão nosso que, por construções recíprocas, conquistamos na estrada da vida. Por isso, quero agradecer a todos vocês pelas suas participações em cada uma das lições que me permiti absorver até agora.

Todos estavam surpresos, pois estavam preparados para outro cenário de ameaças. Eu continuei:

— Mas não vim aqui só falar sobre isso. Preciso lhes contar uma história, a história da minha última vida encarnada, onde deveria me reencontrar com diversas pessoas, cujas vidas se entrelaçaram às minhas, diversas vezes, em razão das escolhas que fizemos no decorrer de nossas existências.

Todos ficaram atentos para a minha narrativa.

Iniciei explicando onde eu morava e sobre a morte de minha avó, quando eu só tinha seis anos de idade. O horror que senti ao ir para o orfanato, fugindo diversas vezes de lá e sendo reconduzido outras tantas. Falei da minha última fuga, com o meu ingresso no tráfico e a minha morte em razão dele.

Respirei fundo e continuei:

— Pelo que vocês podem perceber, nada diferente das inúmeras vidas jogadas fora pelo envolvimento, direta ou indiretamente, com as drogas.

O que nos interessa, e o que eu só descobri após o meu resgate, era que, pela minha programação de vida, quando a minha avó se fosse, eu seria adotado por uma família que, em razão de compromissos firmados entre nós, me amaria e me ajudaria também a me tornar um homem de bem.

Claro que contratempos sempre existiriam e poderíamos fazer escolhas erradas, mas, no fim, tínhamos condições de superar as dificuldades e nos amar e respeitar plenamente, foco principal de nossa reencarnação. Eu teria três irmãos mais novos e uma vida modesta, mas feliz. Nessa época, meus pais adotivos já estavam à minha procura. Tenho que dizer que eles não desistiram tão facilmente de mim, indo a inúmeros orfanatos públicos ou beneficentes à minha procura. O compromisso deles comigo era forte, mas, por eu ter fugido do orfanato, eles não puderam me encontrar, desistindo somente quando o tempo urgiu e o meu irmão precisou renascer.

Aparecida e Cleto se olharam, espantados.

— Em razão de minhas escolhas na matéria, logo quando morri fui aliciado por uma das organizações das trevas que existem no plano imaterial da vida, e trabalhei nela por muito tempo. Apesar dessa minha escolha, minha avó jamais desistiu de mim. Ela e outros tantos mensageiros continuaram tentando me fazer enxergar o caminho de dores que eu estava trilhando, mas eu, na teimosia de meu orgulho, sempre neguei a luz a mim ofertada.

Respirei fundo novamente. Parecia que a ligação que eu mantinha com o médium trazia para mim uma sensação mais intensa das minhas emoções, porque ele estava até mais emocionado que eu. Mas eu iria até o fim:

— Fui contatado pelo meu chefe direto para um trabalho no orbe e, após os comandos de praxe, me dirigi para o seu lar. Quando os encontrei, algo me incomodou, mas não dei qualquer importância aos meus sentimentos, não me dando condições, se fosse possível, de me lembrar de vocês.

Como uma piada de mal gosto, e para minha grande vergonha frente a vocês, fui enviado para influenciar e levar à derrocada a família que iria me adotar e me amar.

Aparecida e Cleto, era a mim que vocês buscavam nos orfanatos, tentativa após tentativa. Claro que vocês, por necessidade de valorização dessa relação por todos nós, não iriam me achar rapidamente, mas por medo eu fugi, não nos dando a oportunidade de vivenciarmos essa existência juntos.

Apesar de eu ter modificado radicalmente a nossa programação de vida, foi-me explicado que isso não é anormal e que os instrutores maiores enxergaram que ela poderia ser uma oportunidade ímpar para que todos nós pudéssemos progredir como filhos de Deus.

Olhando para nós hoje, finalmente entendo que eles realmente tinham razão.

Pela minha ausência em nossas vidas, e depois pela minha presença desagregadora, meus amigos, venho pedir o perdão de vocês.

Mas também, diante dessa graça divina de poderem ter conhecimento sobre como a vida trabalha para o nosso crescimento individual e coletivo, peço que valorizem a vida encarnada presente e não tentem deixar para uma outra existência a necessidade de se compreenderem e se amarem mutuamente.

Por último, também tive autorização para lhes falar que Marcos e Laura estão melhorando, dia a dia, e eles terão oportunidade de retornar ao plano carnal daqui a alguns anos, para novos aprendizados.

Eu me despedi de todos, deixando-os muito emocionados.

* * *

Seu Gustavo logo informou que outro espírito de maior grandeza espiritual tomaria a palavra.

Aurélio, então, se utilizando das faculdades mediúnicas de Penélope, disse-lhes:

— Benditos sejam o amor e o amparo do nosso Senhor Jesus Cristo!

Não se esqueçam, meus amigos, dessa experiência preciosa, que nos mostra o que é a lei de Deus para cada uma de Suas criaturas. Só há perfeição, justiça e amor na vida de todos os filhos Dele. Mas, se somos ainda caminheiros, peregrinos imaturos e ignorantes da trajetória a ser seguida, podemos não entender que não há como sermos penalizados pelos caminhos equivocados que percorrermos. Aprendizados e oportunidades serão os nossos instrumentos para galgarmos melhores entendimentos e, por fim, maiores patamares evolutivos.

Sentimo-nos felizes por estarmos aqui, quando um dos seus traz, com muito carinho, essa boa nova. Sabemos de suas lutas e não menosprezamos as dores pelas quais passam para o seu crescimento individual. Observem-se, dia a dia, e percebam onde vocês podem ir, depurando os seus valores e ações, diante daqueles que foram ontem.

Oriento a todos que a cada experiência faz-se necessária uma nova tentativa de superação e entendimento. Não exijam muito de si. Perdoem-se nas dificuldades e falhas humanas. Alimentem a felicidade que os aguarda e se permitam viver na simplicidade das verdades divinas.

Jefferson é mais um irmão querido que, em razão de seu desconhecimento da vida, vivenciou os percalços vindos de suas escolhas equivocadas. Mas, como puderam ver, em nenhum momento esteve só. Jesus está conosco e jamais nos deixará abandonados no lodo de nossas próprias perversidades. Ele nos aguardará ao nosso lado, sem titubear, para nos consolar, seja quando acreditarmos que estamos afastados de Deus, seja quando elevarmos o nosso pensamento a Ele, pedindo o Seu auxílio.

Aproveitem a sua existência carnal para absorção de maiores aprendizados e para as depurações de suas fraquezas íntimas. Não desanimem! Amparem-se mutuamente e vivenciem essa existência como um presente dado por Deus.

Viver na matéria é uma oportunidade divina que é concedida a todos nós, mas a cada um ao seu tempo, a cada um segundo a sua necessidade de entendimento. Jefferson, Marcos e Laura não poderão vivenciar suas experiências carnais com vocês agora, mas eles estarão sempre em seus corações. Orem por eles. Auxiliem-nos para que, fortalecidos, possam aprender sempre mais e ser úteis na Seara de Nosso Mestre Jesus."

Vivam na paz do Cristo!

E assim fomos embora, com a paz em nossos corações.

Capítulo 80

Apesar de eu não estar sempre com aquela que seria a minha família, vez por outra ficava sabendo das novidades e lhes fazia uma visita com algum de seus mentores. Confesso também que, quando a saudade batia forte, eu tinha autorização para invadir os sonhos de Dalva para trocar ideias sobre as tarefas que abracei e sobre o progresso dela naquela existência.

Eu lhe contava sobre os cursos que eu frequentava e do quanto estava me sentindo integrado. Ah, contei também a grande novidade: eu fui autorizado a trabalhar como aprendiz de socorrista nas regiões próximas da cidadela de minha antiga organização com alguns instrutores. Comentava com Dalva o quanto estava aprendendo e resgatando irmãos que, como eu, se iludiram com o poder das trevas, deixando-se escravizar. Como o comentário da minha fuga se espalhou rapidamente, era muito fácil ajudar aqueles que já me conheciam.

E foi em uma dessas muitas tarefas que eu descobri o porquê do Grande Chefe ter sido contratado para promover a queda de Rodrigo. Um dos socorridos, que fazia parte de uma facção rival, até me agradeceu, por eu não ter cumprido a tarefa de levar Rodrigo à decadência.

Como eu tinha sido orientado a não usar de minha curiosidade com os irmãos que estavam em agonia, logo quando pude, perguntei a Aurélio se ele sabia a resposta, e ele assim me esclareceu:

— Jefferson, sempre arcaremos com as consequências de nossas ações, sejam elas boas ou não. Rodrigo, em uma de suas vidas, foi um homem poderoso e desregrado. Fez muito mal a um menino que cresceu e agora é o Comandante de uma facção rival àquela que você trabalhava. Infelizmente, ele ainda quer vingança, para castigar

Rodrigo e fazê-lo sofrer. Por isso, fez a proposta de entregar alguns de seus homens ao Grande Chefe, se ele lhe entregasse Rodrigo.

— Mas vocês sempre me disseram que a vida não erra, porém, não existiu injustiça maior do que o Comandante, menino ainda, ter sofrido nas mãos de Rodrigo?

— Respondendo com simplicidade, Jefferson, ninguém é vítima das circunstâncias da vida. Ninguém passará por uma experiência que não lhe seja benéfica para o seu crescer. Se a vida uniu Rodrigo e o Comandante, e a reação de ambos foi com tamanha intensidade, qual teria sido o desengano anterior entre eles para cultivar tanto ódio?

Infelizmente, quando acreditamos que a justiça está em nossas mãos, agimos contra o outro, aplicando-lhe torturas que, por força da Lei de Causa e Efeito, poderão ser as sementes de nossas próprias torturas em futuro próximo.

Isso me remeteu às minhas recentes experiências. Sim, eu entendia o que era agir baseado em nossa ignorância sobre o amor do Pai.

— Mas, por que aquele seguidor do Comandante agradeceu por não termos conseguido derrotar Rodrigo?

— Porque o Comandante, apesar de tudo, não é cruel com os seus subordinados. Se Rodrigo caísse, eles deveriam se submeter às garras do Grande Chefe, um líder bem mais impiedoso.

Eu entendi e, mais do que nunca, sentia que precisava pensar sobre tudo aquilo.

Capítulo 81

Todos estavam ansiosos. Hoje eles comemorariam o aniversário de um ano de sobriedade de Cleto. Ele estava muito feliz e se sentia o mais realizado de todos os homens. A sua felicidade só não era maior, porque o seu filho Marcos não estava ali entre eles. Ele sentia muita falta do filho, mas não queria enviar para ele uma saudade triste, e sim a sua felicidade.

Dalva tinha falado com eles sobre ter sonhado com Marcos há alguns dias, e lhes contou que ele estava se recuperando bem, omitindo o seu estado ainda debilitante, que faria os familiares ficarem tristes.

Eu tive a oportunidade de apresentá-la ao Beto. Ele já estava ativo no auxílio nas enfermarias. Eu senti que ele queria tentar algo que pudesse fazer sem mim, e eu o compreendi. Apoiei a sua iniciativa e, sem surpresa, vi que ele era muito bom no que fazia.

Aurélio também estava orgulhoso dele. Por isso, Beto e eu, com a autorização de Aurélio, levamos Dalva para ver Marcos e Laura, que, apesar de estarem um pouco mais tranquilos em seus pensamentos, ainda estavam interligados e adormecidos. Ela, ao entrar naquele cômodo, chorou no início, mas enxugou as lágrimas, segurou na mão de seu irmão e cantou a sua música preferida.

Ele teve uma reação, apertando a sua mão com a força de uma saudade, o que comoveu a todos. Laura também reagiu àquela música, talvez por causa de sua simbiose com Marcos, mas foi com menos intensidade. As esperanças são sempre revigoradas a cada reação vivenciada pelos pacientes daquela ala.

Marcos já apresentava uma roupagem perispirítica mais próxima de uma forma humanizada, mas ainda havia muito a ser feito. Ele já tinha aquilo que chamamos de mão nos cotocos que chamávamos de braços. Pode parecer pouco, mas ele estava quase sem forma quando o achamos na zona dos desesperançosos.

Eu agradeci a Dalva pelas bênçãos do amor. Eu percebia, a cada dia, o quanto ela era especial. Mesmo tendo o cordão de prata ligando-a ao corpo físico, ela tinha um brilho interior que não dava para ignorar.

Ela me avisou sobre o aniversário de sobriedade de seu pai no sábado próximo, o que me fez prometer que tentaria ir vê-los, se me fosse permitido. Dalva, satisfeita, voltou para o corpo e acordou já com muita saudade de mim, seu irmão espiritual.

Naquele sábado, estavam todos animados, e Cleto era o mais entusiasmado de todos. Anos atrás, quando participou do AA, ele também tivera alguns aniversários trimestrais e anuais de sobriedade, mas não estava tão integrado ao programa como dessa vez. Apesar de ele ter ficado ali por alguns anos, nunca convidara a sua família para as cerimônias de sobriedade.

Agora, no entanto, ele entendia a necessidade de sua participação e aceitava. Agora ele estava ali porque sabia que era um alcoólatra e não deixaria de ser. O seu organismo físico não se curaria; ele aprendera, naquele curto espaço de tempo, que ele era muito mais que o seu corpo físico. A sua meta, portanto, era limpar desde agora a sua essência. Por isso, não desistiria, e talvez na próxima vida ou na outra ele já estaria mais liberto do vício.

Honório, como seu padrinho, estava muito orgulhoso de seu afilhado. Após ele ter descrito todo o esforço e superação de Cleto naquele um ano de sobriedade, ele finalizou o seu discurso:

— Ser padrinho é uma honra indescritível. Temos, nessa função, uma obrigação moral com aquele que nos escolheu para ser o seu ombro amigo e o seu conselheiro nos momentos em que ele acredita não ter forças para continuar sozinho. O padrinho compartilha a sua experiência, para que ambos possam manter a sua sobriedade... por mais um dia! Mas não se iludam, meus amigos, achando que o padrinho, por auxiliar o seu afilhado, já ultrapassou todas as suas viciações. Ao contrário, essa relação o leva a se lembrar sempre de suas próprias fraquezas, de suas próprias recaídas. Ter um afilhado é, mais do que nunca, um incentivo para que o padrinho também se mantenha sóbrio, para ser o exemplo que ele precisa. Mas essa nossa relação de auxílio foi além da nossa dependência.

Todos vocês, que acompanham essa minha longa trajetória, sabem um pouco sobre a minha vida, e não é segredo para nenhum de vocês que, apesar de eu ter tentado ser um homem feliz todos esses anos, sempre houve uma tristeza pairando sobre o meu ser, que era o afastamento de minha família, em razão do meu vício. Hoje, minha esposa e meus filhos estão de volta à minha vida, e posso dizer que isso foi alcançado em razão dos muitos amigos que tenho, que não economizaram esforços para que eles pudessem enxergar o meu progresso como pessoa e homem sóbrio. Mas um deles foi mais além. Ele se expôs por inteiro, deixando de lado todo o seu orgulho, para que a minha família pudesse, vendo-o, ver-me como alguém que lutou muito para se superar e que valia a pena me dar mais uma chance. Por essa postura de amizade e reconhecimento, eu quero agradecer ao meu grande amigo e afilhado, que fez com que tudo isso pudesse acontecer.

A esposa de Honório já tinha retornado para casa e morava com ele há alguns meses. Já os seus filhos vieram de sua cidade para participar desta homenagem, e todos estavam contentes.

Quando Cleto recebeu a sua medalha de sobriedade, todos o aplaudiram com muito entusiasmo. Em um discurso rápido e emocionado, ele agradeceu ao seu padrinho, aos presentes e à sua família, que, mesmo depois de tudo o que ele aprontou, lhe deu mais uma chance para a sua redenção.

Nós, que acompanhávamos a cerimônia, também estávamos emocionados. O mentor de Cleto enxugava, vez por outra, uma lágrima que teimava em brotar de seus olhos, de pura alegria. E, diante desse sentimento enobrecedor, ele orou:

— Mestre Divino, obrigado por tanta felicidade! Obrigado por estar sempre ao nosso lado, para que sirvamos de orientadores fiéis dos Seus ensinamentos. Que os nossos amados pupilos possam ultrapassar as suas dificuldades seculares com a certeza de que jamais estão sós, porque o Senhor nunca nos abandonará. Amado Mestre Jesus, porque a Sua Luz Sacrossanta continua a brilhar sobre nós, nos indicando o caminho certo a ser percorrido, estamos crescendo e nos superando a cada experiência. Continue nos alimentando com a Sua paz, alegria e amor.

Assim seja!

Capítulo 82

Glauco veio até mim, depois que finalizei a terapia com Marcos e Laura. Ele queria me fazer um convite, que me deixou muito animado.

Primeiro, iríamos ver Baltazar. Toda vez que o via, me impressionava com a sua recuperação. Quem o viu da primeira vez e o vê agora, não imagina quão transformadora foi a sua recuperação. Ele até já participava de um outro grupo de socorristas como aprendiz, como eu, e me disseram que ele estava indo bem neste sentido.

— Isso se deu, Jefferson – disse Glauco –, porque Baltazar absorveu os ensinamentos com todo o seu coração. Aquele tempo na prisão foi muito importante para ele.

Eu também havia percebido isso. Quando ele foi resgatado, os ensinamentos que ele pôde proporcionar ao Grande Chefe foram muito profundos, se pensarmos que, algum tempo antes, ele era um dos conselheiros chefes de nossa organização.

Olhando mais afastado Glauco e Baltazar conversando animadamente, lembrei-me de quando os vi pela primeira vez. Estavam os dois com o Grande Chefe em um palanque, e foi Glauco quem falou para todos nós. Percebi nele a sua capacidade de nos motivar a agir, tendo a maldade e a indignação como ferramentas para as nossas ações desmedidas. Naquela ocasião, fizemos tudo o que queriam, acreditando que estávamos fazendo a justiça merecida contra aqueles que eram os nossos inimigos.

— Sim, Jefferson – falou Glauco, que chegava próximo de mim e acompanhava a minha lembrança. – Eu usava de minha capacidade de convencimento para que vocês pudessem fazer o que nós queríamos. Manipulávamos suas mentes e seus corações para que agissem acreditando na verdade que trazíamos em nossos corações: que a nossa causa era a única pela qual valia a pena lutar.

Desde que saímos, o nosso amigo Eliezer usou da força e da violência para segurar os seus homens. Mesmo eu e Baltazar, até então com toda a nossa ignorância dos preceitos cristãos, sempre fomos contrários a essa medida de influenciação, porque, com o tempo, nada mais importa para um homem que está sob o martírio: ele se vai.

Agora, Eliezer está sentindo as consequências de suas ações e está muito perdido, precisando de nós.

Foi desse modo, com os corações cheios de esperanças, que nós três fomos ao encontro daquele que já estava propenso a seguir um novo rumo em sua vida.

O Grande Chefe estava muito desanimado e sozinho em seu grande salão, e isso já estava sendo sentido pelos seus subordinados. Ele estava manso, sem entusiasmo. Os seus comparsas mais próximos eram quem o estavam impulsionando para as rotinas diárias, mas ele ficava muito tempo em seu gabinete e sempre urrava quando era interrompido.

Eliezer já estava, internamente, questionando o que queria para a sua vida. Glauco incentivou Baltazar a fazê-lo pensar sobre os seus problemas, o que foi naturalmente acolhido pelo Grande Chefe. — "Não sei mais o que fazer! Estou desanimado e não tenho mais qualquer satisfação em castigar ou defender os nossos domínios! Estamos a ponto de perder a nossa cidade e eu não tenho vontade nem ideias de como agir. Fico somente pensando no que pode ter acontecido com Glauco e Baltazar e se eles, ao contrário de mim, estão realmente se encontrando. Todo esse poder que possuo hoje não está me trazendo nenhuma satisfação. Pergunto-me, para que lutei tanto para conquistar esse poder, se ele não me traz o que eu preciso? Todo o esforço que eu fiz, inclusive ao mandar prender os meus melhores amigos, de nada adiantou!"

Glauco fez um sinal e nós três nos fizemos visíveis.

— Olá! – disse Baltazar.

Eliezer tomou um susto.

— Como você pode estar assim? Você estava em frangalhos quando saiu daquela cela, e agora está tão bem!

— Meu amigo, quando nos tratam bem, melhoramos rapidamente.

— Mas eles são os nossos inimigos! Como eles aceitaram ajudá-lo, depois de tudo o que você já fez, e ainda tratá-lo bem?

— Eliezer, éramos nós que estávamos errados. Os mensageiros do Cordeiro trazem a esperança, o consolo e a oportunidade de nos vermos curados de nossa própria ignorância. Eles não nos querem mal porque fizemos o mal. Eles querem que aprendamos a sair logo do caminho equivocado, para pararmos de sofrer.

— Mas quando chegamos aqui...

— Sim. Da mesma forma que iludimos a todos que nos acompanharam em nossas ideias egoístas, nós também primeiro tivemos que acompanhar alguém que não tinha entendido ainda a verdadeira missão do Cristo, que foi nos ensinar a amarmos uns aos outros.

Baltazar, dos três, era sempre o mais sensato. Mesmo sendo algumas vezes portador de palavras deturpadas, travestida de verdades, era sempre ele que as usava para fazer os outros dois refletirem sobre a melhor forma de agir para alcançar os seus objetivos.

A imagem salutar de Baltazar incomodava Eliezer demais. Ele, como amigo, o colocou atrás das grades. Já os que ele considerava inimigos, o ajudaram a se restabelecer.

— "O que estes *da luz* queriam realmente com aquilo tudo?" – pensava o Grande Chefe.

— Vi muitos dos nossos subordinados serem socorridos – revelou Eliezer –, mas eu achava que isso jamais aconteceria conosco, porque éramos portadores de pecados extremos. Quando Glauco sumiu, eu não acreditei que tinha sido um resgate dos *da luz*, mas sim que um guarda o tinha ajudado a sair. Por isso, quando Jefferson sumiu, eu castiguei os guardas em praça pública, para não haver outra ajuda daquele tipo.

— Eu somente recebi o amparo dos mensageiros de Jesus – disse Glauco – quando entendi que precisava reconciliar-me comigo mesmo. Levei algum tempo para isso, porque, no início, eu somente queria vingança pela sua traição.

Com o tempo, percebi que tudo o que eu considerava importante foi-me arrancado das mãos. Nada realmente me pertenceu. Tenho de confessar que, naquele momento de nossas vidas, da mesma forma que Baltazar, eu não faria isso sem você me encarcerar.

Nós precisamos desejar o auxílio, mas, antes de tudo, precisamos compreender os nossos erros e realmente nos arrepender de tê-los cometido. Se não for assim, acabaremos, na primeira dificuldade, voltando para onde nos sentíamos amparados no início.

O mesmo aconteceu com Jefferson!

Eliezer olhou diretamente para mim, com um olhar que não consegui decifrar, e me disse:

— Como eu pude errar tanto ao escolher você para a tarefa de neutralizar Rodrigo? Acreditava que, pelo seu passado desastroso juntos, inconscientemente, você não iria titubear e levaria a cabo a sua missão. Ledo engano meu. Agora, por sua causa, tudo isso está acontecendo!

Eu já o tinha ouvido falar sobre isso, mas me perguntei como ele soube sobre o meu passado com Rodrigo. Senti emanar do Grande Chefe um sentimento de muita indignação, mas não de raiva ou revolta, tão naturais nele. Ainda assim, não tive coragem de perguntar sobre o que ele sabia.

— Eliezer – disse Baltazar –, viemos todos aqui para lhe dar a certeza de que, apesar de sermos ainda pecadores, Jesus nos perdoa e nos acolhe em sua Seara.

Queremos incentivá-lo a repensar seus valores. Acredite que não o abandonamos. Nossa amizade poderia se fortalecer mais que nunca, tendo como base outros valores, verdadeiros e sinceros. Quando precisar de nós, aqui estaremos!

Sumindo de suas vistas, vi os amigos do Grande Chefe sorrirem para mim, com a esperança renovada.

Capítulo 83

Guilherme voltou à faculdade. Ele se sentia em um novo momento de sua vida. Tinha passado momentos de grandes aflições, mas agora os via como aqueles que o salvaram de si mesmo e o ajudaram a valorizar mais a vida e a si próprio.

Ele não procurou mais o seu grupo antigo de colegas de vício, e quando era abordado por qualquer um deles, fazia um discurso rápido sobre como estava bem e limpo. Nenhum deles voltava a lhe falar.

Infelizmente, desde a sua recuperação, teve de participar do enterro de três colegas, que morreram em virtude do consumo de entorpecentes. Guilherme foi, mas pediu ajuda a Antônio para enfrentar aqueles eventos. Juntos, estiveram ali, para ver a dor das famílias, a dor dos amigos, a dor que as drogas provocam depois de fazer o seu estrago. Para espanto de Antônio, Guilherme, discretamente, tirou fotos nos funerais, mas não teve coragem de lhe perguntar o porquê.

Quando do término do terceiro enterro, Guilherme pediu a Antônio que não fossem direto para casa. Ele precisava espairecer.

Antônio aceitou na hora o convite. Eles, então, foram a um parque natural e se sentaram na grama. Eram umas dez e pouco da manhã.

Depois de um tempo em silêncio, Guilherme disse:

— Preciso fazer alguma coisa, Antônio! Preciso ajudar às pessoas, para que elas voltem a se importar consigo mesmas. Preciso ajudá-las a não aceitar tão pacificamente ter a sua morte antecipada pelas drogas. Enquanto elas ainda se importam, preciso mostrar a elas a dor que produzem, pela sua insensatez, naqueles que amam. Eu sei, mais que ninguém, que os que estão mergulhados nas drogas entram em um estágio de não se preocupar com mais nada, mas quem sabe poderemos resgatar aqueles que não chegaram nesse ponto ainda. Com os nossos depoimentos e fotos como essas – disse, mostrando a máquina –, os faremos enxergar o caminho sem volta que estão entrando.

Antônio ficou surpreso. Ele jamais imaginaria, mesmo com tantas mudanças em Guilherme, que ele se dispusesse a isso.

— Você tem certeza, Guilherme? Lembre-se de que dar o seu depoimento é falar sobre todas as coisas que fez de errado e se expor para o mundo.

— Eu sei, Antônio. Não posso dizer que essa ideia no começo não me trouxe incômodo, mas, depois de tudo o que passei e a cada enterro que fui, tenho mais certeza de que podemos fazer a diferença para alguém. E seria muito bom se você pudesse compartilhar essa tarefa comigo. Se formos nós dois, talvez alguns jovens escutem algum de nós.

Antônio ficou pensativo. Guilherme continuou:

— Procurei Penélope e conversei com ela sobre essa possibilidade, logo quando a ideia surgiu. Ela disse que a ideia era boa sim, mas que eu deveria conversar primeiro com o meu psicólogo, para que ele me orientasse sobre o que eu poderia fazer para que a minha intenção não se perdesse pelo caminho.

Penélope também me orientou que eu precisaria da autorização das famílias para que eu pudesse usar as fotos tiradas nos funerais. Mas nada fiz até agora, porque ainda estava pensando sobre o assunto. Hoje, tenho certeza do que quero, mas gostaria de saber se você aceitaria enfrentar essa tarefa comigo.

Antônio olhava para Guilherme, ao mesmo tempo admirado e com dúvidas, percebendo o quanto o amigo estava realmente empenhado para se envolver com aquele projeto. Pensava se valia a pena tanto trabalho para conversar com jovens que poderiam desmerecer todo o esforço deles.

Então, veio à sua mente o dia em que Antônio conheceu Dalva e Rodrigo. Como foi bom ajudá-los a compreender um pouquinho daquele mundo horroroso no qual ele tinha vivido e saído por temer morrer sozinho. Incentivado por aquela sensação de utilidade, não precisou pensar duas vezes: se pudesse ajudar um que fosse a não continuar por esse caminho, ele o faria.

— Acho que você tem razão, Guilherme, podemos tentar. Com a experiência que temos, podemos ser mais úteis. Mas temos de nos preparar. Vamos usar de nossas dores para ajudar seja quem for a não passar por elas. Eu vou com você ao psicólogo, para que ele nos oriente.

— Depois, vamos às famílias e, por fim, penso que podemos começar pela nossa antiga escola, perguntando se ela não abre um pequeno espaço de tempo para falarmos com os jovens.

E assim fizeram.

❈ ❈ ❈

Primeiro, foram ao psicólogo, que os ajudou e lhes deu muitas dicas. Após conseguirem autorização do uso das fotos pelas famílias de seus amigos falecidos, se dirigiram à sua antiga escola onde cursaram o ensino fundamental e médio.

A ideia foi aceita com muita naturalidade e, com tudo acertado, os dois compareceram na data marcada para a sua conferência.

Foram levados para o anfiteatro da escola e ficaram aguardando, em silêncio, os alunos chegarem.

Individualmente, começaram a temer o que poderia acontecer. Temiam passar vergonha ou eventualmente serem rechaçados pelos alunos.

Estavam muito nervosos.

Vendo os seus pupilos assim, os seus mentores os intuíram a fazer uma prece para harmonizar os seus corações. Ambos falaram juntos, quebrando o silêncio:

— Vamos orar?

Riram da coincidência. Fizeram uma simples prece, pedindo a Jesus que os ajudassem a ser claros em suas apresentações, trazendo-lhes calma para realizar aquela exposição.

Ao terminarem, o mentor de Antônio disse:

— Uma prece singela, mas que se eleva até o Cristo, pelo magnífico objetivo que ela tem.

Tudo pronto. Antônio e Guilherme foram apresentados e deram início ao que vieram fazer. Juntamente com os seus depoimentos, eles trouxeram fotos e vídeos, que foram apresentados no telão. Eram fotos de vários viciados, nas ruas, nas escolas... mostrando a gradativa degradação do ser humano. Fotos dos enterros e da dor dos familiares que tiveram de enterrar os seus filhos, netos e sobrinhos em sua mais tenra idade.

Mas o que surpreendeu muito aos jovens estudantes foram as fotos e vídeos de Antônio e Guilherme antes, durante e depois do vício. Eles tiveram a ideia de juntar, cronologicamente, as suas próprias imagens, demonstrando, gradativamente, o que aconteceu com os seus corpos e mentes durante todo esse processo.

Antes disso, enquanto eles estavam preparando o seminário, Antônio comentou que pensara em procurar na internet alguns vídeos que pudessem mostrar aos alunos como era doloroso enfrentar o processo de abstinência, mas gostaria de saber se Guilherme achava uma boa ideia.

Sem nada dizer, Guilherme foi até o seu quarto e, voltando à sala, entregou a Antônio uns vídeos.

— Mas, o que eles contêm? – quis saber Antônio.

— Você vai ver.

Após uma das suas crises de abstinência ter sido descrita pelos seus pais e ele não se lembrar do que fizera, Guilherme pediu para que colocassem uma câmera em seu quarto e o filmassem em suas crises. Ele estava tão empenhado em melhorar, que ele mesmo fez um vídeo dele autorizando a sua família a usar daqueles vídeos para ajudá-lo, se fosse necessário.

Não foi fácil para ele se ver depois de cada filmagem. Realmente, por muitas vezes, ele se envergonhou ou se espantou com a sua própria selvageria e irracionalidade.

— Você não se importa de se expor dessa forma, Guilherme? – perguntou Antônio, indeciso.

— Queria eu ter também uma filmagem do que passei naquele sequestro, meu amigo. Porque se pudermos evitar que um daqueles jovens passe pelo que eu e aquele enfermeiro passamos, estaremos fazendo algo maravilhoso.

E, realmente, o impacto das imagens e informações foi tão grande, que os adolescentes os envolveram com inúmeras perguntas, obrigando a escola a abrir mão da última aula, para que o aproveitamento daquela reunião não fosse perdido.

Os dois jovens ficaram muito satisfeitos, mas as mudanças não acabaram aí.

Outras escolas ficaram interessadas em abrir um horário para que eles pudessem também levar aos seus alunos aquela experiência tão enriquecedora. Eles programaram vários horários em que não fossem prejudicados os seus estudos na faculdade. Conseguiram até levar o próprio delegado em algumas das reuniões, contribuindo, em muito, com tudo o que estava sendo explanado.

Guilherme e Antônio também sofreram chacotas de alguns jovens viciados que, por influência ou não de irmãos espirituais, não queriam mudar de vida; foram alvos deles na saída de algumas escolas, chegando em casa banhados de vômito e ovos.

Mas nada disso os impedia de seguir em frente. Pelo contrário, somente lhes deu fôlego para que continuassem naquela estrada de certo modo tortuosa, porque sabiam que aquelas reações vinham do medo daqueles jovens de ter de enfrentar, sem as drogas, a realidade de suas vidas.

Capítulo 84

Muito tempo se passou, e Dalva estava se preparando para passar por um momento muito especial. Ela havia engravidado e Antônio estava ao seu lado. A sua gestação era considerada de alto risco, mas ela não desistiria. Quando eles descobriram que teriam gêmeos, saltaram de alegria. Ela e o marido não poderiam ficar mais satisfeitos. Mas ele percebia que ela, vez por outra, sentia uma tristeza, que disfarçava quando era questionada.

Antônio, ao contrário, era só satisfação, até que, em uma das ultrassonografias, constatou-se que os seus gêmeos estavam interligados pelas costas, compartilhando a mesma coluna vertebral, reto, músculos e nervos. O médico lhes disse que, se eles nascessem bem, uma cirurgia como aquela seria de alto risco e muito cara.

Antônio ficou atônito. Chorou muito e ficou introspectivo durante semanas, o que fez Dalva ficar muito preocupada. Ela teve medo que aquela notícia poderia ser um pretexto para ele acabar recaindo em seus vícios anteriores, por isso tentava dar a ele todo o seu carinho. Porém, Antônio não reagia. Ao contrário, ele não queria ficar perto dela.

Esse foi o período em que Dalva se sentiu mais sozinha.

Sem saber o que fazer para ajudar o marido, Dalva rezava por ele e pelo seu casamento, sempre entregando a Deus as suas dificuldades e afirmando que não desistiria frente à circunstância.

E foi em resposta às suas súplicas que ela recebeu a visita de Aurélio e de seu mentor Caio em seus sonhos.

— Minha querida, você sabe o porquê de sua gestação complicada, não sabe?

— Sim. Eu me lembro que eu e Antônio fomos questionados, há um tempo, se receberíamos Marcos e Laura em nossas vidas para lhes dar uma nova oportunidade de aprendizados. Também me lembro de que fomos trazidos aqui novamente, há poucos meses, para firmarmos esse compromisso e o aceitamos novamente. Eu me lembro sim, Aurélio.

— Você não se sentiu triste por várias vezes com essa lembrança?

— Sim. Apesar de ter aceitado, eu fiquei um pouco temerosa com essa responsabilidade e porque, em meu coração, não desejava que os meus filhos sofressem.

— Então, Dalva, está na hora de você compreender Antônio. Ele não teve essa dádiva de lembrar-se do compromisso que firmou e se responsabiliza por lhe dar filhos imperfeitos.

— Mas como? Não foi culpa dele!

— Talvez você precise dizer isso a ele.

Dalva acordou. Precisava ajudar o marido a se perdoar.

Ela o acordou.

— O que foi, Dalva? Está passando mal?

— Não, Antônio. Preciso lhe dizer uma coisa.

— Mas agora?

— Nunca é tarde para trazermos paz ao nosso coração.

Antônio se sentou e Dalva se colocou ao seu lado. Olhou para ele com todo o seu amor e lhe disse simplesmente:

— Você não é culpado por nossos filhos virem com essa deformidade.

Como uma represa que acaba de estourar, Antônio não aguentou e chorou, como nunca tinha chorado em toda a sua vida. E falou, entre soluços:

— Sou culpado, sim. Deve ser por tantas drogas que injetei em meu corpo que eu lhes transmiti um gene com essa deformidade. É por minha causa que você e eles sofrerão!

Dalva o abraçou com carinho. Não podia dizer toda a verdade, mas levaria ao seu marido o consolo que havia em seu coração.

— Não, meu amado, eu não acredito que seja por isso que eles virão assim! Podemos não saber o porquê dessa prova para esses espíritos, mas a crença que trazemos em nossa alma nos faz acreditar que nada é injusto e que se fomos nós a aceitar essa missão, a cumpriremos com todo o amor que temos em nossos corações. Eles precisam dessa vida, seja ela curta ou longa. Só não me abandone agora, Antônio, pois preciso de você.

Antônio a abraçou com força e pediu desculpas por tê-la abandonado logo quando ela mais precisava dele.

A partir daí, o casal comunicou aos seus familiares sobre o estado em que nasceriam os bebês, e todos, sem exceção, se envolveram na tarefa de auxiliá-los no que fosse preciso.

Quando os gêmeos nasceram, com pouco menos de sete meses de gestação, todos estavam lá. Vigiaram pelo vidro a chegada daquele casalzinho que seria muito amado, apesar das deformidades, tirando fotos e fazendo festa.

Não existiram crianças mais amadas que Marcos e Laura. Eles tiveram várias complicações durante os seus curtos sete anos de vida, mas souberam aproveitar bastante todos os ensinamentos e exemplos que os seus pais lhes transmitiram. Antônio sempre os levava para as suas palestras e os apresentava como as suas estrelas gêmeas.

Quando eles se foram, por uma complicação respiratória grave, todos sentiram profundamente. Aquelas crianças receberam da família todo o amor, carinho e dedicação para que sobrevivessem a todas as adversidades.

No velório, quando Dalva e Antônio estavam próximos ao caixão, sensibilizados pela saudade que já lhes doía na alma, ele a sente pegando forte na sua mão e a vê olhar para o infinito e começar a sorrir de alegria.

Antônio sabia que ela estava vendo algo, pois a sua vidência já tinha sido aberta há alguns anos. Então, ele a questionou:

— O que vê, Dalva?

— Nossos filhos, Antônio. Eles estão aqui. Aurélio nos mostra que eles estão adormecidos e estão bem.

Antônio a abraçou com emoção e ambos elevaram, em uma oração, o seu agradecimento por tantas bênçãos de Deus em suas vidas.

Capítulo 85

Eu estava voltando de um trabalho de auxílio, acompanhado de Firmino, quando encontrei minha avó Lúcia entrando em um dos hospitais.

Eu a abracei, saudoso, porque já fazia algum tempo que não nos víamos. Firmino também a abraçou e se despediu de nós, porque ainda precisava finalizar algumas tarefas que eram de sua responsabilidade.

Ela, olhando-o ir, perguntou:

— E como está o nosso amigo?

— Muito bem, vovó! Ele está sempre me surpreendendo com a sua vontade de fazer mais e melhor.

— É verdade! Também a amizade que vocês construíram dá base a tamanha devoção ao trabalho de auxílio.

Minhas lembranças voltaram à época em que fui preso. Tanto Firmino quanto Boca ficaram muito incomodados com a minha prisão. Quando eles tiveram que fazer o mesmo com Beto, porém, Firmino não aguentou mais segurar as suas dúvidas e se abriu com o Boca, confidenciando as suas ideias e insatisfações. Ele tinha medo de ser preso, mas sentia-se sufocado e precisava compartilhar.

Mas foi quando presenciaram o suplício de Beto que Firmino não aguentou mais. Começou a dizer que eles precisavam fazer alguma coisa, porque aquilo já era demais. Afirmava que eu e Beto tínhamos razão, eles eram meros escravos e marionetes nas mãos do Grande Chefe, que os castigava quando bem entendesse, somente porque falhavam em alguma missão impossível ou pensavam diferente.

Boca, apesar de não discordar dos pensamentos de Firmino, ainda não estava tão convicto em suas insatisfações, e com medo de ser preso pelas ideias radicais do amigo, o denunciou ao seu chefe imediato, que o levou ao Grande Chefe.

Por meses, Firmino disseminava a sua insatisfação pelo buraco da porta de sua cela, dizendo a todos os presos que os seus amigos tinham sido resgatados pelos *da luz*, e que ele não sabia como, mas todos eles também poderiam ser. Os guardas o castigavam para que se calasse, mas não adiantava.

Como nas últimas vezes em que levaram más notícias ao Grande Chefe os guardas também foram castigados, eles resolveram que não lhe dariam conhecimento sobre esse mau comportamento do preso.

Após alguns meses de flagelos e propagação das verdades que vinham de seu coração, Firmino e alguns outros presos foram resgatados com a sua consciência mais liberta.

Boca, sem saber de seu destino, se culpava pela prisão de seu amigo, mas o seu medo ainda o impedia de lutar pela sua própria liberdade. Ele ainda era um trabalhador da cidadela, mesmo ela tendo sido invadida e estar sob uma nova chefia.

Voltei a minha atenção para a vovó Lúcia.

Eu a questionei sobre como estavam os nossos amores na Terra, e ela me disse que estavam indo muito bem e que Dalva seria mãe de novo. A família de Aparecida e Cleto estava muito feliz. Rodrigo já era pai de dois meninos muito travessos, e agora Dalva os estaria presenteando com uma menininha, que viria alegrar o seu mundo. Todos sentiam saudade dos gêmeos, pois eles foram pérolas muito preciosas em suas vidas.

Eu fiquei muito feliz. Fazia alguns meses que não nos víamos, e senti saudade daquela que seria a minha irmã na carne, se eu não tivesse feito tantas escolhas erradas. Fazia essa análise sem culpas, somente como uma constatação de uma existência que se foi, mas que não poderia jamais ser considerada como um tempo perdido.

— E você, meu neto, como está?

— Estou muito bem, vovó. Acabei de chegar com Firmino, Baltazar e Glauco da visita que fizemos ao Grande Chefe. Ele está aprisionado em uma das celas de suas masmorras e precisa de nosso maior carinho e amor.

Sabe, vovó, não é fácil pensar assim quando lembramos de tudo o que ele nos fez passar.

— Sim, meu filho, mas jamais nos esqueçamos de que cada um de nós já foi algoz de alguém por não ter conseguido entender o amor de Deus por nós, construindo ódios nos corações alheios e prisões baseadas em nosso orgulho, vaidade e prepotência.

— Sim, vovó. Tento lembrar-me de que não sou santo e de que, nas devidas proporções, eu também fiz muitos sofrerem. Mas tenho de admitir que ajuda muito dedicar-lhe o nosso amor quando percebo a sua mudança. A cidadela foi invadida quase dois anos depois que Baltazar foi resgatado e Eliezer, ao final deste tempo, já não fazia mais questão de lutar por ela. Ficou encarcerado desde então, mas, em razão de suas culpas, ele não aceita a ajuda de seus amigos. Como estes o amam e não desistem de ajudá-lo, ele jamais ficou sozinho.

Agora Eliezer, após muito titubear, começou a confessar intimamente os seus pecados. Quem sabe quanto tempo ele levará para se convencer de suas responsabilidades e pedir o auxílio redentor, mas nenhum de nós desistirá de ajudá-lo.

Fico feliz de ter sido chamado para participar desse processo de resgate do Grande Chefe, porque foi através de suas muitas ações que eu pude me conhecer melhor.

Fiz uma pausa. Vovó percebeu a minha emoção e me levou a um banco de um dos jardins internos do hospital. Eu continuei o meu relato:

— Qual foi a minha surpresa, minha vó, quando, antes de sairmos daquela cela, ele começou a se lembrar de antigos amores e do quanto os fez sofrer, sentindo, pela primeira vez em muito tempo, o arrependimento de algumas de suas ações.

Isso também me trouxe à tona lembranças daquela existência onde eu levei à morte o meu irmão na guerra. Eu me vi na mansão de meus avós pós-guerra, informando-os da morte de Beto e a desolação de ambos frente àquela notícia. Ao ver quem eram os meus avós, como um raio que fulmina as nossas ilusões e nos mostra a verdade nua e crua, todos os acontecimentos chegaram à minha mente! Aurélio e a senhora eram os nossos avós! Os nossos pais já tinham morrido e vivíamos com vocês desde muito pequenos. Aparecida era nossa tia e Rodrigo, nosso primo, que renasceu com muitas deformidades. Nós gostávamos muito dela, mas quase não tivemos contato após o nascimento de Rodrigo, porque ela foi morar em outra localidade. Eu cresci e, ao ficar mais velho, não aceitava viver sob os cuidados e regras de meu avô. Eu queria ser livre e escolhi a guerra para conquistar essa liberdade. Mas não me importei com o que iria acontecer com o meu irmão, que era tão dependente de mim. Convenci-o de que a guerra nos faria homens, e Beto me seguiu. Eu queria ferir aquele velho e sabia que, se levasse Beto comigo, ele sofreria muito! Jamais imaginei, contudo, que ele morreria lá. Fiz a vovô sofrer, mas eu também sofri muito, apesar de nunca admitir a minha culpa. Meu Deus, como somente agora eu vejo como ele nos amava. Beto sabia disso, mas eu não. Na minha prepotência, eu só enxergava que ele me limitava aos prazeres que eu sonhava alcançar com o dinheiro dele. Na minha ganância, vovó, eu perdi o meu irmão na guerra e matei o meu avô, envenenando-o quando de meu retorno.

Após alguns segundos, eu me arrisquei diante de minha vergonha e disse:

— Ele tentou me resgatar quando de meu desencarne nessa mesma vida, não foi?

A sua imagem, no entanto, me levava inconscientemente aos meus crimes, e eu não aceitei o auxílio dele, por culpá-lo de minhas dores. Por isso, já naquela existência, fui aliciado para trabalhar para a organização dos Três Conselheiros, com quem eu já tinha formado os meus laços vibratórios!

— Sim, Jefferson. Por muitas vezes, caímos diante de nossa ignorância e nos juntamos àqueles que estão mais em sintonia com as nossas amarguras ou ânsias de crescimento.

Você, Eliezer, Glauco, Baltazar e muitos de nós já fomos trabalhadores ou vivemos nas trevas, só que, agora, estamos lutando para nos superar diante de um conhecimento conquistado em nossas experiências de vida.

— Mas eu não me lembro de como eu saí de lá!

— Você foi resgatado... por mim.

— Sim, agora me lembro com mais exatidão. A senhora foi a nossa avó, a esposa e a mulher que tanto amava Aurélio, e eu os afastei com o meu egoísmo. Fiz a senhora sofrer muito, não foi?

Eu também me lembro dos seus olhares, que pareciam desconfiar do meu crime, sem jamais me acusar.

Eu estava cabisbaixo. Sentia vergonha em falar isso para aquela que era o meu exemplo de dedicação e amor; e agora eu entendia por que não me lembrava de Aurélio. Minha vergonha me impedia de lembrar. Se eu o tivesse identificado logo, talvez não o aceitasse como amigo e orientador. Eu disse isso para ela.

— Meu neto, Aurélio não podia se fazer reconhecer, mas, sim, ser reconhecido.

Todos nós temos o nosso tempo para nos perdoarmos diante de nossos erros e sermos perdoados. Como você pode ver, ele já o perdoou há muito tempo, por isso, não se fixe na vergonha do que fez, porque ela não o levará a lugar nenhum. Perdoe-se e siga em frente como está fazendo hoje.

Então nos levantamos e nos despedimos. Vovó Lúcia iria para a ala das crianças e eu, antes de seguir para o meu alojamento, procurei saber se Beto tinha conseguido a autorização para irmos ao teatro naquele final de semana.

Consegui encontrá-lo no corredor de uma das enfermarias e, para a minha surpresa, ele estava conversando com Aurélio, que, ao me ver, sorriu e só abriu os braços para que eu me jogasse neles, como eu fazia quando criança. Eu não me fiz de rogado e o abracei com toda a dor da minha saudade, sentindo que estava de novo em casa.

Beto também nos abraçou e curtimos os três, por um bom tempo, a alegria dos amores que se permitem, pelo perdão, se reencontrar no coração.

Epilogo

1

Vidas sucessivas

Em uma reunião, onde se encontravam presentes os envolvidos para o auxílio daqueles irmãos cuja história foi descrita nesta obra, Aurélio descreve o progresso dos encarnados, tendo como base as suas últimas existências.

— Amigos, como já sabemos, todas as nossas vivências vêm com o intuito de nos fazer crescer. Nelas, somos abraçados por inúmeras experiências, que foram provocadas por nossas próprias ações e escolhas, para compreendermos quem somos e o que precisamos mudar para galgar os degraus mais altos em nossa escala evolutiva.

Seja por escolha, consciente ou não, vivenciamos a vida que nós elegemos e, por mais que tentemos nos esconder, na ilusão de sermos alvos de uma injustiça divina, tudo o que vivemos foi por nós construído.

É diante dessa realidade que lembramos sempre que cada caso aqui exposto é particular e suas consequências não podem ser generalizadas.

Eis que nos deparamos com o relembrar das últimas reencarnações desses irmãos, cujos personagens eu os nominarei com os seus nomes mais recentes.

*** *** ***

Em Paris existia de tudo, inclusive cabarés que eram considerados de primeira qualidade.

Especificamente em um desses cabarés, um homem, com roupas bem rotas, sem olhar para trás, saiu de lá quase fugidio. Portava um sorriso nos lábios, como se acreditasse que todos os seus problemas tivessem sido resolvidos.

Lá dentro, em um de seus grandes salões, encontravam-se vários clientes ricos, dentre eles um que estando entediado resolveu andar pelos corredores do cabaré. Foi quando a porta de um dos quartos se abriu e ele deu de cara com o cafetão, que, assustado, deu um passo para trás, o que permitiu a esse cliente ver um garoto que não tinha mais que onze anos de idade deitado sobre a cama, com os olhos inchados de tanto chorar. Ele percebeu, imediatamente, o que tinha acontecido ali, mas em vez de defender a honra daquele menino inocente, o cobiçou. O cafetão, bêbado, que o tinha iniciado, não hesitou em cedê-lo. Apesar de o menino implorar para que o fidalgo não o violasse, este ignorou o pedido e o forçou a fazer tudo aquilo que ele queria. Aquele menino, Marcos, tinha acabado de ser dado pelo próprio pai, Jefferson, ao cafetão do cabaré, Cleto, como forma de pagamento de uma dívida.

A partir daí, Marcos não conseguiu sair daquele cabaré e, com pouco menos de dezesseis anos, deu cabo da própria vida, não sem antes se entregar às drogas e à desolação.

Laura, uma das meninas que ali trabalhava, amiga inseparável do jovem, muito sofreu com a sua ida prematura.

Infelizmente, durante anos seguidos, Rodrigo não abusou somente de Marcos. Ele comprou, cada um a seu tempo, quatro garotos para alimentar a sua luxúria, deixando-os presos em uma de suas propriedades, distante da cidade. Ninguém sabia da existência dessas crianças, somente um caseiro fiel, Guilherme, que tomava conta do imóvel. Os garotos, dentre eles, Antônio, eram mantidos presos em um quarto escuro, sem janelas, nos fundos da propriedade.

Ali, ele não tinha limites para as suas ações. As crianças sofreram muito, mas um deles sofreu ainda mais que os outros. Esse menino, não se submetia às vontades de Rodrigo, sofrendo castigos físicos dolorosos.

Certa noite, quando Guilherme, o caseiro, foi levar o jantar para o menino, este o acertou na cabeça com a perna de uma cadeira quebrada, matando-o na hora. Foi assim que a criança conseguiu fugir, vivendo nas ruas, com fome e frio, até que se juntou a outras crianças órfãs e abandonadas. Para não morrerem de fome, elas acabaram se tornando um grupo de ladrões que se tornaram bandidos frios e perversos que atuavam fora de paris.

Lamentavelmente, com o passar do tempo, aqueles que antes só furtavam para sobreviver se tornaram bandidos frios e perversos, atuando fora de Paris. Quando aquele jovem conseguiu retornar, não chegou a tempo para colocar sua vingança em prática, porque Rodrigo já havia morrido, alguns meses antes, portador de uma moléstia muito grave, que o fez sofrer muito nos seus últimos anos de vida, dando-lhe a oportunidade de começar a refletir sobre as suas ações desregradas. Este jovem, após o seu desencarne, se tornaria o Comandante, chefe daquela facção das trevas que persegue Rodrigo até hoje.

※※※

A vida nos dá inúmeras oportunidades para compreendermos os nossos enganos e Rodrigo renasce com paralisia cerebral, em um corpo deformado, mas com consciência plena de seu estado. Ele não falava, só grunhia ou gemia, não andava e não tinha boa coordenação motora.

Assim, foi dada a oportunidade para que Rodrigo tivesse ao seu lado dois dos cinco meninos que foram abusados por ele, para que pudessem, face à sua deficiência, criar laços de compaixão. Mas, infelizmente, eles, que se tornaram o seu pai e irmão, o rejeitaram desde o seu nascimento.

Como jamais ficamos desamparados, Dalva foi levada àquela casa como babá e ama de leite do primogênito, Antônio, para que, quando Rodrigo chegasse, também pudesse auxiliá-lo em sua vivência material. Aparecida, que também precisava superar as suas dificuldades, veio como sua mãe. Quando nasceu e perceberam a deficiência de Rodrigo, o seu marido quis abandoná-lo à própria sorte, o que fez Aparecida buscar apoio em seu pai para que isso não acontecesse.

Aparecida, que era minha filha e de Lúcia, para superar os seus medos e firmar o seu caráter, precisou viver com o seu marido, longe de minha proteção paternal. Nesta existência, éramos os avós de Jefferson e Beto que foram para a guerra, e lá este último pereceu.

Bem, o seu marido aceitou aquele fardo, mas, por influência dos abusos que havia sofrido no passado, determinou que Rodrigo ficasse o tempo todo em seu quarto, sem poder sair, e para que ninguém o visse, cortinas pesadas tampavam as janelas, que não podiam ser abertas.

Apesar de Antônio ser amoroso com as outras pessoas, ele não conseguia fazer germinar em favor do Rodrigo a semente do perdão em seu coração. Levava escondido os seus amigos, que, aproveitando a ausência da mãe e de Dalva, faziam-no de alvo, atingindo-o com ovos, tomates, o que tivessem nas mãos, para a sua diversão. Quando eram flagrados por alguém, corriam em direção oposta, debochando e rindo do menino deformado e desmiolado, que era como eles o chamavam.

Diante da revolta que Rodrigo demonstrava, por meio de gritos, gemidos e gestos frenéticos, Dalva e Aparecida cuidavam dele com todo carinho, dando-lhe banho e falando palavras de conforto. Depois Aparecida ia ler para ele as palavras do Evangelho, principalmente aqueles capítulos que falavam sobre perdão e amor para com o próximo e pelos inimigos.

Apesar do grande temor de Aparecida em exigir do marido alguma postura, ela, por amor ao seu filho necessitado, conseguiu superar o medo em várias ocasiões, solicitando-lhe uma posição mais rígida sobre as atitudes bárbaras e desumanas do filho mais velho. O pai, entretanto, nada fazia para corrigir o comportamento equivocado do filho.

Aurélio fez uma pequena pausa, para as reflexões dos convidados. Após, continuou:

— Sabemos, no entanto, que quando a gente não toma as rédeas daqueles que estão sob a nossa responsabilidade, a vida nos trará oportunidades para enxergarmos o quão errados podemos estar.

Um dia, Antônio foi ao quarto de Rodrigo e, num ataque vil, em vez de ovos e tomates, jogou pedras naquele ser indefeso. Dalva, tentando impedi-lo, se colocou à frente de Rodrigo, recebendo pedradas tão fortes em sua sua cabeça que caiu ao chão. Quando o jovem viu que a tinha machucado, fugiu, buscando a proteção de seu pai. Aparecida foi chamada pela criadagem para ver o que tinha acontecido, e o seu coração sangrou por ver a falta de limites do filho. Ela foi falar com o marido, que, já sabendo do ocorrido, defende Antônio. Aparecida, valendo-se de uma força que nem ela acreditava possuir, exige que o marido a acompanhe para que visse com os seus próprios olhos a realidade dos fatos. Quando o pai se deparou com a cena daquele quarto, ficou muito perplexo, porque percebeu que seu filho havia mentido: o tamanho das pedras e a quantidade espalhada pelo chão, os inúmeros ferimentos vistos em Dalva e em Rodrigo, que, naquele momento, estava nos braços da mãe, ensanguentado, chorando e gemendo baixinho, demonstravam que Antônio não agiu inocentemente.

Pela primeira vez, aquele pai sentiu vontade de tranquilizar a dor de seu filho tão esquecido, mas o seu orgulho o impediu. Saiu de lá com uma outra preocupação: ele sabia que, se soubessem daquele assassinato, a Justiça exigiria a prisão de seu filho. Então, abafou a morte de Dalva e mandou Antônio para um colégio interno em outro país.

A partir desse dia, até o último dia de vida de Rodrigo, Aparecida se dedicou a cuidar sozinha do filho doente, em homenagem a Dalva, cuja morte lhe marcou profundamente. Quando Rodrigo desencarnou, aos treze anos de idade, os seus pais sentiram a sua partida.

É notável como a vida nos dá inúmeras oportunidades de revermos nossos sentimentos e escolhas. Aquele incidente e o distanciamento do filho primogênito, deu ao pai de Rodrigo a oportunidade de aproximar-se de seu filho enjeitado, o que lhe possibilitou dar passos significativos para perdoá-lo, com simplicidade em seu coração. Rodrigo, por sua vez, compreendeu algo mais sobre o respeito ao próximo e o valor das relações.

Quanto a Antônio, diante da impunidade de seu primeiro crime, não soube responsabilizar-se por suas próprias ações, acreditando que estava imune às penalizações humanas. Sem ao menos terminar os estudos superiores, acabou cometendo outro crime, só que agora contra o noivo de uma jovem que ele acreditava amar. Os seus pais o viram ser preso pela morte de Guilherme e, debilitado, morrer na prisão.

É certo que a vida somente responde às ações que praticamos, e, para a valorização de nossa existência, às vezes precisamos perdê-la.

— Permita-me interrompê-lo! – disse um dos convidados que estava a escutá-lo.

— Claro!

— Voltando ao relato dessa vivência, por que somente duas daquelas crianças tiveram a oportunidade de viver com Rodrigo para criar os laços de compaixão? Você nos disse que foram, ao todo, cinco meninos.

— Porque, dentre eles, uma dessas crianças, ao desencarnar, compreendeu a aplicação da justiça divina em sua vida e o perdoou, se libertando do ódio e seguindo em frente. Marcos não criou com Rodrigo laços de vingança, porque se convenceu que aquela era a vida que merecia. Portanto, naquele momento, não havia a necessidade de que ambos vivenciassem uma experiência corpórea juntos.

— Mas, e o Comandante, o rival do Grande Chefe? Ele e Rodrigo ainda tinham pendências a superar.

— Quando o Comandante desencarnou daquela experiência de abusos e criminalidade em Paris, se tornou quem vocês conhecem hoje no plano espiritual. Além do mais, aqueles que nos orientam no planejamento reencarnatório sabiam que ele não estaria preparado minimamente para perdoar Rodrigo tão rapidamente.

— Ele não acompanhou, neste plano imaterial, essas duas existências de Rodrigo que você nos revelou? Não se comoveu com tamanha dor?

— Não, infelizmente não. Na verdade, ele não se sentiu vingado. Durante as oportunidades reencarnatórias de Rodrigo, ele esteve sempre presente, através de seus subordinados, incitando todos aqueles que lhes davam abertura a fazer mal ao Rodrigo. Porém, não conseguia pegá-lo quando desencarnava. Com a graça divina, a vingança vai perdendo a sua força, porque o que lhe deu origem vai se esvaindo com o tempo. O Comandante já está se sentido cansado de toda essa perseguição, por isso, como última cartada, fez a proposta ao Grande Chefe para que lhe entregasse Rodrigo.

— Vocês já entraram em contato com o Comandante, não é? – outro perguntou.

— Claro que sim. Mas, como vocês sabem, respeitamos o tempo de cada um.

⁕⁕⁕

Não havendo mais perguntas, Aurélio continuou:

— Rodrigo foi socorrido na erraticidade, e quando pôde compreender melhor a reação daqueles que o perseguiram ou não puderam amá-lo plenamente, em virtude de suas construções no passado, pôde se preparar e auxiliar na programação de sua próxima reencarnação.

Ele, então, reencarnou como uma menina que foi muito amada, até os seus pais Marcos e Laura falecerem em um acidente. A menina então foi colocada sob a guarda de Jefferson, um tio distante. Infelizmente, este, cujo intuito era direcionar a sua atenção e os seus esforços para o bem-estar da criança quando os seus pais não estivessem mais presentes, foi reincidente em sua ganância, menosprezou e rejeitou a sua protegida, ignorando exacerbadamente o bem-estar dela e massacrando a sua autoestima. Tal postura levou-a a atingir o seu limite e, após mais um dia de abusos psicológicos, na calada da noite, ela o matou sem remorsos.

Mais uma vez, Rodrigo seguiu pelo caminho da violência, lamentavelmente. Por outro lado, ele vivenciou experiências que o ajudaram a compreender o que é estar subjugado e se sentir indefeso e sem amparo, conseguindo superar algumas de suas dificuldades e se sentir preparado para novas experiências na carne.

⁕⁕⁕

Aurélio deu uma pausa, novamente. Entendia que as informações prestadas ali precisavam ser digeridas. Quando sentiu que poderia continuar, descreveu outra nova experiência carnal:

— Em uma localidade rural no Brasil, Rodrigo tentava seguir com a sua vida, apesar de sua esposa Aparecida e o seu único filho adolescente, Antônio, terem morrido em um incêndio, provocado por seu vizinho Cleto. Apesar de não ser jovem, ele ainda trabalhava para sustentar a família com honestidade. Ele era um bom pai, um bom marido e um bom trabalhador do campo.

Mas, a partir daquele incidente, tudo mudou. Todas as noites, o pai desolado ia para o bar embriagar-se para amenizar a dor de seu coração. Em uma certa noite, porém, após muito beber, ele reconheceu o seu ex-vizinho passando do lado de fora do bar, levando o seu filho pequeno, Jefferson. A sua revolta foi às raias da loucura, pensando que aquele homem matara sua família, mas estava em liberdade e tinha um filho para alegrar a sua vida. Sem pensar duas vezes, ele, bêbado, foi até o assassino de sua família e o apunhalou, matando-o, sendo preso posteriormente. O filho pequeno do vizinho assassinado foi direcionado a um orfanato, por não ter parentes vivos para acolhê-lo.

Os reflexos de nossas ações vão além das circunstâncias que tomamos conhecimento. A ação irrefletida de Rodrigo atingiu diretamente a vida de Jefferson, uma criança de apenas quatro anos, que muito trabalho deu às famílias que tentaram acolhê-la. Ele tinha horror ao orfanato e não se adaptava nas casas alheias, por ter medo e por ter visto o pai ser assassinado na sua frente por um homem enlouquecido.

Relembremos como os nossos traumas podem perdurar por vidas. Ao ter que enfrentar o orfanato de novo, Jefferson, nesta última reencarnação, fugiu inúmeras vezes, não conseguindo lidar com os seus medos inconscientes.

Continuando, achando-se vítima daquela situação, Rodrigo não quis tomar conhecimento de todos os fatos, senão teria entendido o porquê do seu vizinho estar em liberdade. O juiz entendeu que o crime daquele homem não tinha sido intencional e que a pena que deveria ser aplicada a ele não seria maior do que a pena a ele imposta pela vida.

Ao tentar estancar o fogo, Cleto teve quarenta por cento de seu corpo queimado e as mãos tão atingidas que tiveram que ser amputadas. Além disso, a sua vida foi um emaranhado de circunstâncias dolorosas: se tornara viúvo há pouco tempo, no parto do seu segundo filho. Homem bruto, porém amoroso, tentou dar o melhor exemplo para os seus filhos, mas não foi suficiente para evitar que o mais velho, Marcos, caísse nas teias das viciações mundanas. Na noite anterior ao incêndio, Cleto foi comunicado que Marcos, com pouco menos de dezoito anos, havia sido assassinado, em razão de ser flagrado na cama de uma mulher casada, Laura.

Tomado de puro desespero, após a identificação do corpo de seu amado filho, aquele homem buscou o consolo para a sua dor na pinga de sua despensa. Infelizmente, ele deixou cair a lamparina sobre a sua cama, sem que fosse possível evitar que o fogo tomasse todo o cômodo rapidamente. Com a adrenalina motivando-o, conseguiu salvar o seu filho pequeno, levando-o para fora. Gritando para os vizinhos, entrou de novo em sua casa, para tentar impedir que o fogo se alastrasse para as casas ao redor. Infelizmente, as suas forças sucumbiram, em razão das queimaduras e fumaça sufocante, e ele não conseguiu impedir que o fogo atingisse a casa onde estava a família de Rodrigo, que não acordou com os gritos dos vizinhos.

❋ ❋ ❋

Um dos participantes levanta a mão, porém, antes de passar a palavra a ele o orador conclui:

— Como sabemos, a vida não para, e agora esses nossos irmãos voltaram juntos nesta existência ainda em curso, para aprenderem o que é a fé, o respeito e o amor mútuo, tão necessários para o crescer deste coletivo tão endividado entre si.

❋ ❋ ❋

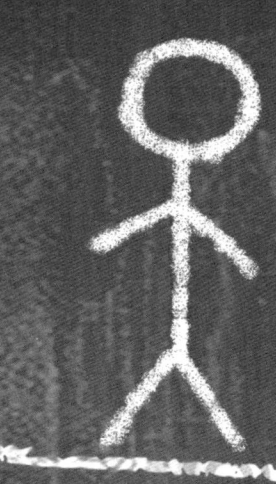

Epílogo

Avanços morais

Aurélio dá a palavra para o participante que levantou a mão anteriormente:

— Mas, diante dessas experiências e oportunidades abraçadas, quais os avanços morais que nossos irmãos tiveram até agora?

— É uma pergunta interessante, que podemos destrinchá-la caso por caso.

— Vemos que Rodrigo viveu, durante muitas existências, com a convicção de que só pela violência conseguiria conquistar o que almejava, e que ela era o instrumento certo para mantê-lo seguro. Por ainda não ter erradicado completamente essa crença do seu ser, ele está buscando aprender, se esforçando e conseguindo, com êxito, deixar de aplicá-la em sua vida diária, usando do raciocínio e do amor para resolver as demandas.

Por meio da mediunidade, Rodrigo está se lapidando nas concepções éticas e morais, auxiliando a muitos irmãos, o que o possibilitará sentir a utilidade desta existência carnal, perdoando-se pelos muitos caminhos equivocados que trilhou no passado. Se tudo acontecer como esperamos, será por sua mediunidade auxiliaremos o Comandante a se reerguer e enxergar que Rodrigo não foi somente o seu algoz, mas antes, uma de suas vítimas em vidas anteriores àquela de Paris.

※ ※ ※

Cleto, por tempos imemoráveis, vem tentando superar o seu vício pela bebida. Por causa dela, não conseguiu evitar inúmeros dissabores e adversidades, que marcaram a sua vida e a daqueles que estavam ao seu lado, existência após existência.

Foi na zona rural do Brasil que Cleto lutou e não sucumbiu ao seu vício, por anos, mas, ante o assassinato de seu filho mais velho, não suportou a dor e, pela bebida, mais uma vez, provocou um enorme sofrimento para si, para o seu filho pequeno e para Rodrigo, o vizinho que perdeu a sua família no incêndio.

Por cumprimento das leis divinas, Cleto colheu as consequências de seus atos equivocados do passado. O seu corpo queimado gravemente, a perda das suas mãos e o desencarne violento vieram como resultado de suas posturas como gigolô em Paris, por ter explorado e violentado corpos alheios para adquirir riqueza e poder. Se, de um lado, parece ter sido ele punido pela vida, por outro, ela o libertou de suas culpas, pois, diante dessas experiências, Cleto conseguiu aceitar o resgate de seus débitos, sentindo-se merecedor de uma nova oportunidade de crescimento junto àqueles que, vida após vida, tinham se perdido no curso de seus sentimentos.

Nada precisamos comentar mais sobre as predisposições de Cleto ao alcoolismo, nesta sua última existência, mas foi de grande auxílio ele ter conseguido se afastar de seu vício na sua vivência anterior, tendo somente aquela recaída, facilitando a sua parcial desintoxicação perispiritual. Podemos parabenizá-lo por, agora, ter buscado e aceitado o auxílio para, através do entendimento de suas dificuldades, superá-las.

Colocando-se humilde, recuperou a sua família e a sua dignidade.

⁕ ⁕ ⁕

Como pudemos ver, Aparecida, mãe zelosa e protetora nesta última existência, muito progrediu em sua caminhada para superar seus temores. Em suas vivências, sempre sucumbia ao medo ante aqueles que via com supremacia sobre ela ou se sentia dependente emocionalmente.

Em Paris, teve a sua primeira reação contra a violência, abandonando o seu marido agressivo, mas também o seu filho indefeso, Marcos, fugindo de casa.

Infelizmente, para agir assim, Aparecida buscou não pensar na integridade daquele ser, que tinha sido entregue em seus braços maternos para a superação de seus medos e união de seus amores.

Como mãe de Rodrigo e Antônio, Aparecida muito sofreu vendo este último vivenciar um futuro desastroso. Sentindo que falhou como mãe novamente, não teve paz em sua consciência; por isso, clamou por uma experiência no Brasil, onde ela precisava vivenciar uma existência de trabalho árduo, levando a sua família o seu amor e a sua orientação carinhosa.

Infelizmente, Aparecida acreditava, em seu íntimo, que precisava vivenciar alguma circunstância trágica para se sentir quitada com a sua consciência, por ter falhado como mãe e carregado a culpa da morte de Dalva pelo seu filho mal orientado. Tal experiência veio por consequência da bebedeira de Cleto, onde Aparecida e seu jovem filho tiveram o seu fim no incêndio de seu lar, embalados pelas chamas.

Finalmente, Aparecida sentiu-se em paz com as suas ações do passado, podendo abraçar, nesta última existência, sem culpas ou remorsos, o seu papel de mulher e mãe zelosa e amiga, estando a cada dia incorporando e compreendendo mais e mais a sua fortaleza como pessoa e filha de Deus.

✻ ✻ ✻

Marcos também sofreu muito pelas perdas que teve no decorrer de suas vidas, mas essas foram um resultado de um passado irresponsável e brutal. Nelas, buscando o seu aprimoramento íntimo, acabou construindo por si próprio uma responsabilidade irreal.

Para auxiliá-lo, na sua penúltima existência, como Marcos, ele teria Jefferson como irmão mais velho, para que aprendesse, com a sua história de vida, que podemos passar por perdas e dificuldades, mas vencer com a ajuda daqueles que nos amam.

Certo é que, diante do livre arbítrio, a vida dá voltas e não nos desampara.

A estrutura familiar programada daria ensejo para as mudanças internas de Marcos, mesmo sem o exemplo de Jefferson, mas aquele abraçou novamente as suas convicções de que somente ele resolveria os seus próprios problemas, recaindo em seus vícios de outrora, lamentavelmente.

✻ ✻ ✻

Laura, não muito diferente de Marcos, também teve dificuldades para superar as suas viciações de séculos, não se sentindo suficientemente valorizada para construir algo para si mesma. Repetidas vezes se menosprezou, usando de elementos externos para se fazer mais forte. Vidas foram pouco aproveitadas, com drogas e suicídios involuntários, até que Laura e Marcos se superaram no papel de genitores e levaram a sua filha (Rodrigo) todo o amor que tinham a dar. Desencarnaram cedo, em razão de estarem resgatando de suas consciências a culpa pelo suicídio voluntário e involuntário em Paris, mas, tendo a ignorância como conselheira, Laura não soube compreender a justiça divina aplicada em seu caso.

Laura revoltou-se no plano imaterial, pelo seu desencarne prematuro e pelas dificuldades que sua jovem filha passou junto ao tio opressor, culpando a Deus por tê-las separado tão cedo.

Apesar de toda orientação recebida sobre as tão necessárias consequências que precisou vivenciar para o seu crescimento, ao reencarnar como Laura, ela ignorou tais explicações e se agarrou, inconscientemente, a todas as suas antigas ideias deturpadas e, tendo tudo, não valorizou nada. Temendo a vida e os reflexos das experiências que necessitava enfrentar face às suas responsabilidades, voltou aos velhos hábitos de suas existências anteriores. Com as drogas, ela não teria de se responsabilizar por seus atos e nem sofrer por amor. Ela queria sobreviver aos seus próprios desenganos e, infelizmente, levou Marcos a se viciar novamente.

Agora, estando Laura neste plano extracorpóreo, estamos aguardando por suas conclusões, porque ela teve um valioso avanço ao perceber, nesta última existência em que foi gêmea de Marcos, que, sem muito esforço, foi alvo de muito amor e preocupação, apesar de toda a sua deformidade e dificuldade de demonstrar afeto.

※ ※ ※

Um dos participantes daquela reunião ponderou:

— Percebemos a dificuldade de Marcos, bem como a de Laura, nessas últimas vivências, em aceitar as adversidades, agindo sempre contra si mesmos.

— É verdade – disse Aurélio. Em relação aos demais companheiros de jornada, Marcos e Laura estão um pouco mais atrás, no tocante a absorver melhor a sua importância e individualidade, e é por isso que, infelizmente, em algumas existências, foram repetidas vezes, consciente ou inconscientemente, suicidas, apesar de todos os nossos esforços para auxiliá-los.

Em razão de sua fragilidade, Marcos fixou-se em Laura, vendo-a sempre como sua fonte de segurança e felicidade, porque, nessas vidas anteriores, da forma que ela sabia fazer, serviu como o seu abrigo emocional quando ele mais se achava sozinho e desprotegido.

Nós podemos e devemos nos sentir gratos, mas nunca a ponto de colocar o outro na posição de nossa tábua de salvação, principalmente no que concerne à nossa felicidade. Devemos ser autossuficientes e aprender a nos bastar. Todos os que conosco seguem poderão somar as suas felicidades às nossas, o que, no conjunto, nos levará a uma sublime alegria coletiva.

A boa notícia é que, mesmo depois de tantos percalços, Marcos se saiu vitorioso nessa última existência como gêmeo de Laura, pois não se revoltou em seu espírito, superando e aceitando a sua dependência extrema, devido ao seu estado de saúde, e, ao retornar às esferas imateriais, sentiu-se resgatando o seu equívoco mais grave, que foi o de atentar contra a sua própria vida.

※※※

Antônio sempre esteve perto desses nossos irmãos, como algoz, amigo, inimigo, vizinho, namorado, marido, filho, etc, para que juntos pudessem superar os seus débitos reencarnatórios. Porém, nem sempre agimos para que isso aconteça, somente agravando mais e mais os nossos laços emocionais. Em Paris, como já sabemos, Antônio foi um dos meninos aprisionados e abusados por Rodrigo, como um reflexo de suas últimas vivências, tendo a oportunidade de se conscientizar dos caminhos tortuosos que estava trilhando.

Como irmão de Rodrigo, portador de paralisia cerebral, Antônio não conseguiu, lamentavelmente, abraçar a misericórdia e o perdão, provocando, em razão de seu ódio por Rodrigo, o desencarne de duas pessoas, além da angústia de seus pais, por conta do seu futuro desastroso.

Por isso tudo, veio Antônio a vivenciar, reencarnado na zona rural do Brasil, uma vida de lutas, mas digna. Por ocasião do incêndio, ele se sentiu mais em paz com a sua consciência no plano astral, apesar de ter sucumbido às drogas, mesmo ainda jovem.

Infelizmente, nessas últimas existências, Antônio caiu na tentação dos diversos vícios. Em Paris, era dopado para não dar trabalho a Rodrigo, o fidalgo opressor; na reencarnação seguinte, usava dos entorpecentes para fugir do pesadelo que era viver naquele colégio interno, onde não existia calor humano e cuja liberdade era extremamente tolhida; e como filho de uma família rural brasileira, por não conseguir amar profundamente o seu pai Rodrigo como achava que deveria, apesar deste fazer tudo pela sua família.

Vale a pena mencionarmos que Antônio se sentia culpado, mas também amedrontado e inseguro quando ficava sozinho com Rodrigo, vivenciando momentos muito perturbadores, porque tinha pensamentos repetidos de fugir de casa para nunca mais voltar, indo ao encontro de seu medo de ficar sem sua família que tanto amava.

Em razão de suas experiências anteriores, nesta última existência, agora sim como o Antônio que conhecemos, refugiou-se nas drogas, porque não conseguiu fazer distinção entre a mínima restrição imposta à sua liberdade pelos pais e os reflexos do cárcere anteriormente imposto por um fidalgo sádico, em uma existência, e pelo seu tempo no colégio interno e prisão, em outra.

Mas, se alguns traumas podem nos limitar, Antônio soube dar a volta por cima, usando do seu temor antigo da solidão para superar a sua dependência química e ficar sóbrio, pedindo socorro aos seus pais. Ficamos muito satisfeitos em constatar que todos esses padrões estão sendo corrigidos aos poucos, tendo ele abraçado a responsabilidade de ser marido e pai de família, se dedicando de corpo e alma aos filhos doentes e buscando acreditar que ele não precisa fugir de sua realidade para ser feliz, apesar das dificuldades rotineiras.

✳ ✳ ✳

Guilherme esteve várias vezes presente na vida deste grupo, indiretamente, como vimos, inclusive como quem apresentou as drogas para Antônio, ainda adolescente, nas paragens rurais daqui do Brasil.

É interessante constatarmos quantos de nós, sem termos consciência, criamos, através de nossas escolhas, um futuro de dor. Nesta sua existência como Guilherme, ele jamais poderia culpar a vida por ter sido privado de sua liberdade pelos traficantes ou por eventualmente ser preso pelos seus crimes, pois desde vidas esquecidas ele tem construído o seu encarceramento, através de suas ações privativas de liberdade contra os outros ou pela escravização deles pelas drogas.

✳ ✳ ✳

Dalva, apesar de seus percalços, tem demonstrado a sua capacidade de amar e de renunciar pelo próximo. Em vidas mais remotas, pode ter falhado em suas metas, mas, nestas últimas, buscou enxergar no outro um irmão, auxiliando-o em suas propostas de superação, aprendendo junto e com humildade.

Em razão de tudo isso, Dalva foi ativa para levar aos demais uma palavra amiga e acolhedora. E mesmo sabendo que, dependendo das escolhas daqueles com quem iria vivenciar as suas experiências, ela poderia sofrer abusos e aflições, não hesitou em abraçar esses papéis, porque sentia em seu coração que ela também precisava aprender. Continuou confiante e não fugiu do auxílio quando abraçou nesta vivência, como filhos, Marcos e Laura, para colaborar com os seus crescimentos. E, através da mediunidade, Dalva, como o seu irmão Rodrigo, está ajudando muitos espíritos, encarnados e desencarnados, a recuperarem a sua certeza na Grandeza do Pai.

Nossa Dalva, nossa pequena estrela!

✻ ✻ ✻

A relação que Beto tem com essa família está mais na pessoa de Jefferson. Beto desde tempos imemoráveis, foi sempre um amigo ou seguidor de Jefferson, sem muita análise moral quanto às boas ou más escolhas que faziam. Quando da guerra, continuou sendo um seguidor irracional do irmão até a sua morte e, nesta última existência, amigo leal e braço direito no tráfico. Pela primeira vez, deu um passo significativo para a sua liberdade individual, e esperamos que os cursos, treinamentos e trabalho na erraticidade possam ajudá-lo a seguir livre em uma próxima existência, fazendo melhores escolhas.

✻ ✻ ✻

Por fim, Jefferson, que acreditava que somente seria considerado alguém se tivesse poder e riqueza, não possuía medidas e não se importava com ninguém, principalmente se este alguém estivesse em seu caminho. Quantas existências já viveu e quantas quedas sofreu?

Em cada uma de suas reencarnações, Jefferson veio com o objetivo de aprender que, mesmo na pobreza ou na riqueza e nas dificuldades, o amor nos eleva, superando as adversidades e nos trazendo a felicidade. Mas, ante as suas escolhas e as ações dos demais, viu-se sozinho em algumas dessas experiências e se revoltou contra Deus, deturpando a experiência e não tendo grandes avanços morais.

Mas Jefferson deu um grande passo para o seu crescimento espiritual, apesar de seus aprendizados atuais mais marcantes terem acontecido aqui e agora, no plano imaterial da vida. Ele sempre foi desobediente a todo tipo de conselho para se superar nas existências carnais. Os seus mentores sabiam das dificuldades que iriam enfrentar, mas todos abraçaram a função com Jesus no coração, com a certeza de que ninguém fica para trás e que todos nós, sem exceção, superaremos as nossas dificuldades, porque somos estudantes rotineiros na escola da vida de nosso Mestre Jesus.

✻ ✻ ✻

Aurélio finalizou aquela reunião, dizendo:

— Renovar-se diante da dor é maravilhoso, mas utilizar-se de seus aprendizados para o auxílio ao próximo é divino. Continuemos, meus amigos, na labuta para que esses nossos irmãos não desanimem diante desta tarefa de se autoconhecer e propagar o amor, superando as suas dificuldades e firmando os laços que os unem por toda a eternidade.

FIM

Ficha Técnica

Título
Um Jovem Obsessor – e a força arrebatadora do amor na redenção espiritual

Autoria
Espírito Jefferson
Psicografia de Adriana Machado

Edição
1ª

ISBN
978-85-72190-02-2

Capa
César Oliveira

Projeto gráfico e diagramação
César Oliveira e Regiane Oliveira

Revisão ortográfica
Rodrigo Brasil e Nilma Helena

Preparação de originais
Ednei Procópio e Nilma Helena

Composição
Adobe Indesign 2019
(plataforma Windows)

Tamanho
Miolo: 16 x 23cm
Capa: 16x23cm com orelhas de 7,5cm

Páginas
392

Tipografia
Texto principal: Perpetua 12pt
Título: Brokan Chalk 120pt
Notas de rodapé: AmerType Md BT 8pt

Margens
20mm:25mm:25mm:20mm
(superior:inferior:interna;externa)

Papel
Miolo Norbrite 66,6g
Capa papel Suzano 250g/m2

Cores
Miolo 1x1 cor
Capa em 4x0 CMYK

Acabamento
Miolo: Brochura, cadernos de 32
páginas, costurados e colados.
Capa: Laminação Fosca

Impressão
Mark Press Ind. Gráfica

Tiragem
5.000 exemplares

Produção
Maio 2019

Nossas publicações

PARA SENTIR DEUS

Nos momentos atuais da humanidade sentimos extrema necessidade da presença de Deus. Ermance Dufaux resgata para cada um múltiplas formas de contato com Ele, de como senti-Lo em nossas vidas, nas circunstâncias que nos cercam e nos semelhantes que dividem conosco a jornada reencarnatória. Ver, ouvir e sentir Deus em tudo e em todos.

Wanderley Oliveira | Ermance Dufaux
Mensagens | 11 x 15.5 cm
133 páginas

Somente **e-book**

LIÇÕES PARA O AUTOAMOR

Mensagens de estímulo na conquista do perdão, da aceitação e do amor a si mesmo. Um convite à maravilhosa jornada do autoconhecimento que nos conduzirá a tomar posse de nossa herança divina.

Wanderley Oliveira | Ermance Dufaux
Mensagens | 11 x 15,5 cm
128 páginas

Somente **e-book**

RECEITAS PARA A ALMA

Mensagens de conforto e esperança, com pequenos lembretes sobre a aplicação do Evangelho para o dia a dia. Um conjunto de propostas que se constituem em verdadeiros remédios para nossas almas.

Wanderley Oliveira | Ermance Dufaux
Mensagens | 11 x 15,5 cm
146 Páginas

Somente **e-book**

SÉRIE CULTO NO LAR

VIBRAÇÕES DE PAZ EM FAMÍLIA

Quando a família se reune para orar, ou mesmo um de seus componetes, o ambiente do lar melhora muito. As preces são emissões poderosas de energia que promovem a iluminação interior. A oração em família traz paz e fortalece, protege e ampara a cada um que se prepara para a jornada terrena rumo à superação de todos os desafios.

Wanderley Oliveira | Ermance Dufaux
Culto no Lar | 16 x 23 cm
212 páginas

JESUS: A INSPIRAÇÂO DAS RELAÇÕES LUMINOSAS

Após o sucesso de "Emoções que curam", o espírito Ermance Dufaux retorna com um novo livro baseado nos ensinamentos do Cristo, destacando que o autoamor é a garantia mais sólida para a construção de relacionamentos luminosos.

Wanderley Oliveira | Ermance Dufaux
16 x 23 cm
Páginas 304

REGENERAÇÃO: EM HARMONIA COM O PAI

Nos dias em que a Terra passa por transformações fundamentais, ampliando suas condições na direção de se tornar um mundo regenerado. A Terra do amanhã nos agradecerá o empenho e a dedicação que tivermos nesse trabalho redentor em prol das criaturas humanas.

Samuel Gomes | Diversos Espíritos
Mensagens | 14 x 21 cm
223 páginas

AMOROSIDADE: A CURA DA FERIDA DO ABANDONO

Uma das mais conhecidas prisões emocionais na atualidade é a dor do abandono, a sensação de desamparo. Essa lesão na alma responde por larga soma de aflições em todos os continentes do mundo. Não há quem não esteja carente de ser protegido e acolhido, amado e incentivado nas lutas de cada dia.

Wanderley Oliveira | Ermance Dufaux
16x23 cm
336 páginas

TRILOGIA DESAFIOS DA CONVIVÊNCIA

QUEM SABE PODE MUITO. QUEM AMA PODE MAIS

A lição central desta obra é mostrar que o conhecimento nem sempre é suficiente para garantir a presença do amor nas relações. "Estar informado é a primeira etapa. Ser transformado é a etapa da maioridade." - Eurípedes Barsanulfo.

Wanderley Oliveira | José Mário
Romance Mediúnico | 14 x 21 cm
312 páginas

QUEM PERDOA LIBERTA

Continuação do livro "QUEM SABE PODE MUITO. QUEM AMA PODE MAIS" dando sequência à trilogia "Desafios da Conveniência no Centro Espírita".

Wanderley Oliveira | José Mário
Romance Mediúnico | 14 x 21 cm
320 páginas

SERVIDORES DA LUZ NA TRANSIÇÃO PLANETÁRIA

Nesta obra recebemos o convite para nos integrar nas fileiras dos Servidores da Luz, atuando de forma consciente diante dos desafios da transição planetária. Brilhante fechamento da trilogia.

Wanderley Oliveira | José Mário
Romance Mediúnico | Tamanho: 14 x 21 cm
298 páginas

SÉRIE HARMONIA INTERIOR

LAÇOS DE AFETO

Uma abordagem sobre a importância do afeto em nossos relacionamentos para o crescimento espiritual. São textos retirados do dia a dia de nossas experiências. Um estímulo ao aprendizado mais proveitoso e harmonioso na convivência humana.

Wanderley Oliveira | Ermance Dufaux
Autoconhecimento | 14 x 21 cm
266 páginas

ESPANHOL

MEREÇA SER FELIZ

Um estudo psicológico sobre o orgulho e sua influência em nossa caminhada espiritual. Ermance Dufaux considera essa doença moral como um dos mais fortes obstáculos à nossa felicidade, porque nos leva à ilusão.

Wanderley Oliveira | Ermance Dufaux
Autoconhecimento | 16 x 23 cm
296 páginas

 **ebook** ESPANHOL

REFORMA ÍNTIMA SEM MARTÍRIO

As ações em favor do aperfeiçoamento espiritual dependem de uma relação pacífica com nossas imperfeições. Como gerenciar a vida íntima sem adicionar o sofrimento e sem entrar em conflito consigo mesmo?

Wanderley Oliveira | Ermance Dufaux
Autoconhecimento | 16 x 23 cm
288 páginas

 **ebook** ESPANHOL INGLÊS

ESCUTANDO SENTIMENTOS

Ermance afirma que temos dado passos importantes no amor ao próximo, mas nem sempre sabemos como cuidar de nós, tratando-nos com culpas, medos e outros sentimentos que não colaboram para nossa felicidade.

Wanderley Oliveira | Ermance Dufaux
Autoconhecimento | 16 x 23 cm
256 páginas

 **ebook** ESPANHOL

PRAZER DE VIVER

Neste livro, Ermance Dufaux, com seus ensinos, nos auxilia a pensar caminhos para alcançar nossas metas existenciais, a fim de que as nossas reencarnações sejam melhor vividas e aproveitadas.

Wanderley Oliveira | Ermance Dufaux
Autoconhecimento | 16 x 23 CM
248 páginas

 **ebook**

DIFERENÇAS NÃO SÃO DEFEITOS

PrNinguém será exatamente como gostaríamos que fosse. Quando aprendemos
a conviver bem com os diferentes e suas diferenças, a vida fica
bem mais leve. Aprenda esse grande SEGREDO e conquiste sua liberdade
pessoal.
Wanderley Oliveira | Ermance Dufaux
Autoconhecimento | 16 x 22,5 cm
248 páginas

EMOÇÕES QUE CURAM

Um convite para aceitarmos as emoções como forma terapêutica de
viver,sintonizando o pensamento com a realidade e com o desenvolvimento da autoaceitação.

Wanderley Oliveira | Ermance Dufaux
Autoconhecimento | 16 x 23 cm
272 páginas

SÉRIE AUTOCONHECIMENTO

QUAL A MEDIDA DO SEU AMOR?

Propõe revermos nossa forma de amar, pois estamos mais próximos de uma
visão particularista do que de uma vivência autêntica desse sentimento.
Superar limites, cultivar relações saudáveis e vencer barreiras emocionais
são alguns dos exercícios na construção desse novo olhar.

Wanderley Oliveira | Ermance Dufaux
16 x 23 cm
208 páginas

APAIXONE-SE POR VOCÊ

Você já ouviu alguém dizer para outra pessoa: "minha vida é você"?
Enquanto o eixo de sua sustentação psicológica for outra pessoa, a sua
vida estará sempre ameaçada, pois o medo da perda vai rondar seus
passos a cada minuto.

Wanderley Oliveira
Mensagens | 16 x 23 cm
Páginas: 152

DEPRESSÃO E AUTOCONHECIMENTO

A proposta de tratamento complementar da depressão aqui abordada tem como foco a educação para lidar com nossa dor, que muito antes de ser mental, é moral.

Wanderley Oliveira
16 x 23 cm
235 páginas

DESCOMPLIQUE, SEJA LEVE

Um livro de mensagens para apoiar sua caminhada na aquisição de uma vida mais suave e rica de alegrias na convivência.

Wanderley Oliveira
16 x 23 cm
Páginas 238

A VERDADE ALÉM DAS APARÊNCIAS: O UNIVERO INTERIOR

Liberte-se da ansiedade e da angústia, direcionando o seu espírito para o único tempo que realmente importa: o presente. Nele você pode construir um novo olhar, amplo e consciente, que levará você a enxergar a verdade além das aparências.

Samuel Gomes
14 x 21 cm
272 páginas

7 CAMINHOS PARA O AUTOAMOR

O tema central dessa obra é o autoamor que, na concepção dos educadores espirituais, tem na autoestima o campo elementar para seu desenvolvimento. O autoamor é algo inato, herança divina, enquanto a autoestima é o serviço laborioso e paciente de resgatar essa força interior, ao longo do caminho de volta à casa do Pai.

Wanderley Oliveira | Pai João de Angola
16x23 cm
272 páginas

FALA, PRETO VELHO

Um roteiro de autoproteção energética através do autoamor. Os textos aqui desenvolvidos permitem construir nossa proteção interior por meio de condutas amorosas e posturas mentais positivas, para criação de um ambiente energético protetor ao redor de nossas vidas.

Wanderley Oliveira | Pai João de Angola
16 x 23 cm
291 páginas

A REDENÇÃO DE UM EXILADO

A obra traz informações sobre a formação da civilização, nos primórdios da Terra, que contou com a ajuda do exílio de milhões de espíritos mandados para cá para conquistar sua recuperação moral e auxiliar no desenvolvimento das raças e da civilização. É uma narrativa do Apóstolo Lucas, que foi um desses enviados, e que venceu suas dificuldades íntimas para seguir no trabalho orientado pelo Cristo.

Samuel Gomes | Lucas
16 x 23 cm
368 Páginas

TRILOGIA REGENERAÇÃO

FUTURO ESPIRITUAL DA TERRA

As necessidades, as estruturas perispirituais e neuropsíquicas, o trabalho, o tempo, as características sociais e os próprios recursos de natureza material se tornarão bem mais sutis.O futuro já está em construção e André Luiz, através da psicografia de Samuel Gomes, conta como será o Futuro Espiritual da Terra.

Samuel Gomes | André Luiz
16 x 23 cm
344 páginas

XEQUE-MATE NAS SOMBRAS - A VITÓRIA DA LUZ

André Luiz traz notícias das atividades que as colônias espirituais, ao redor da Terra, estão realizando para resgatar os espíritos que se encontram perdidos nas trevas e conduzi-los a passar por um filtro de valores, seja para receberem recursos visando a melhorar suas qualidades morais – se tiverem condições de continuar no orbe – seja para encaminhá-los ao degredo planetário.

Samuel Gomes | André Luiz
16 x 23 cm
212 páginas

A DECISÃO - CRISTOS PLANETÁRIOS DEFINEM O FUTURO ESPIRITUAL DA TERRA

"Os Cristos Planetários do Sistema Solar e de outros sistemas se encontram para decidir sobre o futuro da Terra na sua fase de regeneração. Numa reunião que pode ser considerada, na atualidade, uma das mais importantes para a humanidade terrestre, Jesus faz um pronunciamento direto sobre as diretrizes estabelecidas por Ele para este período."

Samuel Gomes | André Luiz e Chico Xavier
16 x 23 cm
210 páginas

ESTUDOS DOUTRINÁRIOS

ATITUDE DE AMOR

Opúsculo contendo a palestra "Atitude de Amor" de Bezerra de Menezes, o debate com Eurípedes Barsanulfo sobre o período da maioridade do Espiritismo e as orientações sobre o "movimento atitude de amor". Por uma efetiva renovação pela educação moral.

Wanderley Oliveira | Ermance Dufaux e Cícero Pereira
14 x 21 cm
94 páginas

SEARA BENDITA

Um convite à reflexão sobre a urgência de novas posturas e conceitos. As mudanças a adotar em favor da construção de um movimento social capaz de cooperar com eficácia na espiritualização da humanidade.

Wanderley Oliveira e Maria José Costa | Diversos Espíritos
14 x 21 cm
284 páginas

Gratuito em nosso site, somente em:

NOTÍCIAS DO CHICO

"Nesta obra, Chico Xavier afirma com seu otimismo natural que a Terra caminha para uma regeneração de acordo com os projetos de Jesus, a caracterizar-se pela tolerância humana recíproca e que precisamos fazer a nossa parte no concerto projetado pelo Orientador Maior, principalmente porque ainda não assumimos responsabilidades mais expressivas na sustentação das propostas elevadas que dizem respeito ao futuro do nosso planeta."

Samuel Gomes | Chico Xavier
16 x 23 cm
181 páginas

ROMANCES MEDIÚNICOS

OS DRAGÕES

Um relato leve e comovente sobre nossos vínculos com os grupos de espíritos que integram as organizações do mal no submundo astral.

Wanderley Oliveira | Maria Modesto Cravo
16 x 23cm
522 Páginas

LÍRIOS DA ESPERANÇA

Ermance Dufaux alerta os espíritas e lidadores do bem de um modo geral, para as responsabilidades urgentes da renovação interior e da prática do amor neste momento de transição evolutiva, através de novos modelos de relação, como orientam os benfeitores espirituais.

Wanderley Oliveira | Ermance Dufaux
16 x 23 cm
508 páginas

AMOR ALÉM DE TUDO

Regras para seguir e rótulos para sustentar. Até quando viveremos sob o peso dessas ilusões? Nessa obra reveladora, Dr. Inácio Ferreira nos convida a conhecer a verdade acima das aparências. Um novo caminho para aqueles que buscam respeito às diferenças e o AMOR ALÉM DE TUDO.

Wanderley Oliveira | Inácio Ferreira
16 x 23 cm
252 páginas

ABRAÇO DE PAI JOÃO

Pai João de Angola retorna com conceitos simples e práticos, sobre os problemas gerados pela carência afetiva. Um romance com casos repletos de lutas, desafios e superações. Esperança para que permaneçamos no processo de resgate das potências divinas de nosso espírito.

Wanderley Oliveira | Pai João de Angola
16 x 23 cm
224 páginas

UM ENCONTRO COM PAI JOÃO

A obra também fala do valor de uma terapia, da necessidade do autoconhecimento, dos tipos de casamentos programados antes do reencarne, dos processos obsessivos de variados graus e do amparo de Deus para nossas vidas por meio dos amigos espirituais e seus trabalhadores encarnados. Narra também em detalhes a dinâmica das atividades socorristas do centro espírita.

Wanderley Oliveira | Pai João de Angola
16 x 23 cm
220 páginas

GUARDIÕES DO CARMA: A VIDA DOS EXUS NA TERRA

Pai João de Angola quebra com o preconceito criado em torno dos exus e mostra que a missão deles na Terra vai além do que conhecemos. Na verdade, eles atuam como guardiões do carma, nos ajudando nos principais aspectos de nossas vidas.

Wanderley Oliveira | Pai João de Angola
16 x 23 cm
288 páginas

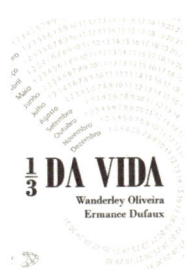

1/3 DA VIDA

A atividade norturna fora da matéria representa um terço da vida no corpo físico, e é considerada por nós como o período mais rico em espiritualidade, oportunidade e esperança.

Wanderley Oliveira | Ermance Dufaux
Ano: 2016
Formato: 16x23
Páginas: 279

O LADO OCULTO DA TRANSIÇÃO PLANETÁRIA

O espírito Maria Modesto Cravo aborda os bastidores da transição planetária com casos conectados ao astral da Terra.

Wanderley Oliveira | Maria Modesto Cravo
16 x 23 cm
288 páginas

PERDÃO: A CHAVE PARA A LIBERDADE

Neste romance revelador, conhecemos Onofre, um pai que enfrenta a perda de seu único filho com apenas oito anos de idade. Diante do luto e diversas frustrações, um processo desafiador de autoconhecimento o convida a enxergar a vida com um novo olhar. Será essa a chave para a sua libertação?

Adriana Machado | Ezequiel
14 x 21 cm
288 páginas

NEM TUDO É CARMA, MAS TUDO É ESCOLHA

Somos todos agentes ativos das experiências que vivenciamos e não há injustiças ou acasos em cada um dos aprendizados.

Adriana Machado | Ezequiel
16x23 cm
536 páginas

ROMANCE JUVENIL

UM JOVEM OBSESSOR

Um jovem conta sua história, compartilhando seus problemas após a morte, falando sobre relacionamentos, sexo, drogas e, sobretudo, da força do amor na redenção humana.

Adriana Machado | Jefferson
16x23 cm
392 páginas